LINKA NEUMANN

Einfach nordisch stricken

Decken, Kissen & Co.

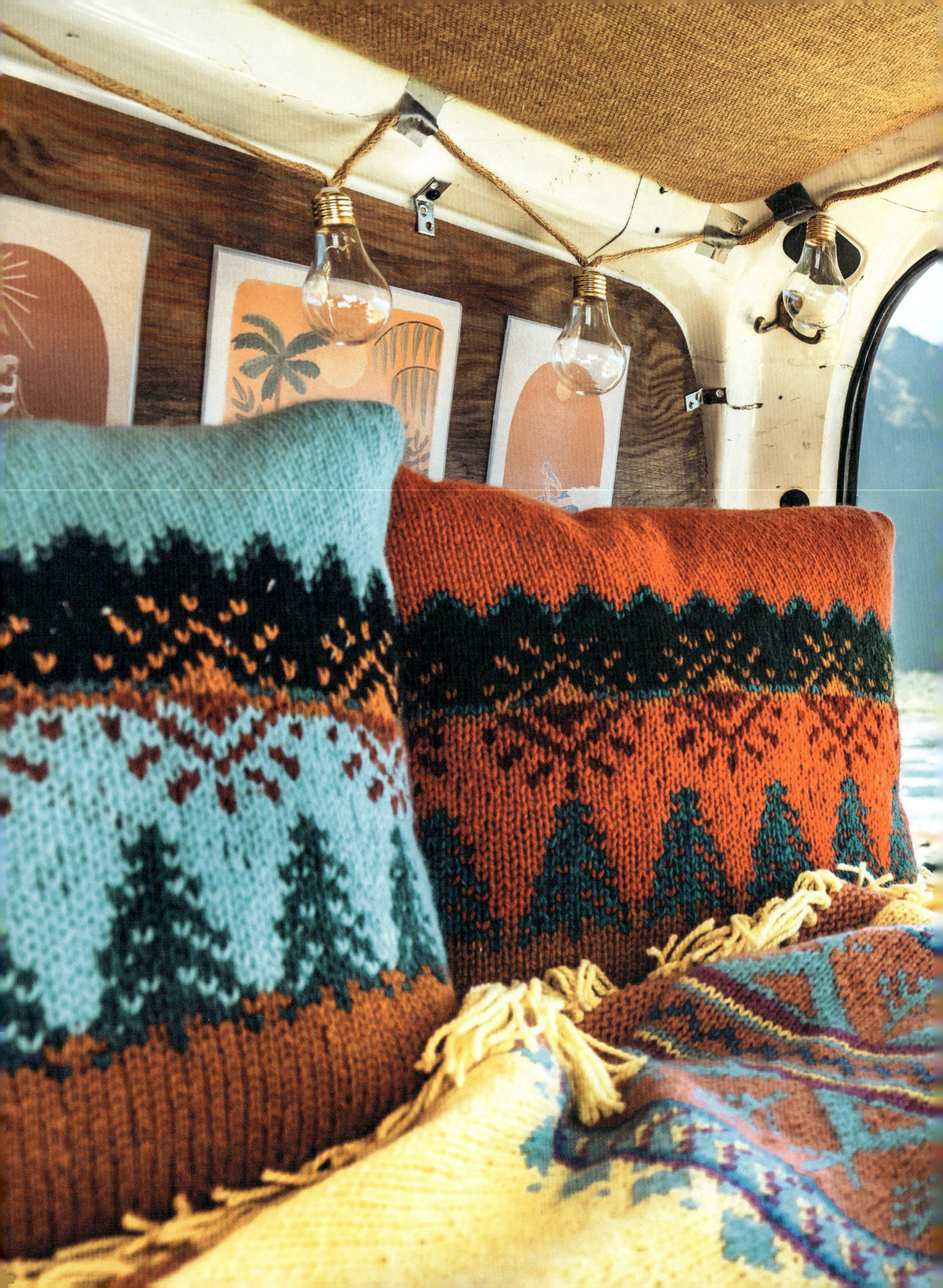

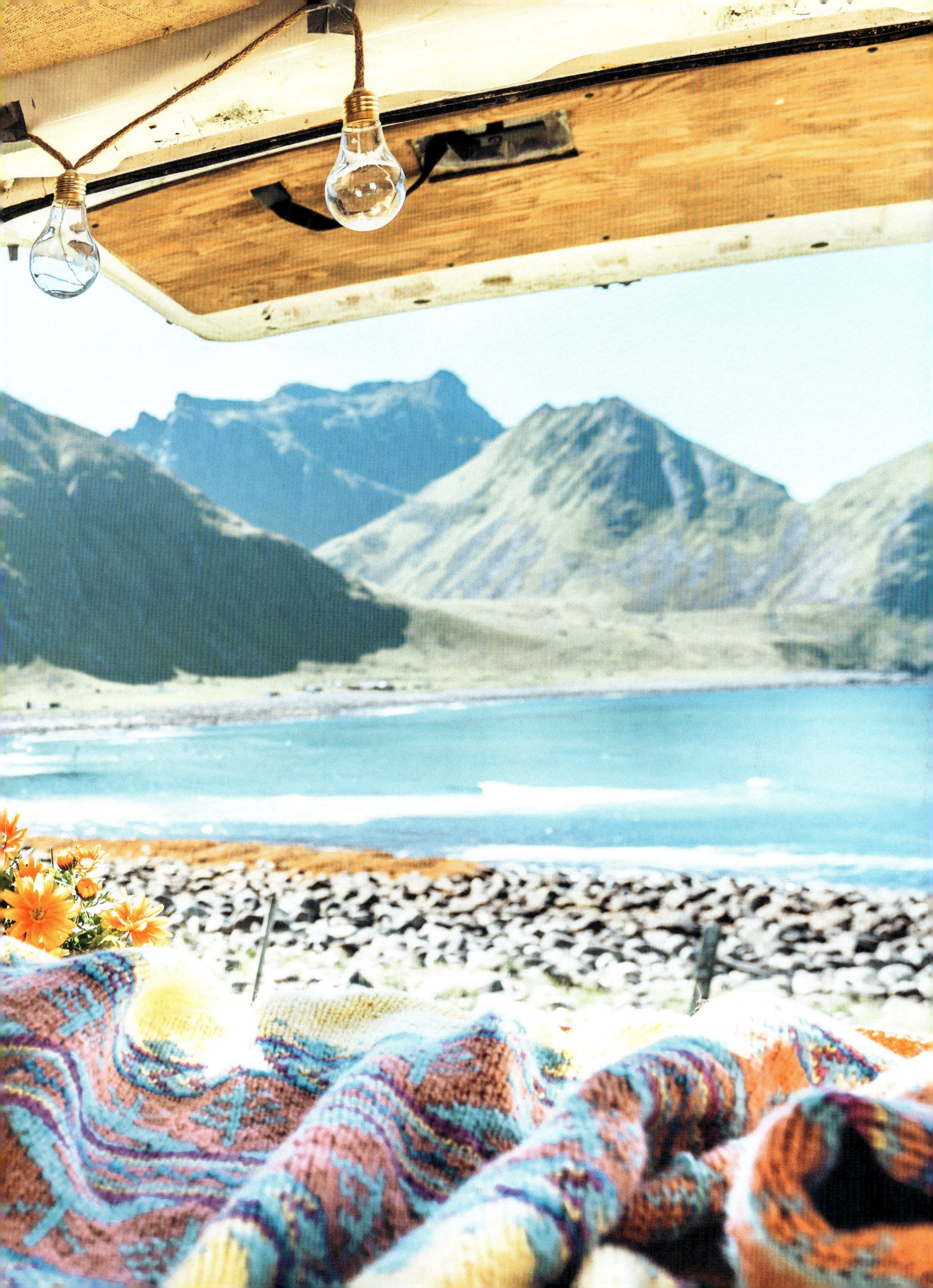

LINKA NEUMANN

Einfach nordisch stricken

Decken, Kissen & Co.

Für ein gemütliches Zuhause

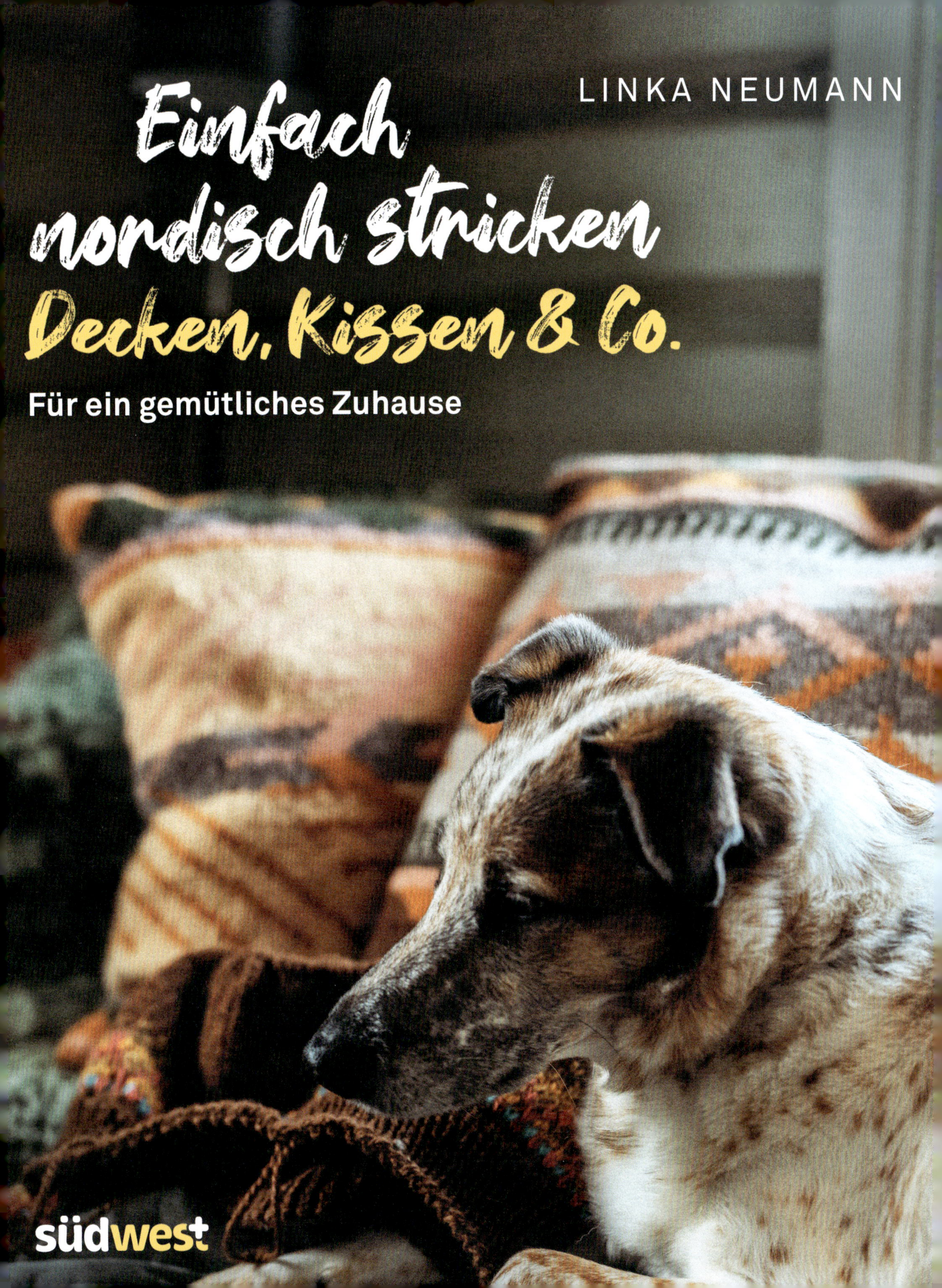

südwest

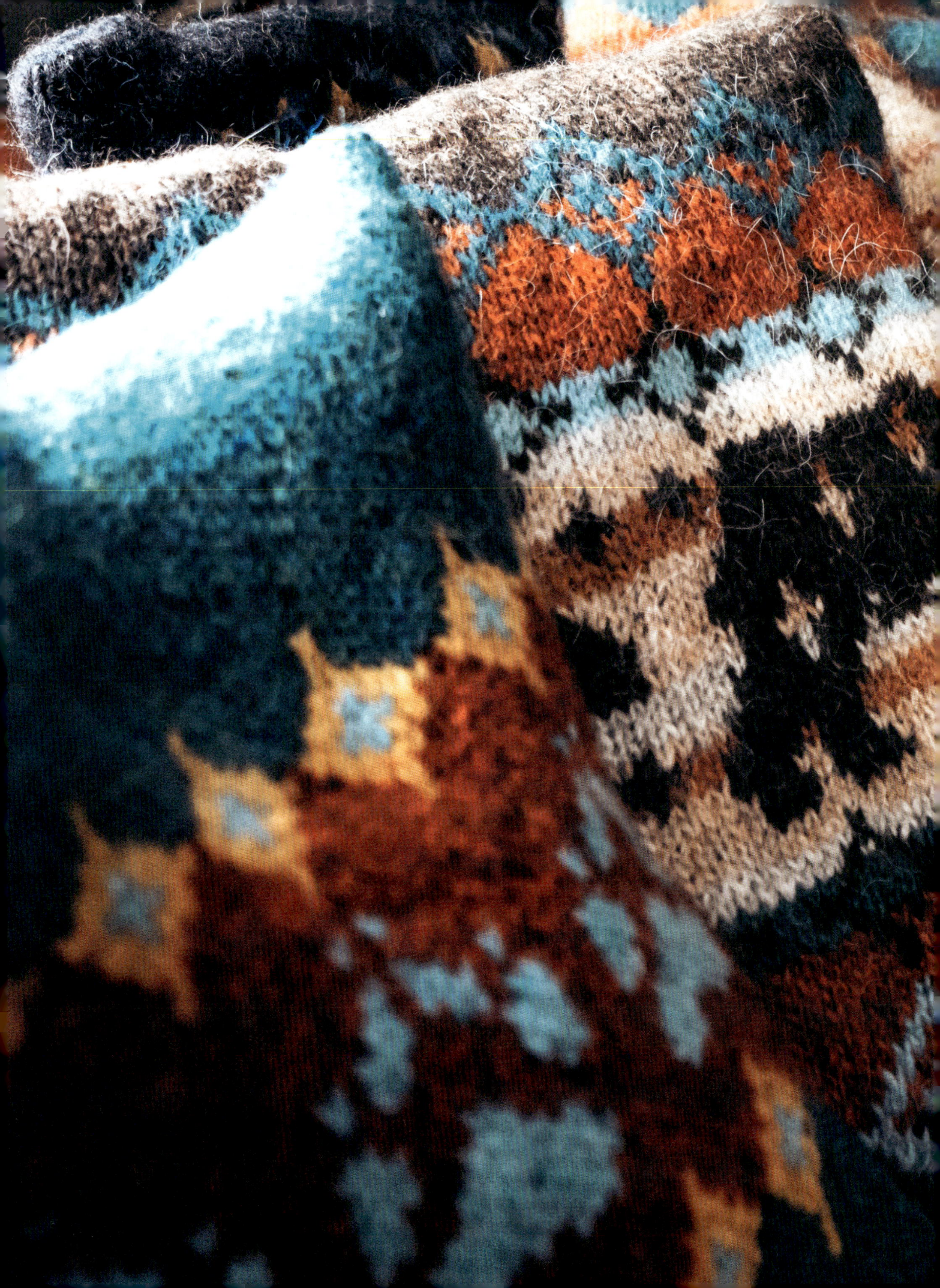

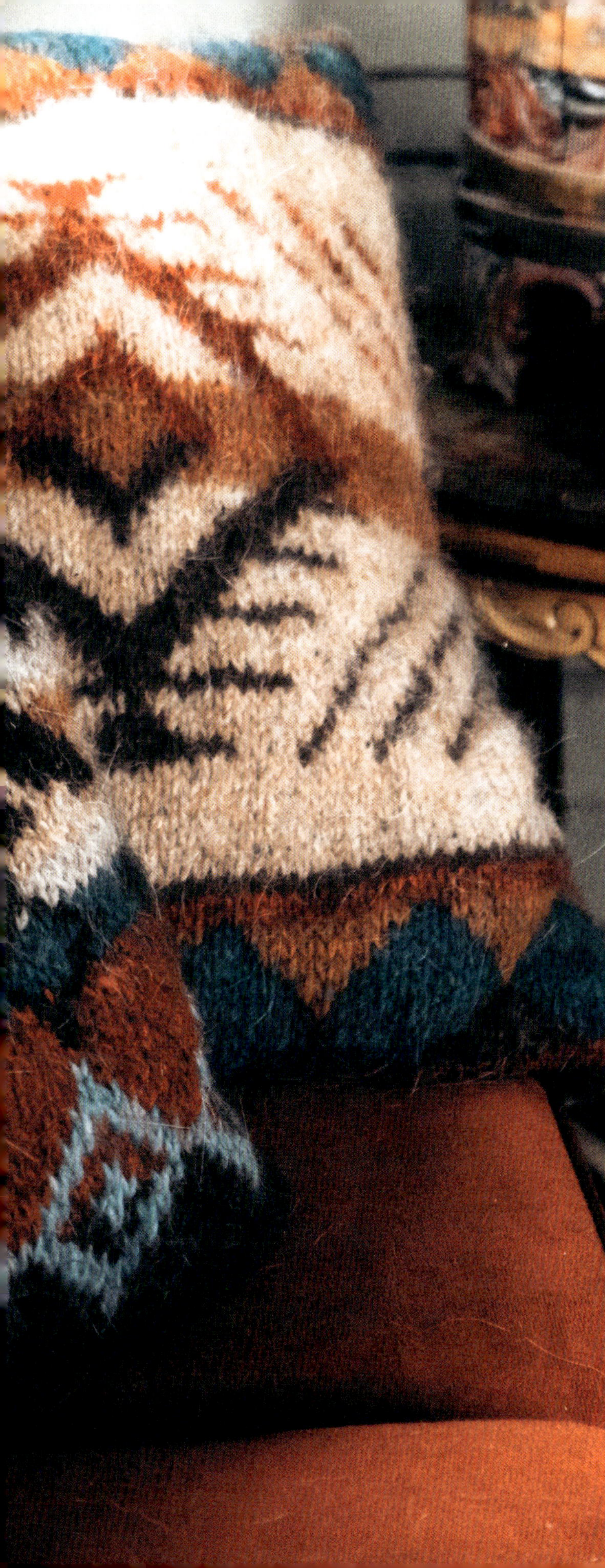

ISBN 978-3-517-10173-6
1. Auflage

Das Buch ist eine Übersetzung aus dem Norwegischen.
Originaltitel: Villmarksinteriør. Rustikk og lun villmarksstrikk til hus og hytte.

Bildnachweis:
Fotos: @stineogjarlen / Stine Mette Fjerdingstad und Halvdan Jarl Laugerud
Weitere Fotos:
Linka Neumann: Seite 13, 21, 55, 79, 81, 82, 83, 92, 112, 114, 115, 120, 128, 139 und 162
Sirikit Lockert: Seite 24, 32, 51, 53, 80, 87, 125, 168 (unten rechts, unten links) und 169
Kitty Ensby: Seite 101, 103, 107 und 111

Strickmusterdesign: Linka Neumann
Layout und Umschlag der norwegischen Originalausgabe: Kitty Ensby

Projektleitung: Vanessa Silbermann
Übersetzung: Regina Sidabras, Berlin
Redaktion: trans texas publishing services GmbH, Köln
Herstellung: Elke Cramer
Satz: Satzwerk Huber, Germering
Umschlaggestaltung für die deutschsprachige Ausgabe: Veruschkamia, München, www.veruschkamia.de
Druck und Bindung: Alföldi Nyomda Zrt., Debrecen
Printed in Hungary

FSC MIX Papier aus verantwortungsvollen Quellen FSC® C010328

Penguin Random House Verlagsgruppe FSC® N001967

www.suedwest-verlag.de

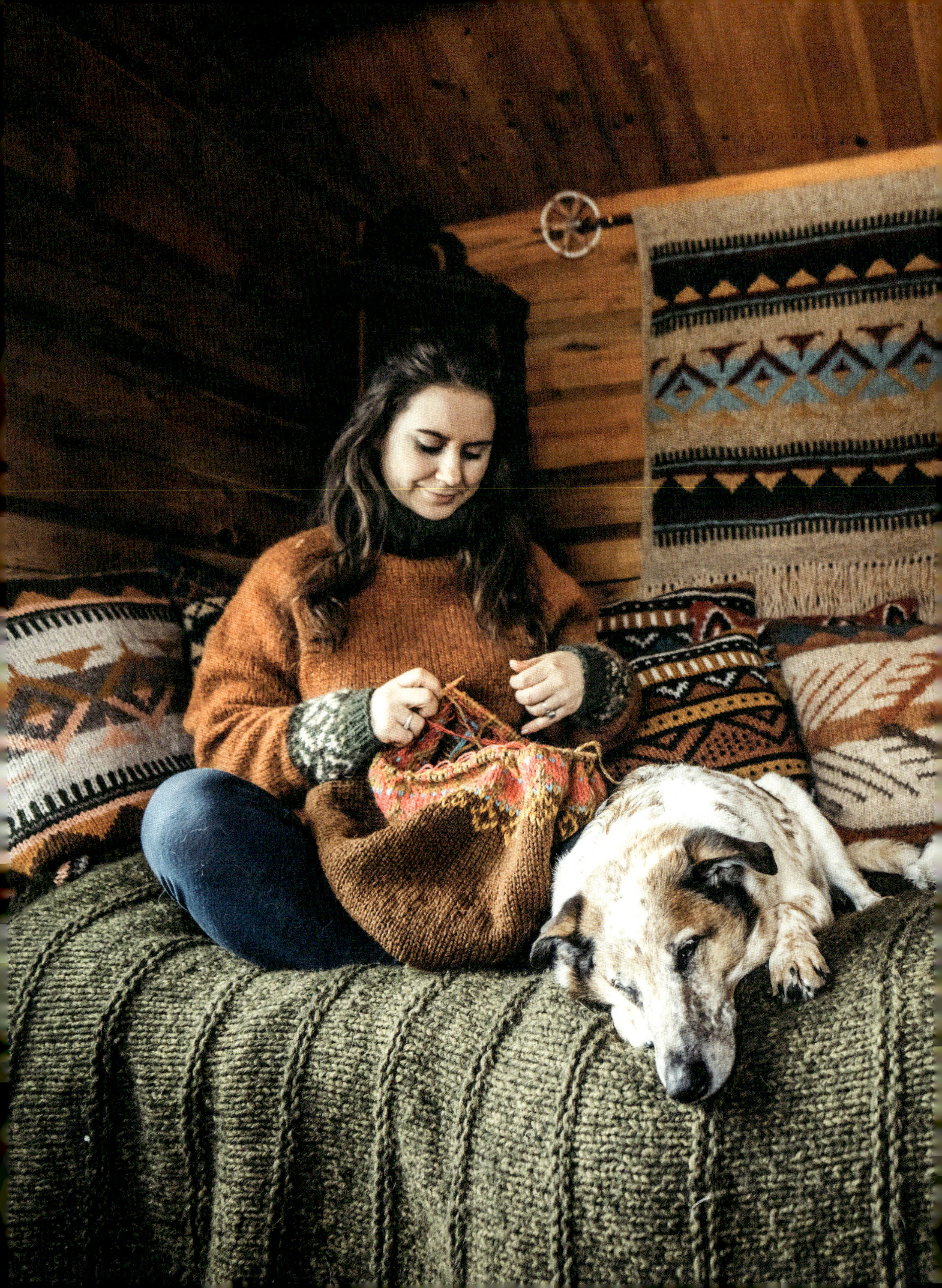

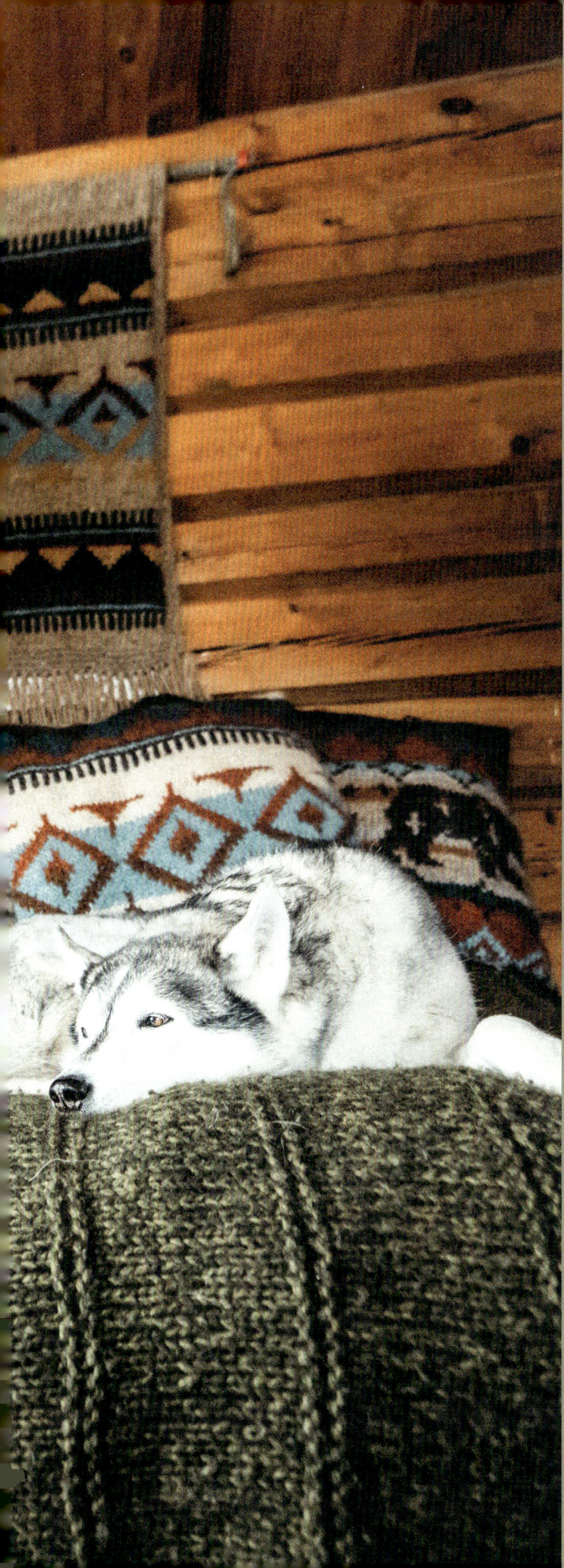

Inhalt

Vorwort

Nachdem mein zweites Buch, *Einfach nordisch stricken* für Klein und Groß, herausgekommen war, hatte ich eigentlich geplant, es in Sachen Stricken für eine Weile etwas ruhiger angehen zu lassen. Mein Mann und ich hatten uns ein altes Haus aus dem Jahr 1938 in Åsgreina in der Gemeinde Nannestad gekauft, und ich verbrachte viel Zeit damit, es zu renovieren und uns ein gemütliches Zuhause zu schaffen. Ich hatte mich bislang nie sonderlich für Inneneinrichtung interessiert, da ich in den Jahren zuvor ziemlich häufig unterwegs war. Ich besaß nicht viele Dinge und mein liebster Besitz war ein hölzerner Pelikan, den ich mir im Alter von 19 Jahren in Mexiko gekauft habe. Nun entdeckte ich, wie viel Spaß es macht, ein Haus neu herzurichten und zu meinem zu machen. Während der Renovierung bekam ich Lust, Dinge für das neue Haus zu stricken!

Als das erste Kissen fertig war, fand ich es so hübsch, dass ich meine Redakteurin Sirikit anrief und fragte, ob sie sich ein Strickbuch mit Wohnaccessoires im Wildnis-Stil vorstellen könne. Das konnte sie und schon nahm die Sache ihren Lauf.

In mancherlei Hinsicht machte die Arbeit an diesem Buch sogar mehr Spaß als an den beiden vorausgegangenen. Die Anleitungen sind insgesamt einfacher, und ich musste nicht für viele Größen Maschenzahlen errechnen. Stattdessen konnte ich es genießen, mit meinen Designs zu experimentieren, sie auf neue Weise zu kombinieren und in neue Kontexte zu setzen.

Sich mit selbst Gestricktem neu einzurichten ist herausfordernd und kreativ zugleich. Lass dich inspirieren, für dein Zuhause zu stricken. Ich bin gespannt, für welche Farbkombinationen du dich entscheidest!

Mit herzlichem Gruß

Linka

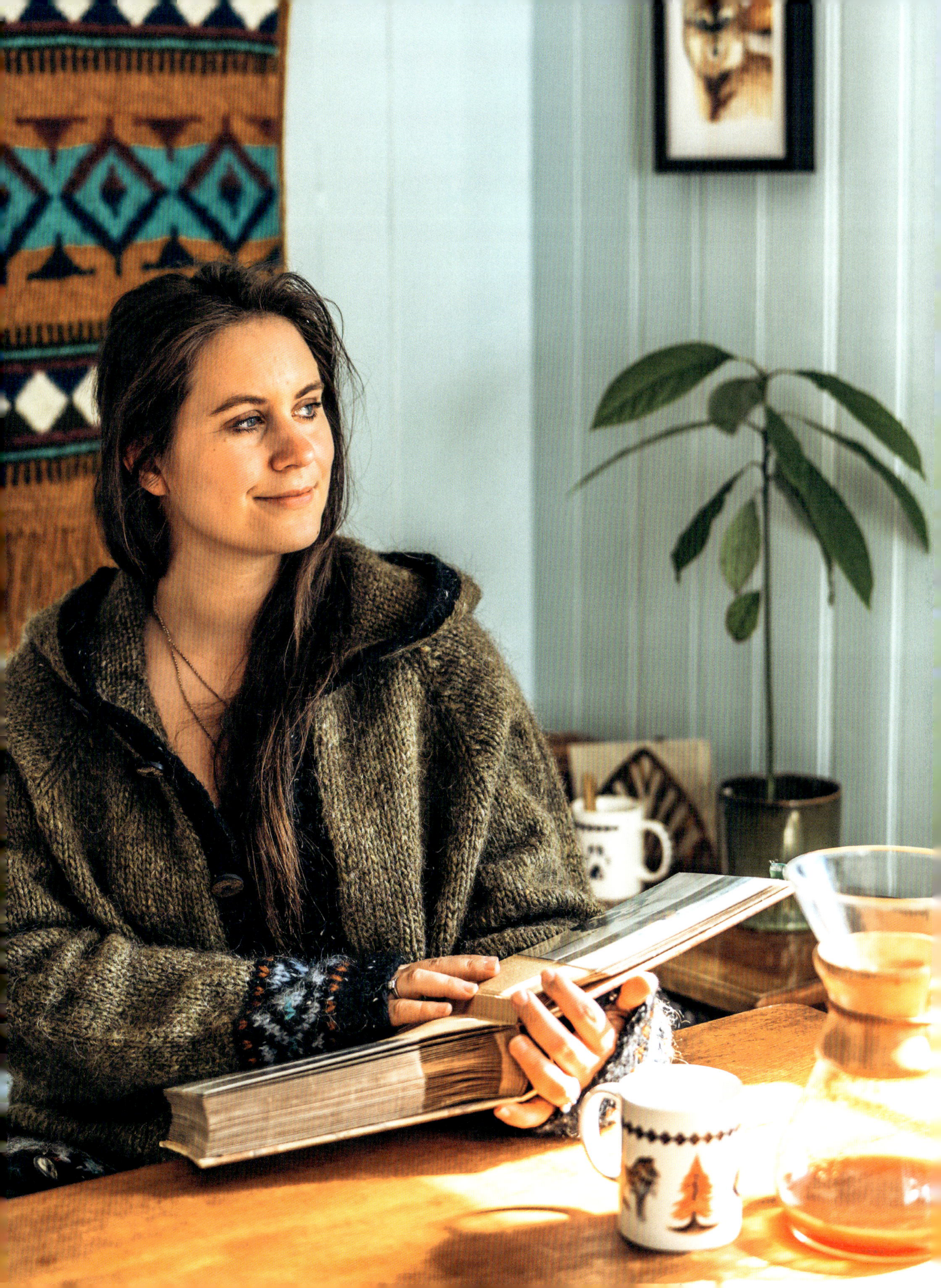

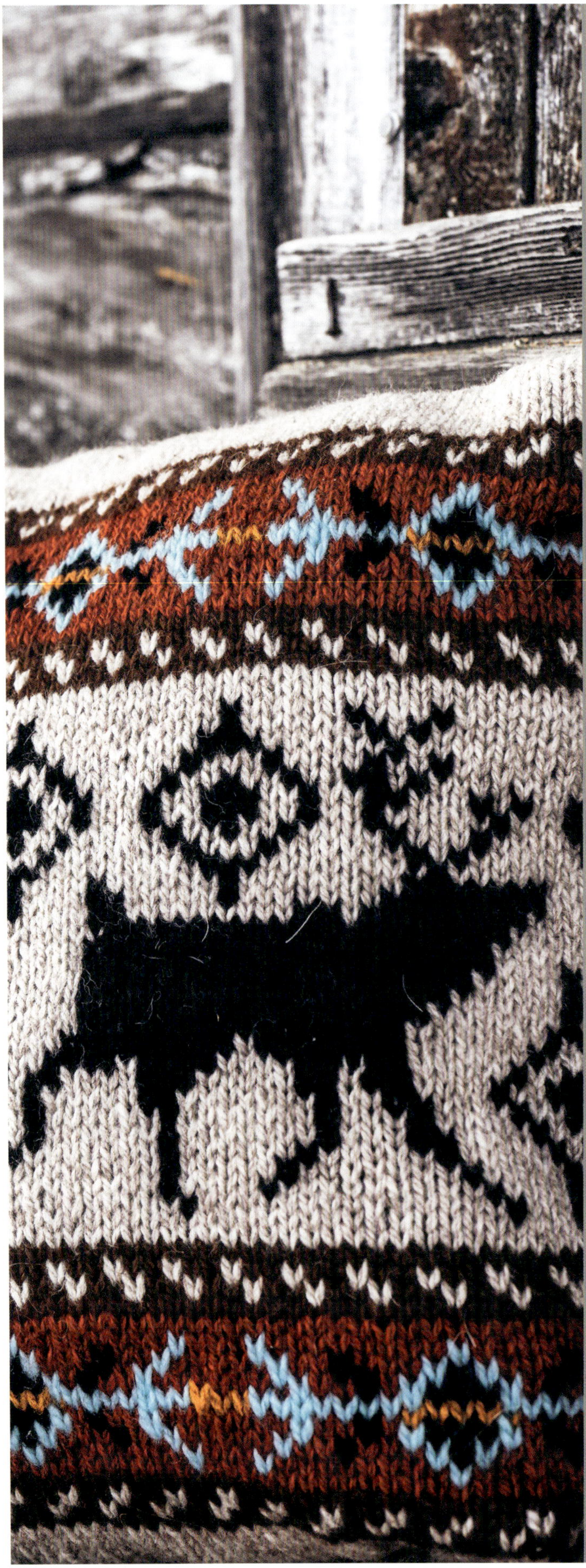

Garnreste verwenden

Garnreste lassen sich bei ziemlich vielen Projekten in diesem Buch verwenden – bei Kissen, aber besonders gut bei Plaids und Wandbehängen. Ich liebe Farben und manchmal kann ich mich nicht zurückhalten und füge noch eine oder sogar zwei Farben mehr als Kontrast hinzu – als kleines Extra, meist nur in wenigen Runden.

Bevor du also neues Garn kaufst, empfehle ich dir, erst einmal deine Garnbestände durchzuschauen. Hol alle Reste hervor und sortiere sie nach Farben. Es müssen nicht alle Garne den empfohlenen Garnsorten in diesem Buch entsprechen. Es macht auch nichts, wenn die Restgarne unterschiedlich in ihrer Färbung sind. Das ergibt schöne, individuelle Farbspiele. Wenn das Garn dünner ist, verwendest du es einfach doppelfädig. Ein doppelter Faden Léttlopi (100 m/50 g) entspricht zum Beispiel einem Faden Álafosslopi (100 m/100 g). Ein doppelter Faden Vidde (100 m/50 g) entspricht etwa einem Faden Blåne oder Troll (114 m/100 g).

Eine wunderbare Alternative zu den eher dicken Garnen Álafosslopi, Troll und Blåne ist ein Faden Rauma Vams zusammen mit einem Faden Rauma Lammwollgarn.

Abkürzungen
abk: abketten
herausstr: herausstricken
M: Masche(n)
R: Reihe(n)
Rd: Runde(n)
str: stricken
zusstr: zusammenstricken

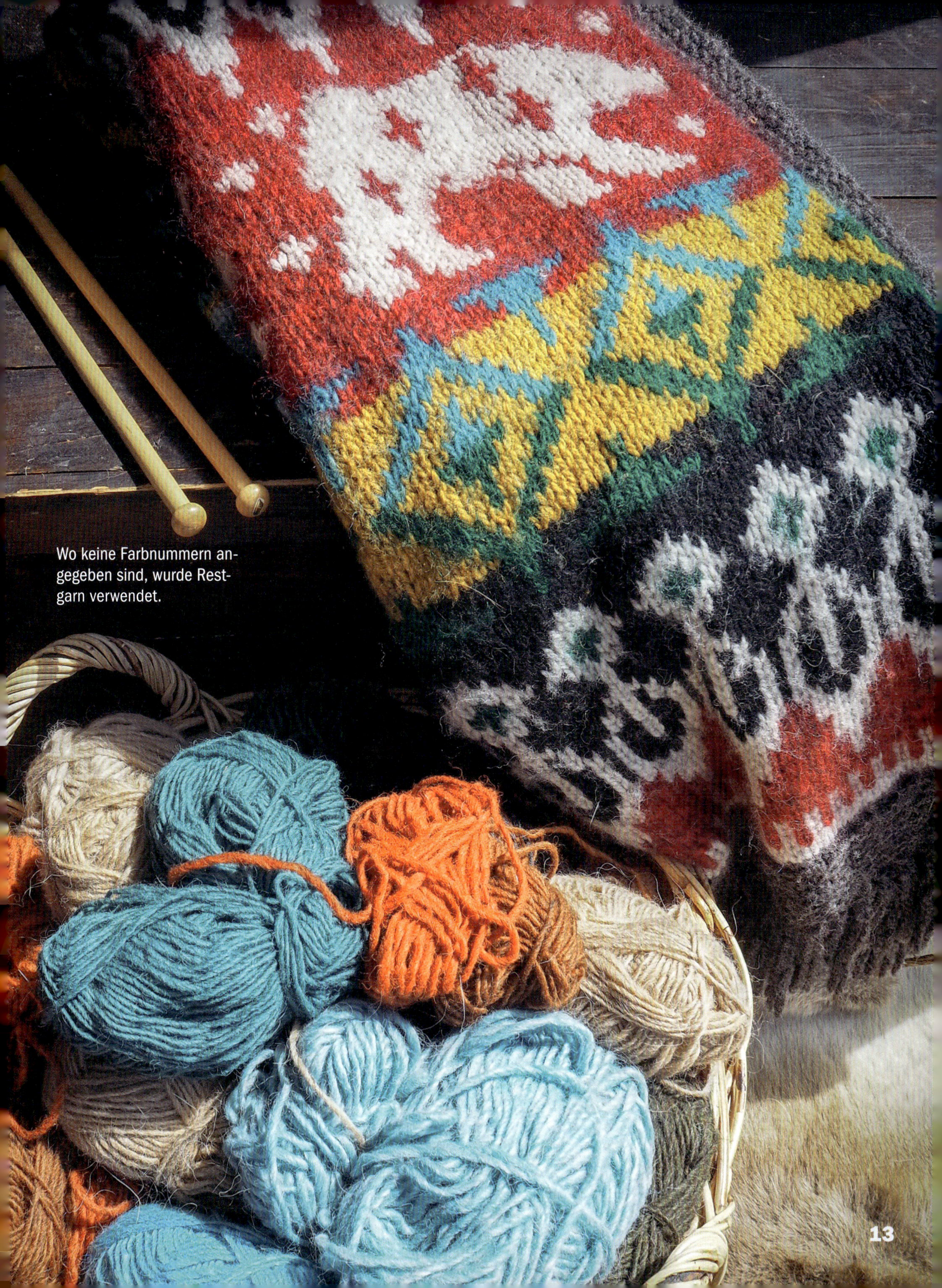

Wo keine Farbnummern angegeben sind, wurde Restgarn verwendet.

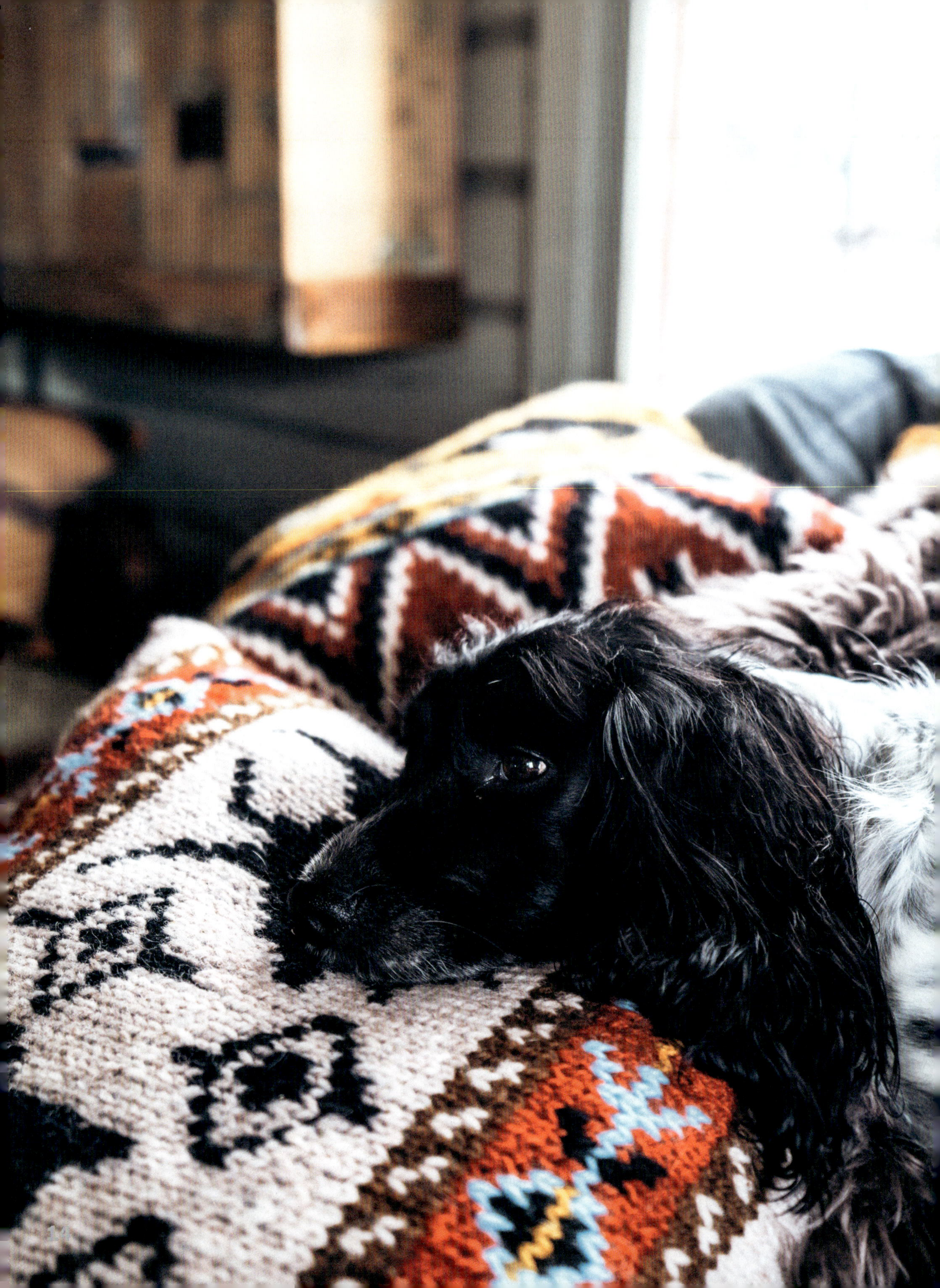

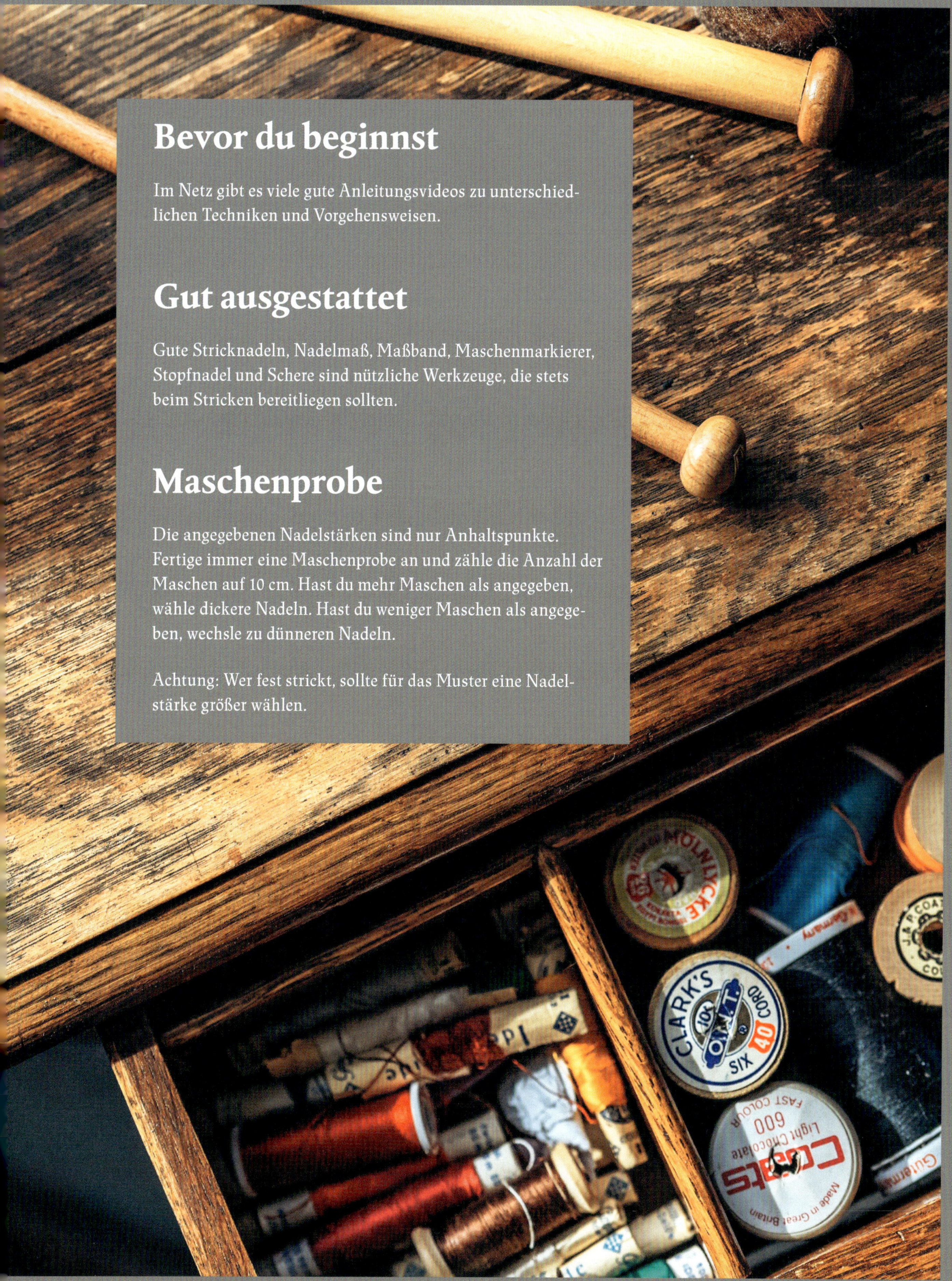

Bevor du beginnst

Im Netz gibt es viele gute Anleitungsvideos zu unterschiedlichen Techniken und Vorgehensweisen.

Gut ausgestattet

Gute Stricknadeln, Nadelmaß, Maßband, Maschenmarkierer, Stopfnadel und Schere sind nützliche Werkzeuge, die stets beim Stricken bereitliegen sollten.

Maschenprobe

Die angegebenen Nadelstärken sind nur Anhaltspunkte. Fertige immer eine Maschenprobe an und zähle die Anzahl der Maschen auf 10 cm. Hast du mehr Maschen als angegeben, wähle dickere Nadeln. Hast du weniger Maschen als angegeben, wechsle zu dünneren Nadeln.

Achtung: Wer fest strickt, sollte für das Muster eine Nadelstärke größer wählen.

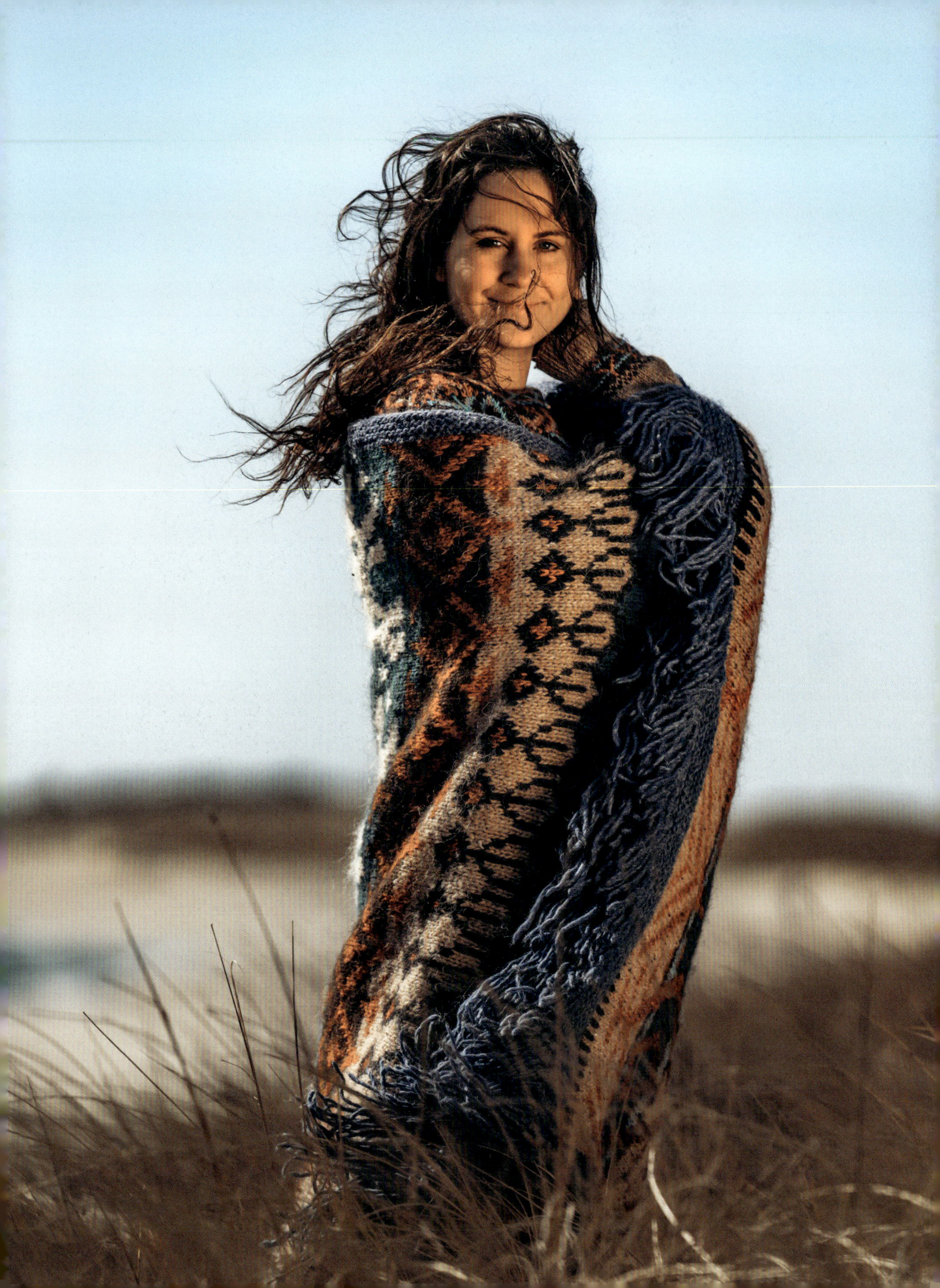

Linka Plaid

Hier habe ich verschiedene Lieblingsmotive aus meinen Designs kombiniert. Das allererste Linka-Plaid liegt nun auf meinem Strickplatz, und ich freue mich jedes Mal, wenn ich es sehe.

Álafosslopi und Léttlopi

Randfarbe und Fransen: Jeansblau 800010
Beige Tweed 809976
Naturschwarz 800005
Seegrün meliert 809967
Kupferorange 801236
Schokobraun 800867
Léttlopi doppelfädig: Bronze 19427
Ecru 809972
Arktischtürkis 801232

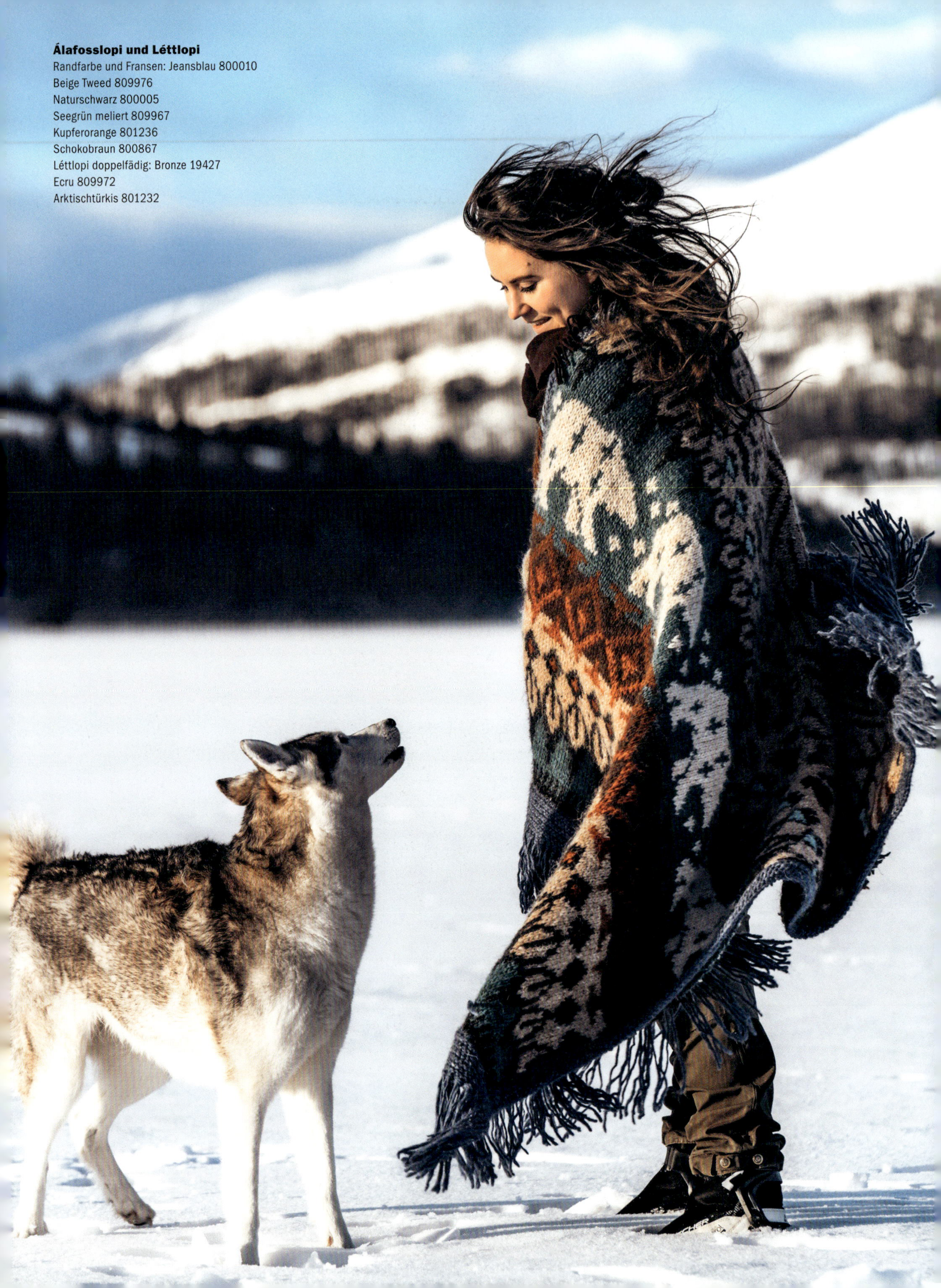

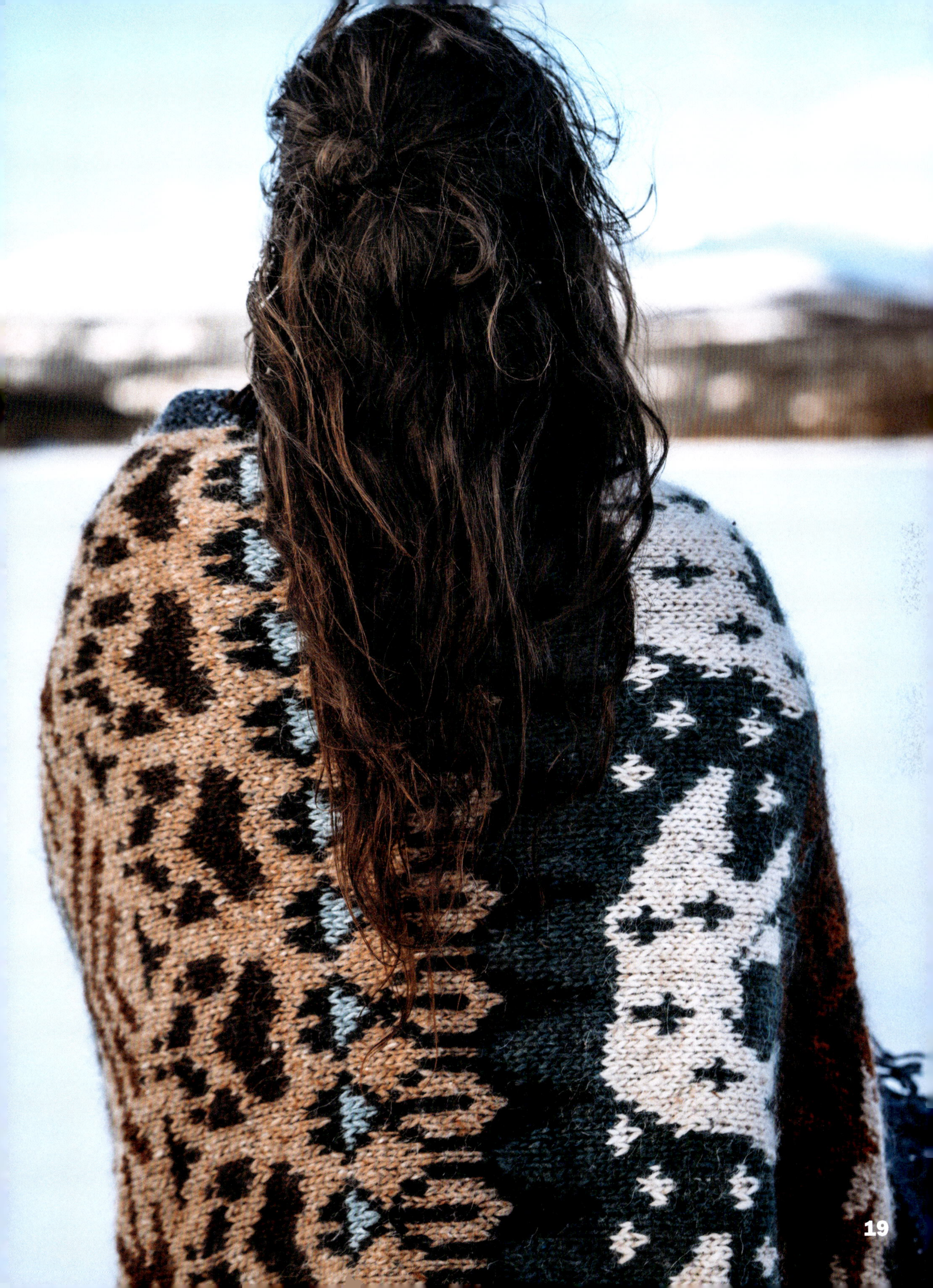

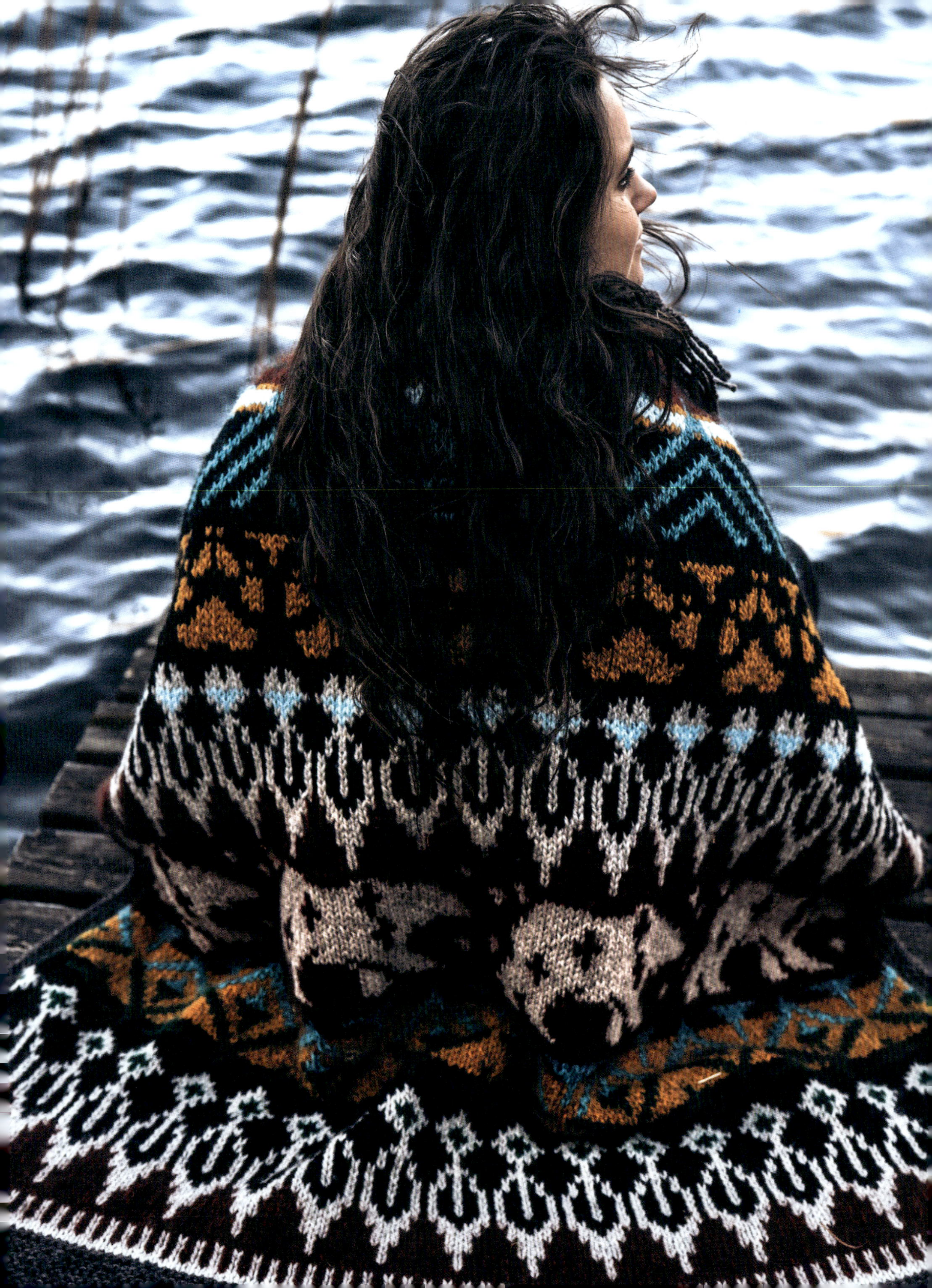

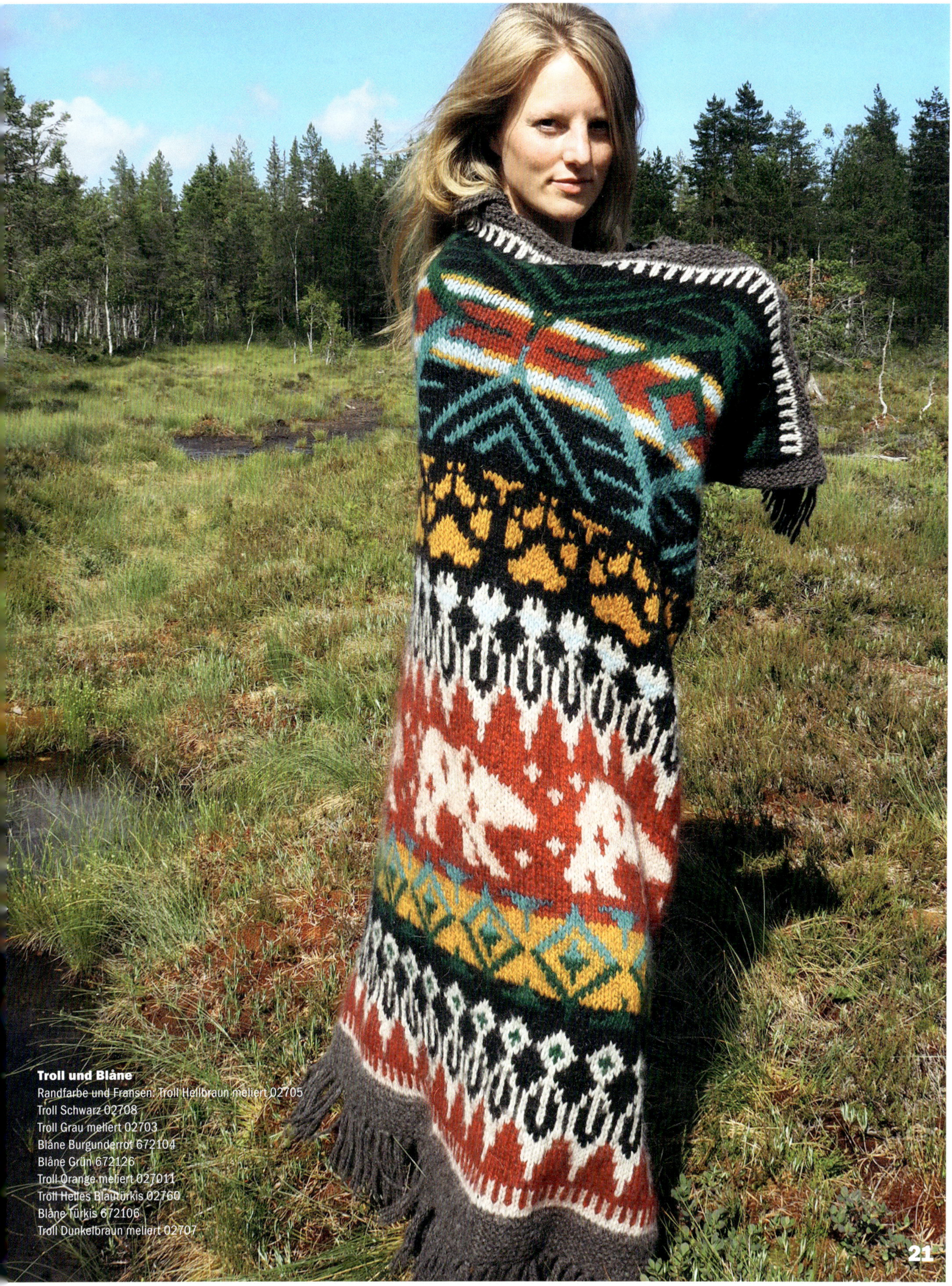

Troll und Blåne

Randfarbe und Fransen: Troll Hellbraun meliert 02705
Troll Schwarz 02708
Troll Grau meliert 02703
Blåne Burgunderrot 672104
Blåne Grün 672126
Troll Orange meliert 027011
Troll Helles Blautürkis 02760
Blåne Türkis 672106
Troll Dunkelbraun meliert 02707

LINKA PLAID

Maße

Höhe: ca. 124 cm ohne Fransen
Breite: ca. 128 cm

Maschenprobe

12 M mit Nadel Nr. 7 = 10 cm

Garn

Álafosslopi oder Blåne oder Troll von Hillesvåg Ullvarefabrikk oder Rauma Vams plus ein Faden Rauma Lammwollgarn

Garnmenge

- Randfarbe und Fransen: 400 g
- Grundfarbe: 300 g
- Musterfarbe 1: 200 g
- Musterfarbe 2: 200 g
- Musterfarbe 3: 100 g
- Musterfarbe 4: 100 g
- Musterfarbe 5: 100 g
- Musterfarbe 6: 100 g
- Musterfarbe 7: 100 g

Stricknadeln und Zubehör

Rundstricknadel Nr. 6 und Nr. 7, 80 oder 100 cm lang
Nähmaschine
Häkelnadel für die Fransen

Um lange Spannfäden zu vermeiden, die Fäden während des Strickens auf der Rückseite regelmäßig verkreuzen.

144 M mit Nadel Nr. 6 in der Randfarbe anschlagen. 6 cm in R kraus rechts str. Für die Steek-M auf der rechten Nadel 5 M dazu anschlagen. (Diese M werden im Folgenden nicht mitgezählt und stets glatt links gestrickt.) Ab jetzt wird glatt rechts in Rd gestrickt. Zu Nadel Nr. 7 wechseln und nacheinander Zählmuster A, B, C und D str. Danach 1 Rd rechte M in der Randfarbe str und die Steek-M abk. Zu Nadel Nr. 6 wechseln und 6 cm in R kraus rechts str. Alle M abk.
Mit der Nähmaschine in einer großen Stichlänge zwei doppelte Nähte in die Steek-M nähen. Nun entweder zwischen den Nähten aufschneiden, bevor die M für die beiden Ränder aufgefasst werden, oder erst die beiden Ränder arbeiten und dann aufschneiden. Aus der rechten Kante des Plaids mit Nadel Nr. 6 in der Randfarbe wie folgt M auffassen: Aus 2 aufeinanderfolgenden M je 1 M herausstr, 1 M überspringen. Dies fortlaufend wiederholen. Sind alle M herausgestrickt, einen Faden in Kontrastfarbe durch die M ziehen. (So ist es später einfacher, M für die Belege herauszustr, die die Schnittkante verdecken.) 4 cm in R kraus rechts str. Die M abk. An der linken Kante ebenso arbeiten.

Belege: Aus den M, in denen der Kontrastfaden liegt, wie folgt M auffassen: Aus 2 aufeinanderfolgenden M je 1 M herausstr, 1 M überspringen. Dies fortlaufend wiederholen, anschließend den Hilfsfaden entfernen. Mit Nadel Nr. 6 in der Grundfarbe 4 R glatt rechts str. Alle M abk und den Beleg über die Schnittkante legen und mit lockeren Stichen festnähen. Auf der anderen Seite ebenso arbeiten. Alternative: Statt des Belegs ein breites Zierband über die Schnittkanten nähen.

Die Fransen in der Randfarbe zurechtschneiden und einknüpfen (siehe Seite 168). Alle Fäden vernähen. Das Plaid ausspülen, in Form ziehen und liegend trocknen lassen.

Zählmuster A

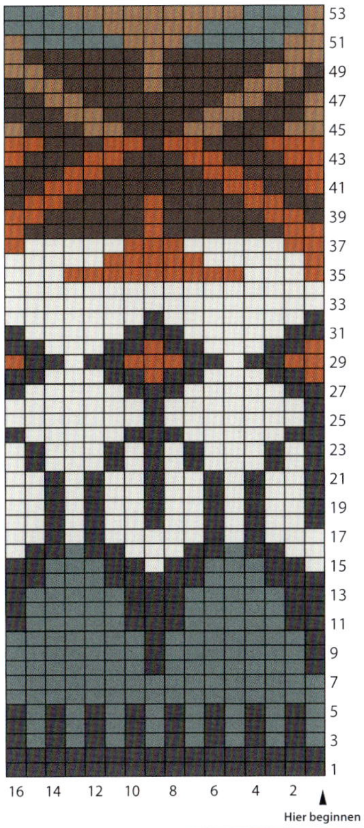

Zählmuster B

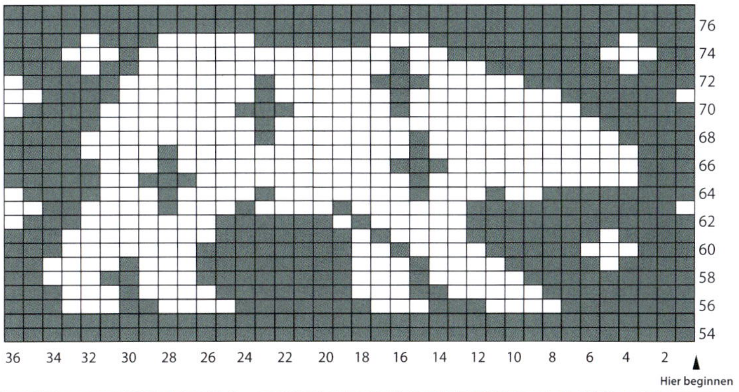

Zählmuster D

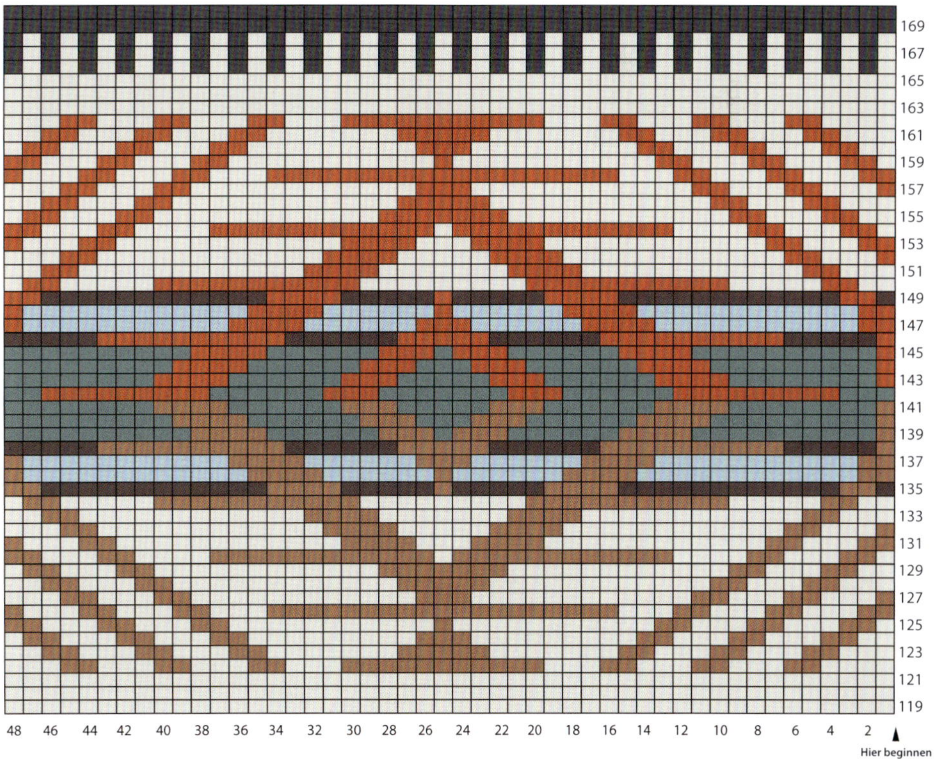

Zählmuster C

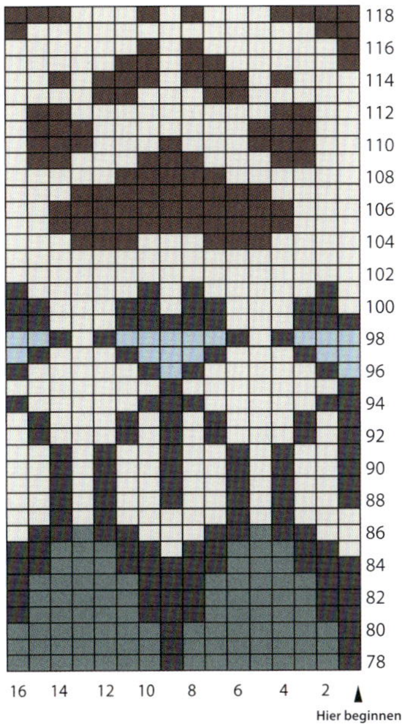

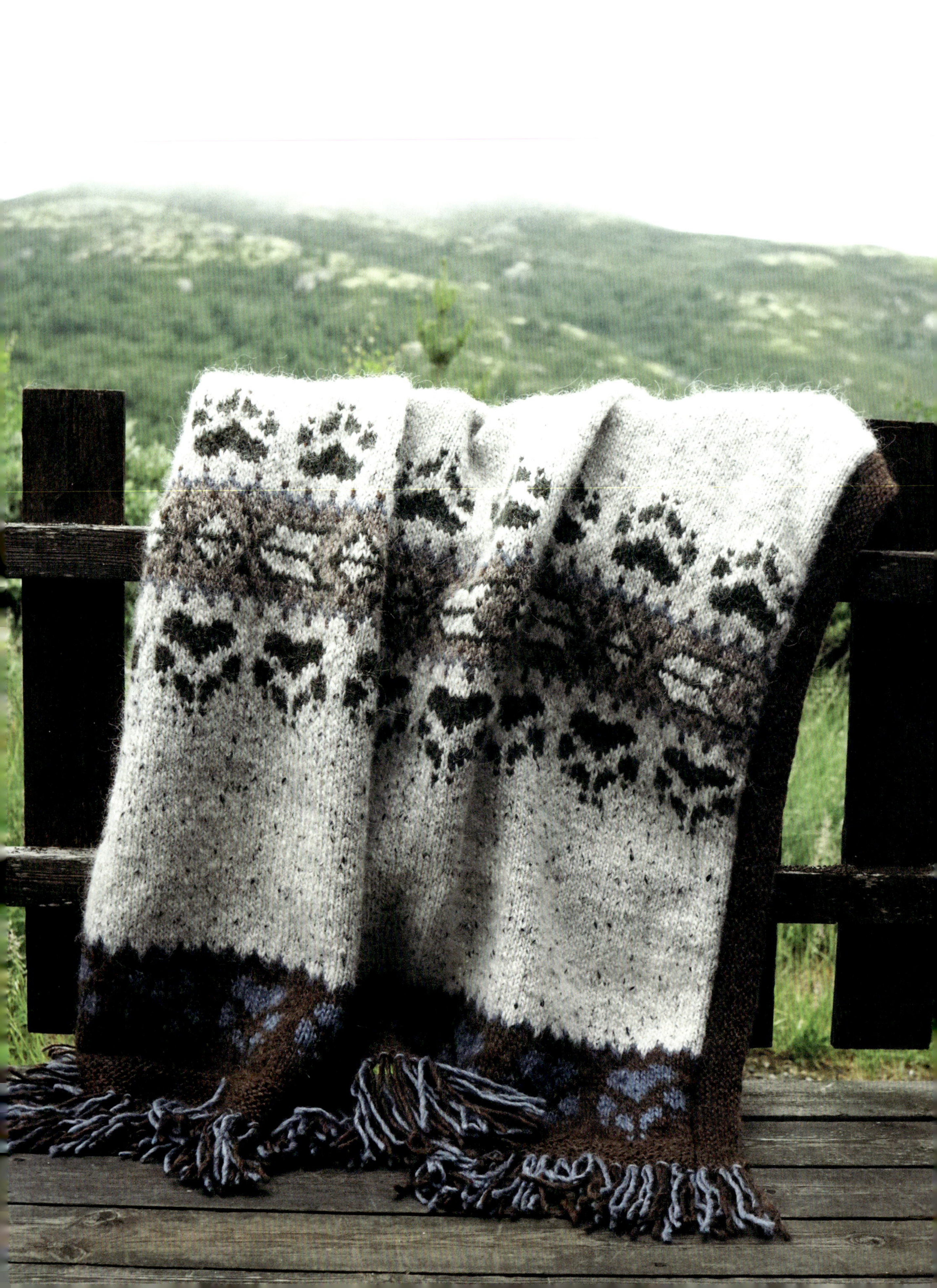

Wildnis

Kissen und Plaid

Meine Hunde, Obelix und Sakura, liegen sehr gern auf meinen Wollpullovern, besonders auf denen, die mit Álafosslopi gestrickt sind. Deshalb hatte ich schon lange vor, ihnen eine eigene Decke zu stricken. Das Plaid ist in zwei Größen angegeben. Auf der großen Decke haben beide Hunde Platz, während das kleine Plaid auf den Lieblingssessel oder ins Hundekörbchen passt.

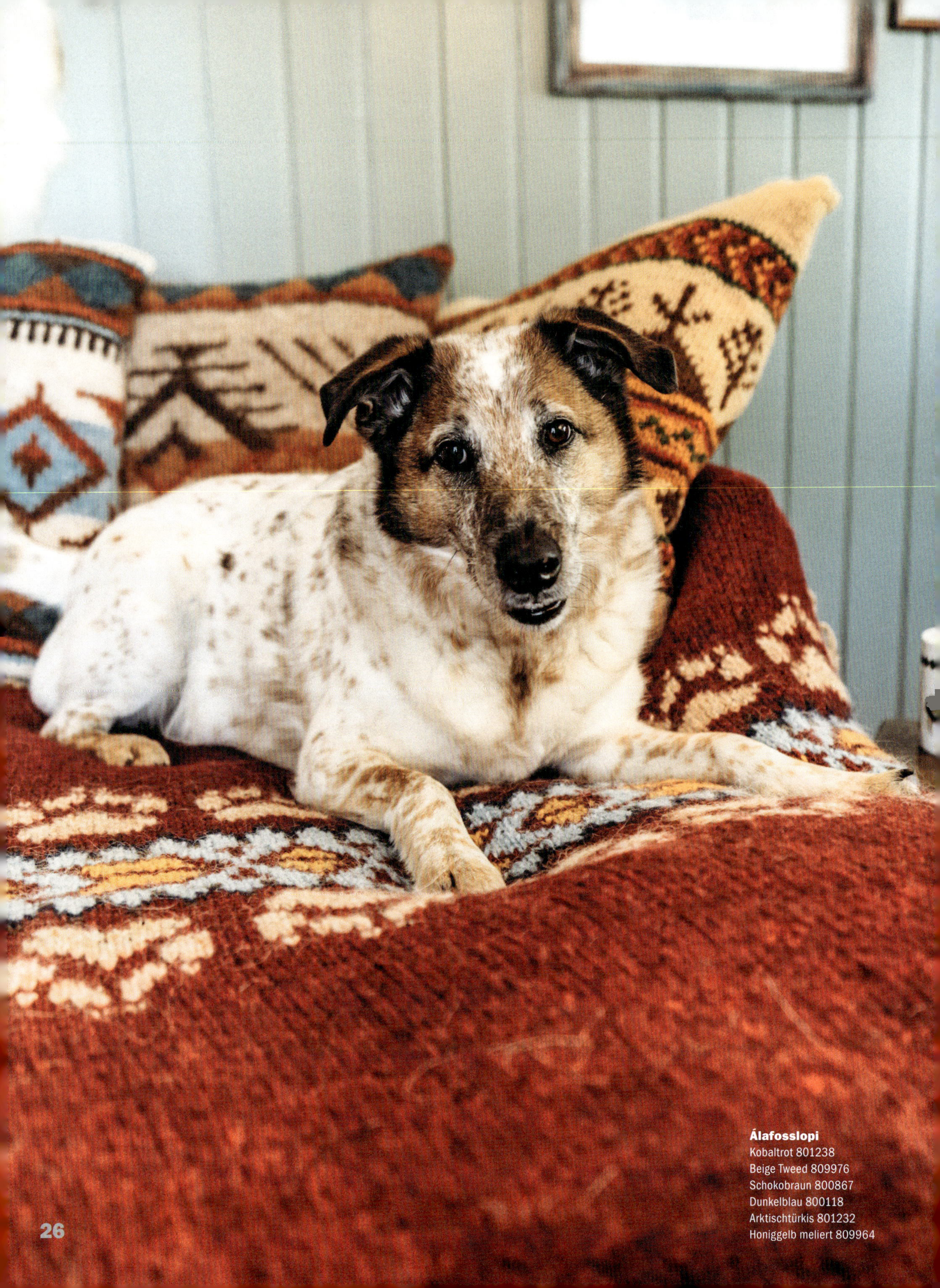

Álafosslopi
Kobaltrot 801238
Beige Tweed 809976
Schokobraun 800867
Dunkelblau 800118
Arktischtürkis 801232
Honiggelb meliert 809964

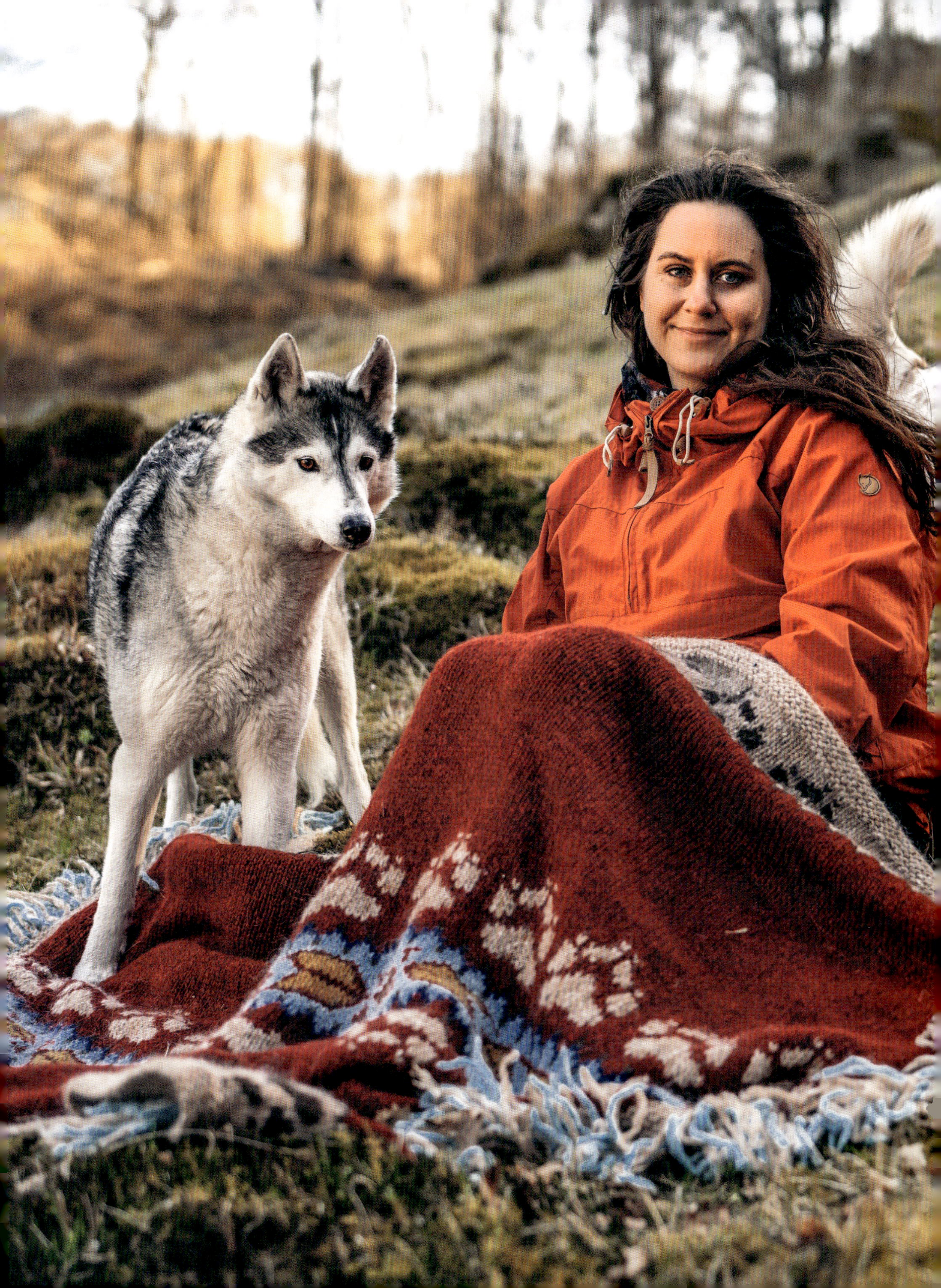

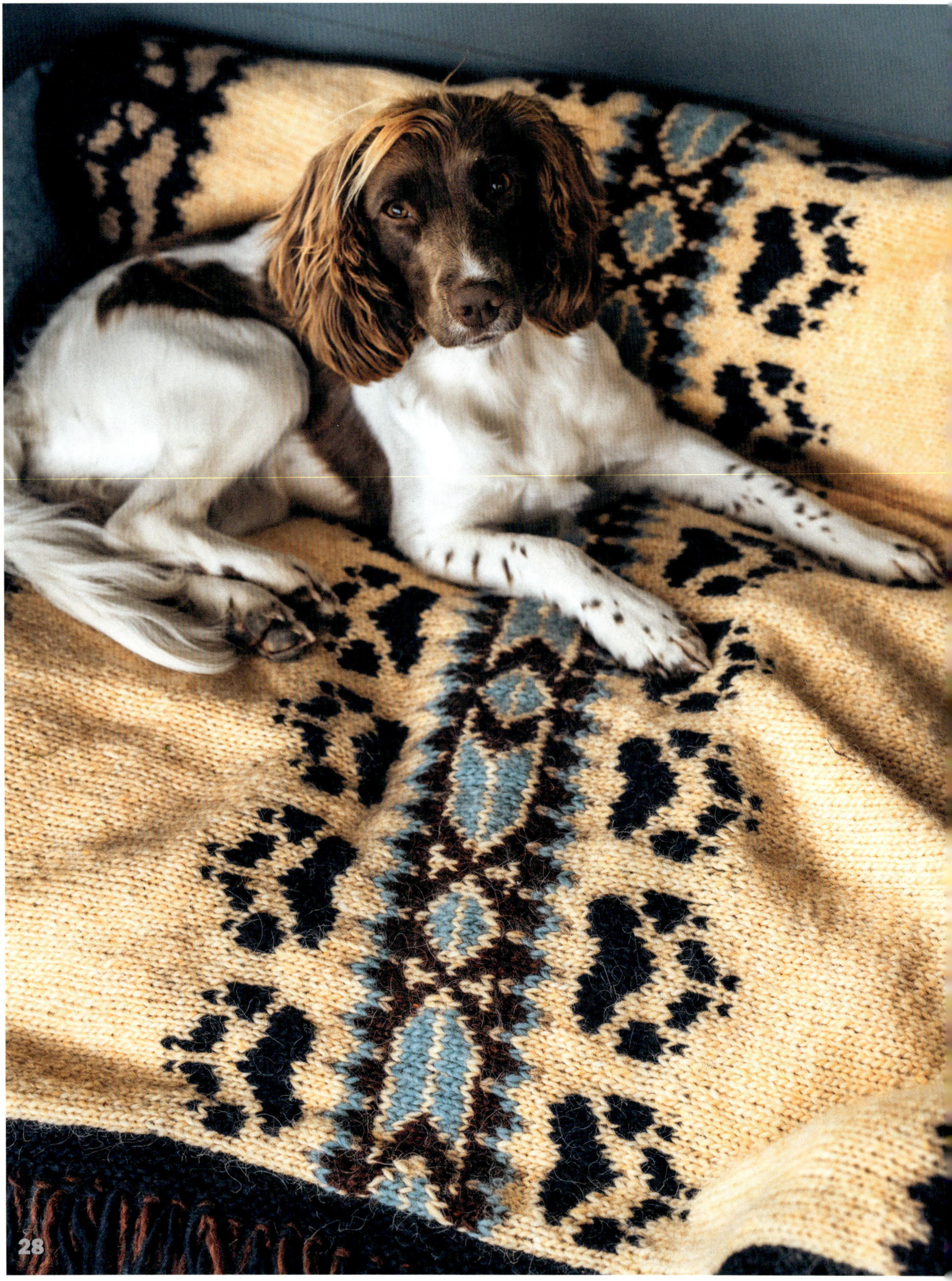

Álafosslopi
Hellgelb 801235
Mitternachtsblau 800709
Hafer 809973
Schokobraun meliert 801237
Arktischtürkis 801232
Garnrest in beliebiger Farbe

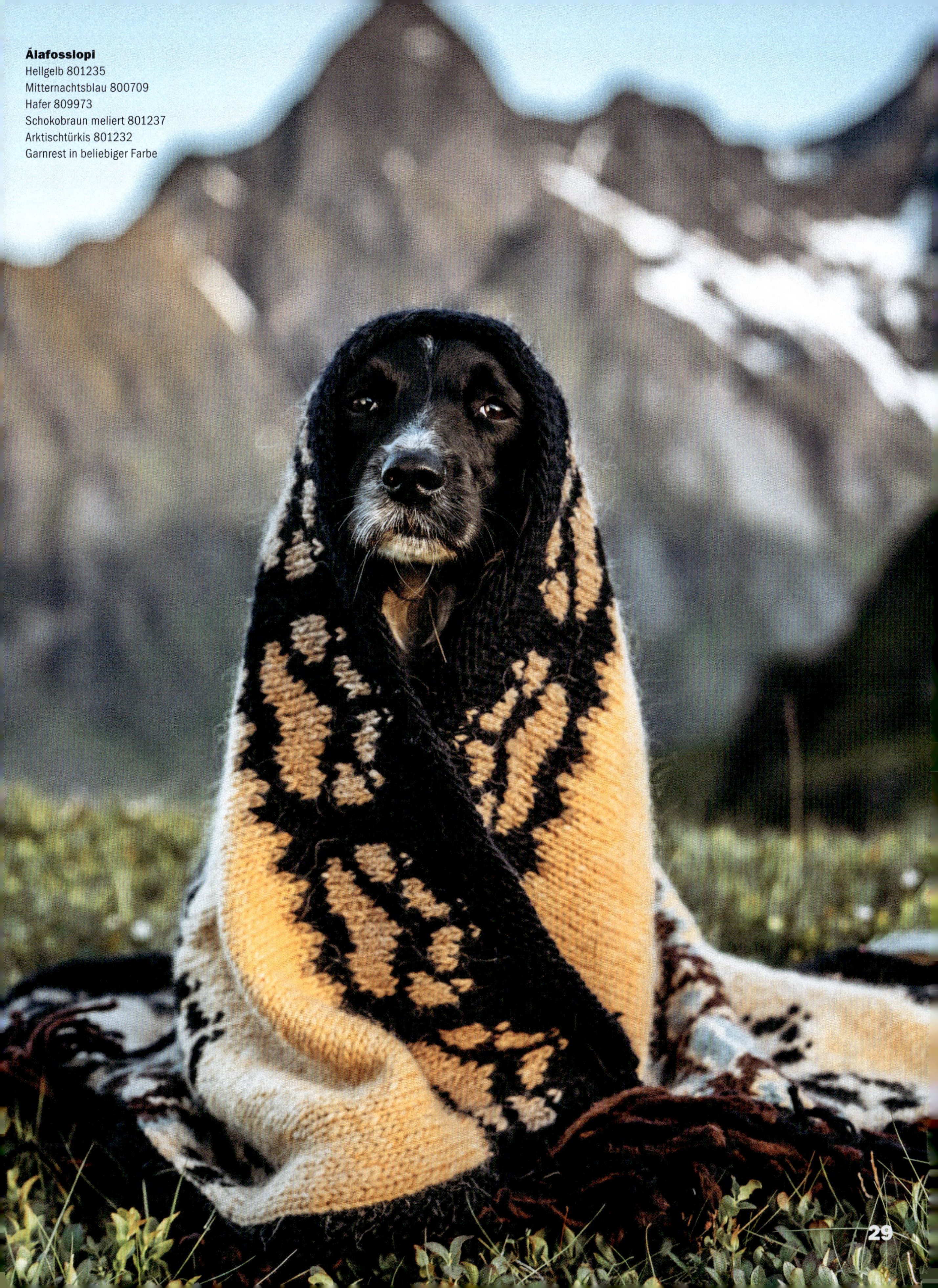

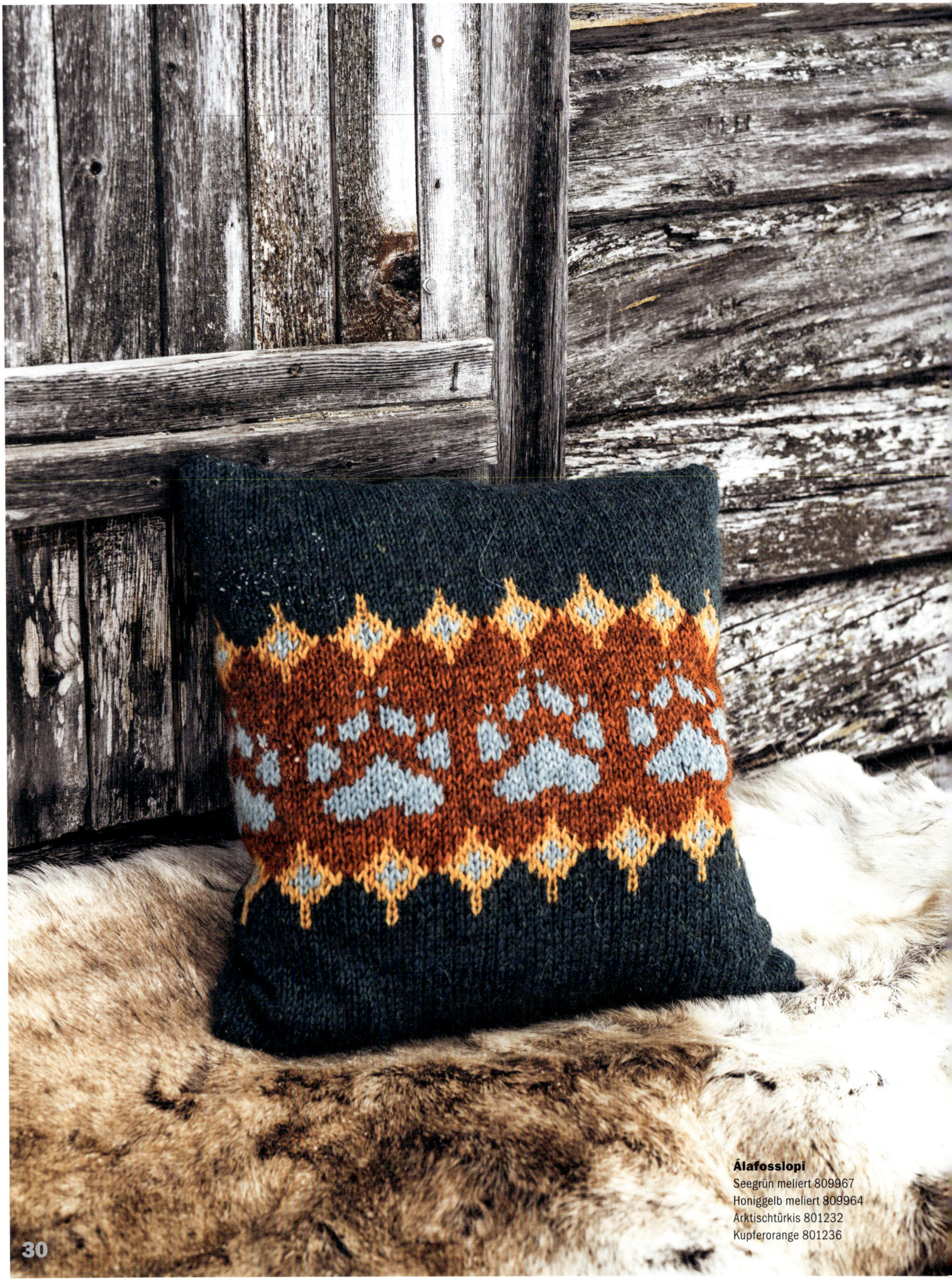

Álafosslopi
Seegrün meliert 809967
Honiggelb meliert 809964
Arktischtürkis 801232
Kupferorange 801236

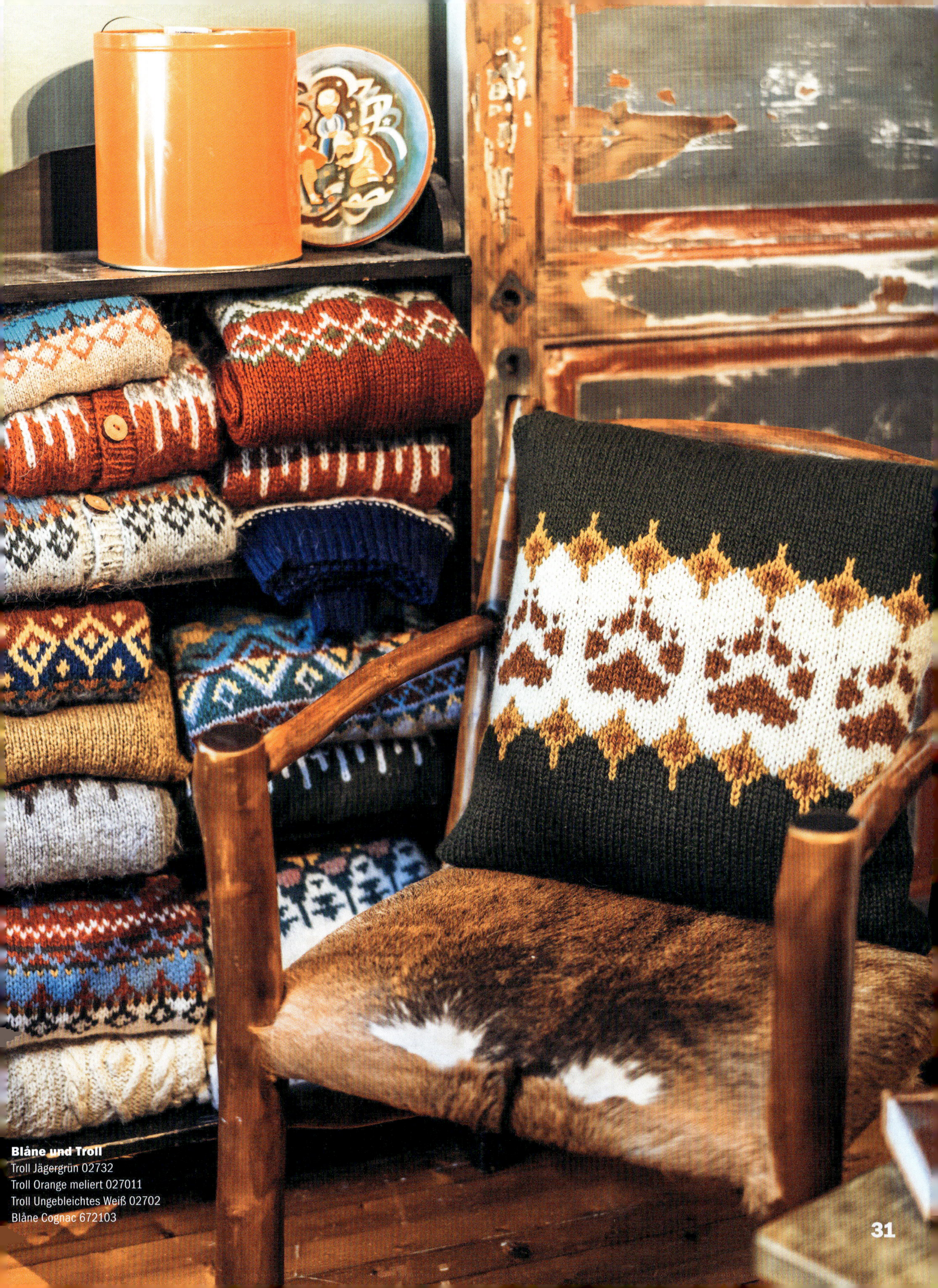

Blåne und Troll
Troll Jägergrün 02732
Troll Orange meliert 027011
Troll Ungebleichtes Weiß 02702
Blåne Cognac 672103

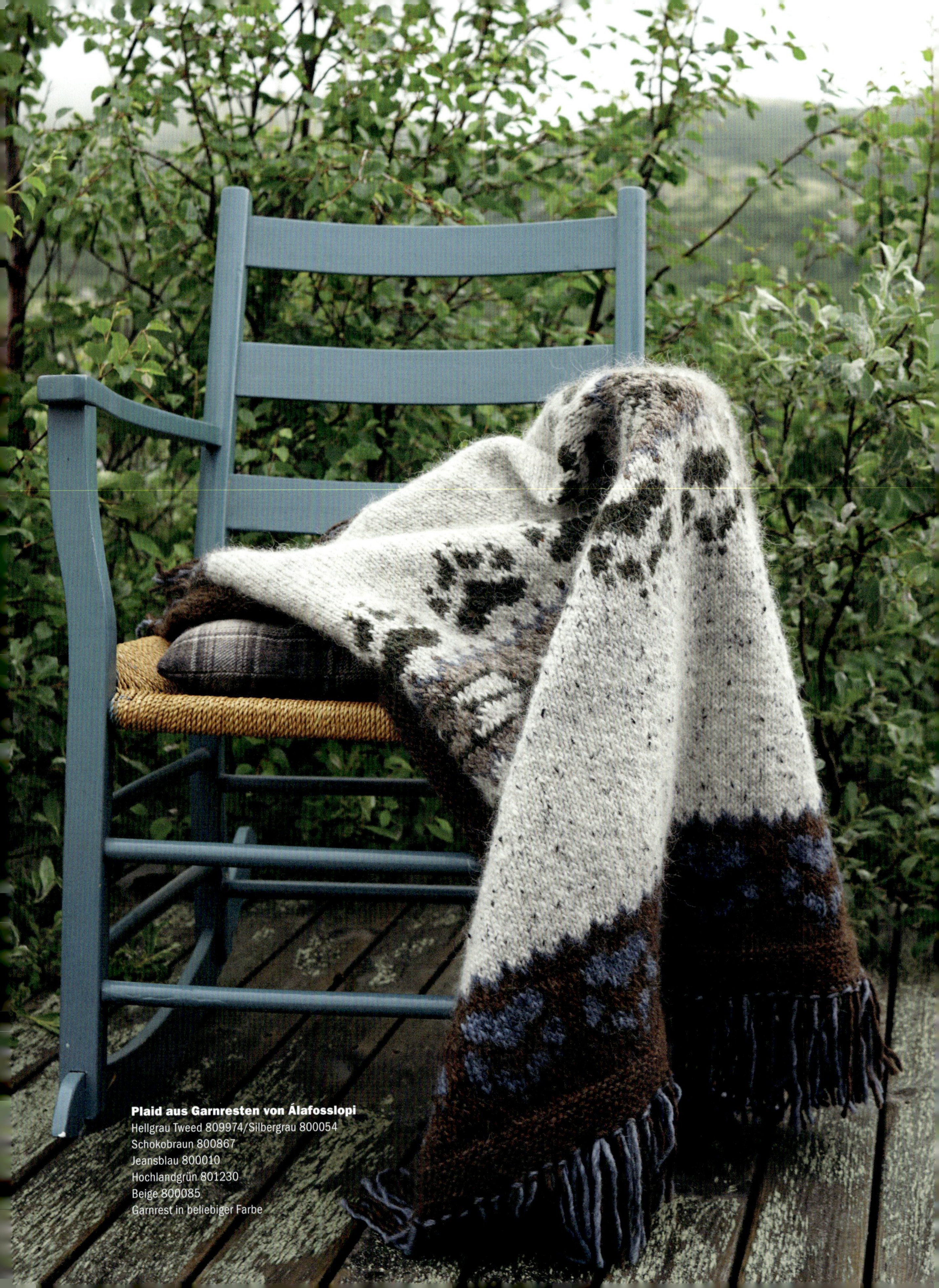

Plaid aus Garnresten von Álafosslopi
Hellgrau Tweed 809974/Silbergrau 800054
Schokobraun 800867
Jeansblau 800010
Hochlandgrün 801230
Beige 800085
Garnrest in beliebiger Farbe

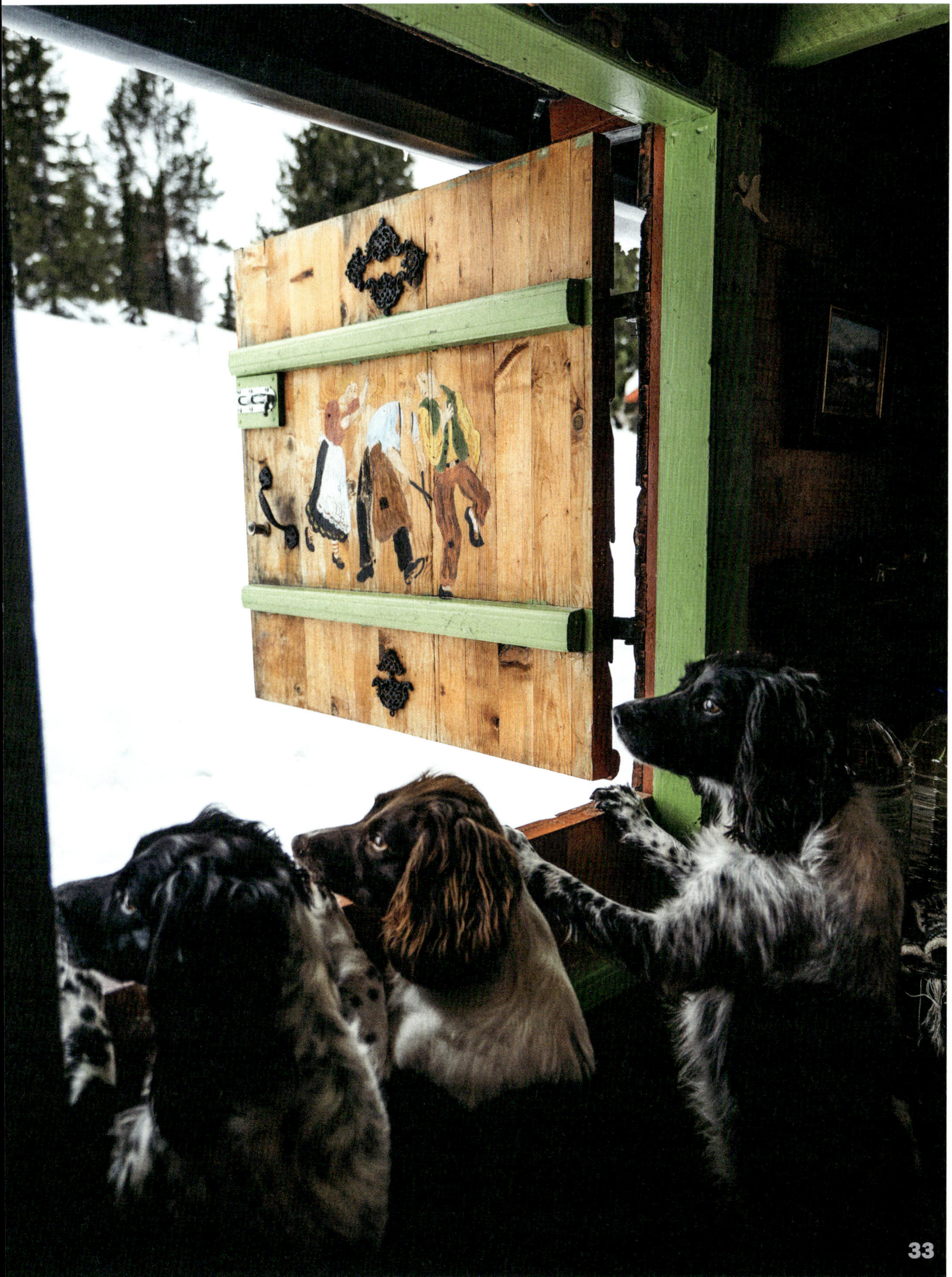

WILDNIS PLAID

Maße

S/M (L/XL)
Länge: ca. 118 (155) cm ohne Fransen
Breite: ca. 107 (127) cm

Maschenprobe

13 M mit Nadel Nr. 6 = 10 cm

Garn

Álafosslopi, Blåne oder Troll von Hillesvåg Ullvarefabrikk oder Rauma Vams plus ein Faden Rauma Lammwollgarn

Garnmenge

- Grundfarbe: 500 (800) g
- Musterfarbe 1: 400 (500) g
- Musterfarbe 2: 200 (200) g
- Musterfarbe 3: 100 (100) g
- Musterfarbe 4: 100 (100) g
- Musterfarbe 5: 100 (100) g

Stricknadeln und Zubehör

Rundstricknadel Nr. 5 und
Nr. 6, 80 oder 100 cm lang
Nähmaschine
Häkelnadel für die Fransen

> Um lange Spannfäden zu vermeiden, die Fäden während des Strickens auf der Rückseite regelmäßig verkreuzen.

144 (192) M mit Nadel Nr. 5 in Musterfarbe 1 anschlagen. 4 cm in R kraus rechts str. Für die Steek-M auf der rechten Nadel 5 M dazu anschlagen. (Diese M werden nicht mitgezählt und stets glatt links gestrickt.) Ab jetzt wird glatt rechts in Rd gestrickt. Zu Nadel Nr. 6 wechseln und nach Zählmuster A str. Danach etwa 20 (30) cm in der Grundfarbe str. Nach Zählmuster B str. Etwa 20 (30) cm in der Grundfarbe str. Nach Zählmuster C str. Die Steek-M abk. Zu Nadel Nr. 5 wechseln und 4 cm in R kraus rechts str. Alle M abk. Mit der Nähmaschine in einer großen Stichlänge zwei doppelte Nähte in die Steek-M nähen. Nun entweder zwischen den Nähten aufschneiden, bevor die M für die beiden Ränder aufgefasst werden, oder erst die beiden Ränder arbeiten und dann aufschneiden. Aus der rechten Kante des Plaids mit Nadel Nr. 5 in Musterfarbe 1 wie folgt M auffassen: Aus 2 aufeinanderfolgenden M je 1 M herausstr, 1 M überspringen. Dies fortlaufend wiederholen. Sind alle M herausgestrickt, einen Faden in Kontrastfarbe durch die M ziehen. (So ist es einfacher, M für die Belege herauszustr, die später die Schnittkante verdecken.) 4 cm in R kraus rechts str. Die M abk. An der linken Kante ebenso arbeiten.

Belege: Aus den M, in denen der Kontrastfaden liegt, wie folgt M auffassen: Aus 2 aufeinanderfolgenden M je 1 M herausstr, 1 M überspringen. Dies fortlaufend wiederholen, anschließend den Faden entfernen. Mit Nadel Nr. 6 in der Grundfarbe 4 R glatt rechts str. Die M abk und den Beleg über die Schnittkante legen und mit lockeren Stichen festnähen. Auf der anderen Seite ebenso arbeiten. Alternative: Statt des Belegs ein breites Zierband über die Schnittkanten nähen.

Die Fransen in Musterfarbe 1 und 3 zurechtschneiden und einknüpfen (siehe Seite 168). Alle Fäden vernähen. Das Plaid ausspülen, in Form ziehen und liegend trocknen lassen.

Zählmuster A

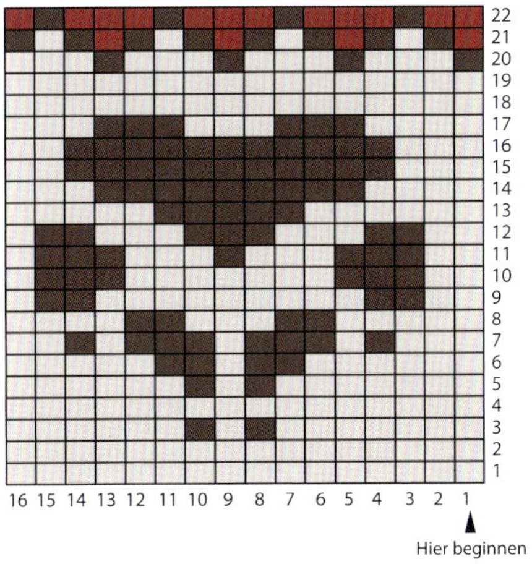

Zählmuster C

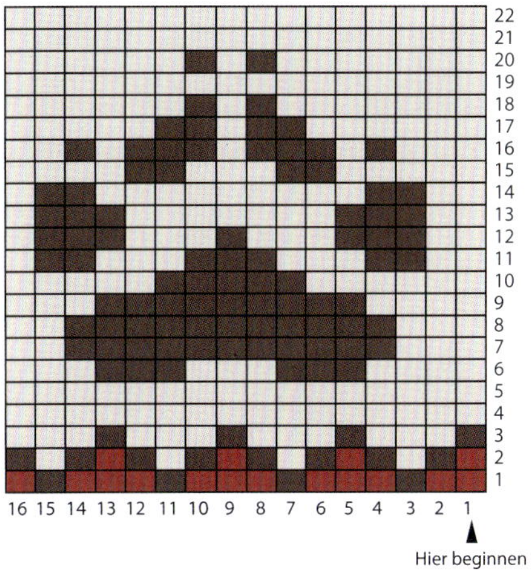

Zählmuster B

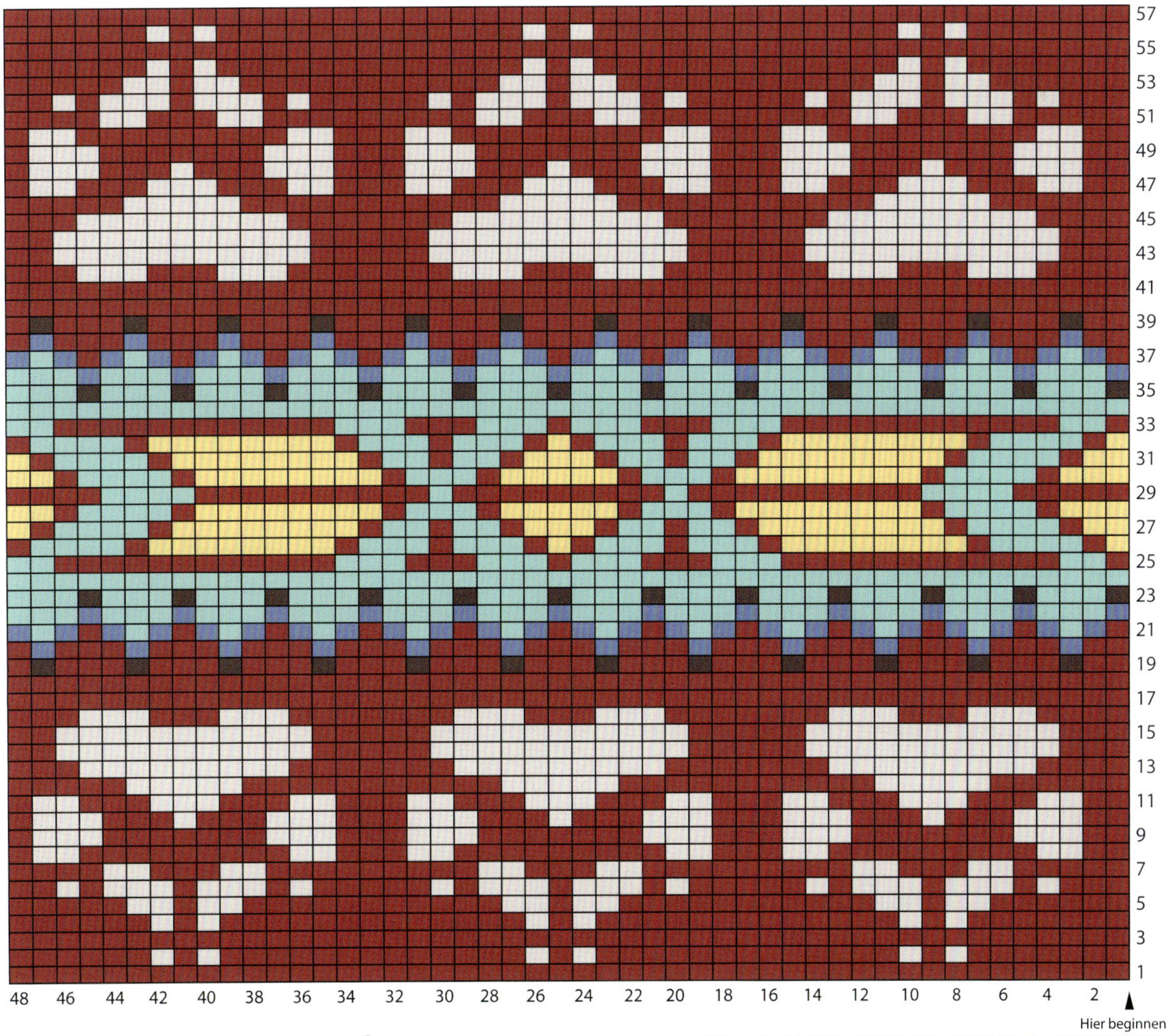

WILDNIS Kissen

Maße

50 x 50 cm

Maschenprobe

13 M mit Nadel Nr. 6 = 10 cm

Garn

Álafosslopi, Blåne oder Troll von Hillesvåg Ullvarefabrikk oder Rauma Vams plus ein Faden Rauma Lammwollgarn

Garnmenge

- Grundfarbe: Troll oder Blåne: 200 g oder Álafosslopi: 300 g
- Musterfarbe 1: 100 g
- Musterfarbe 2: 100 g
- Musterfarbe 3: 100 g

Stricknadeln

Rundstricknadel Nr. 6, 80 cm lang
Rundstricknadel Nr. 5, 80 cm lang (für einen abnehmbaren Kissenbezug)

Knöpfe

(für einen abnehmbaren Kissenbezug)
6 Stück, 22 mm ø

Das gesamte Kissen wird in Rd glatt rechts gestrickt. 128 M mit Nadel Nr. 6 in der Grundfarbe anschlagen. Am Rd-Anfang und nach 64 M jeweils einen M-Markierer setzen (= Seitenkanten). Gemäß Zählmuster str. Nach Abschluss des Zählmusters die offene Kante im M-Stich schließen.

Alle Fäden vernähen. Das Kissen ausspülen, in Form ziehen und liegend trocknen lassen. Das Kissen füllen (z. B. mit einem Inlett, 50 x 50 cm). Die offene Seite zunähen.

Abnehmbarer Kissenbezug: Für einen abnehmbaren Kissenbezug nach Abschluss des Zählmusters die ersten 64 M abk (= Rückseite). Zu Nadel Nr. 5 wechseln und über die restlichen 64 M in R 2 cm kraus rechts str. In der nächsten Reihe gleichmäßig verteilt 6 Knopflöcher einarbeiten (2 M rechts zusstr, 1 Umschlag). Weitere 2 cm kraus rechts str, dann alle M abk. Die Knöpfe annähen.

Um lange Spannfäden zu vermeiden, die Fäden während des Strickens auf der Rückseite regelmäßig verkreuzen.

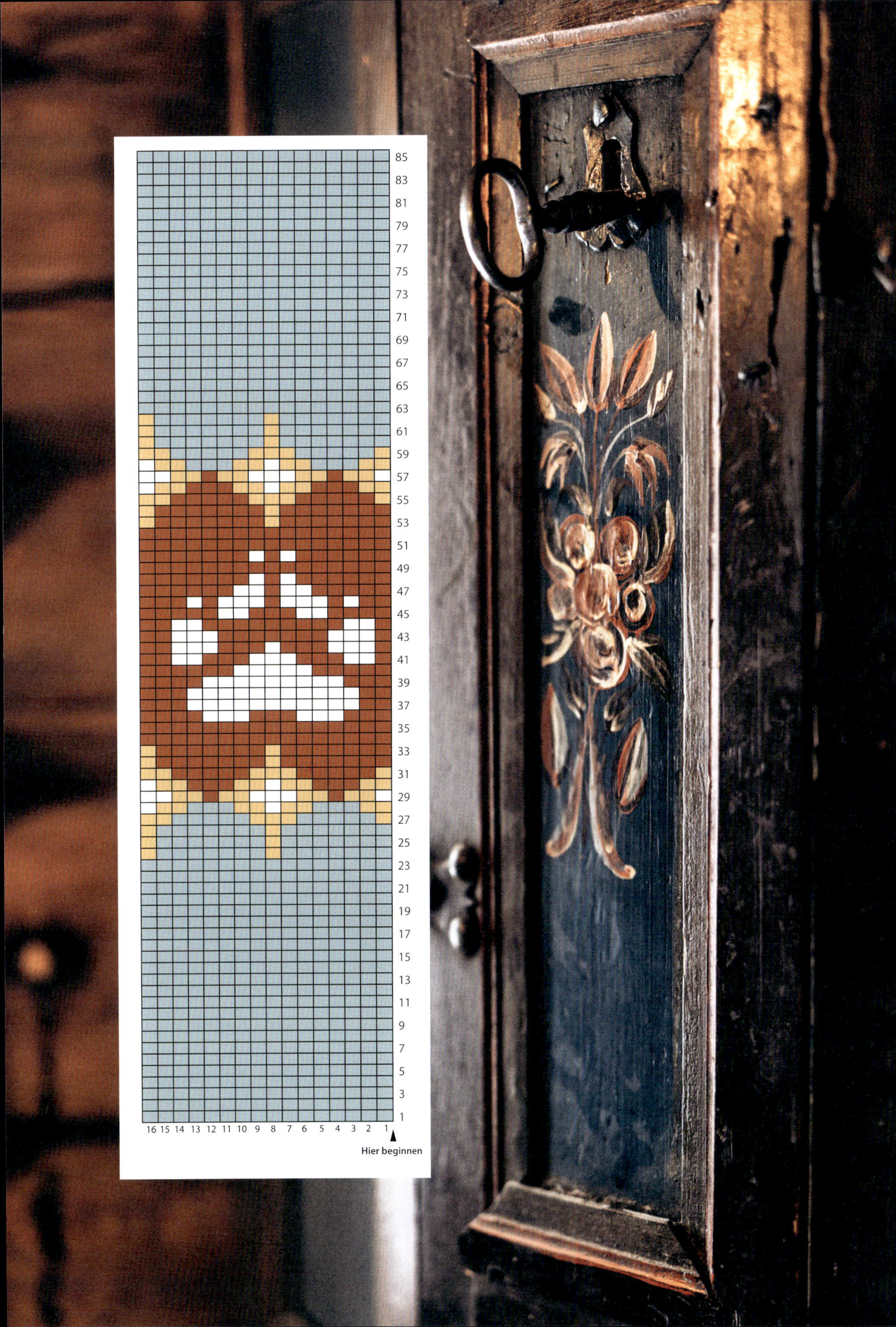
Hier beginnen

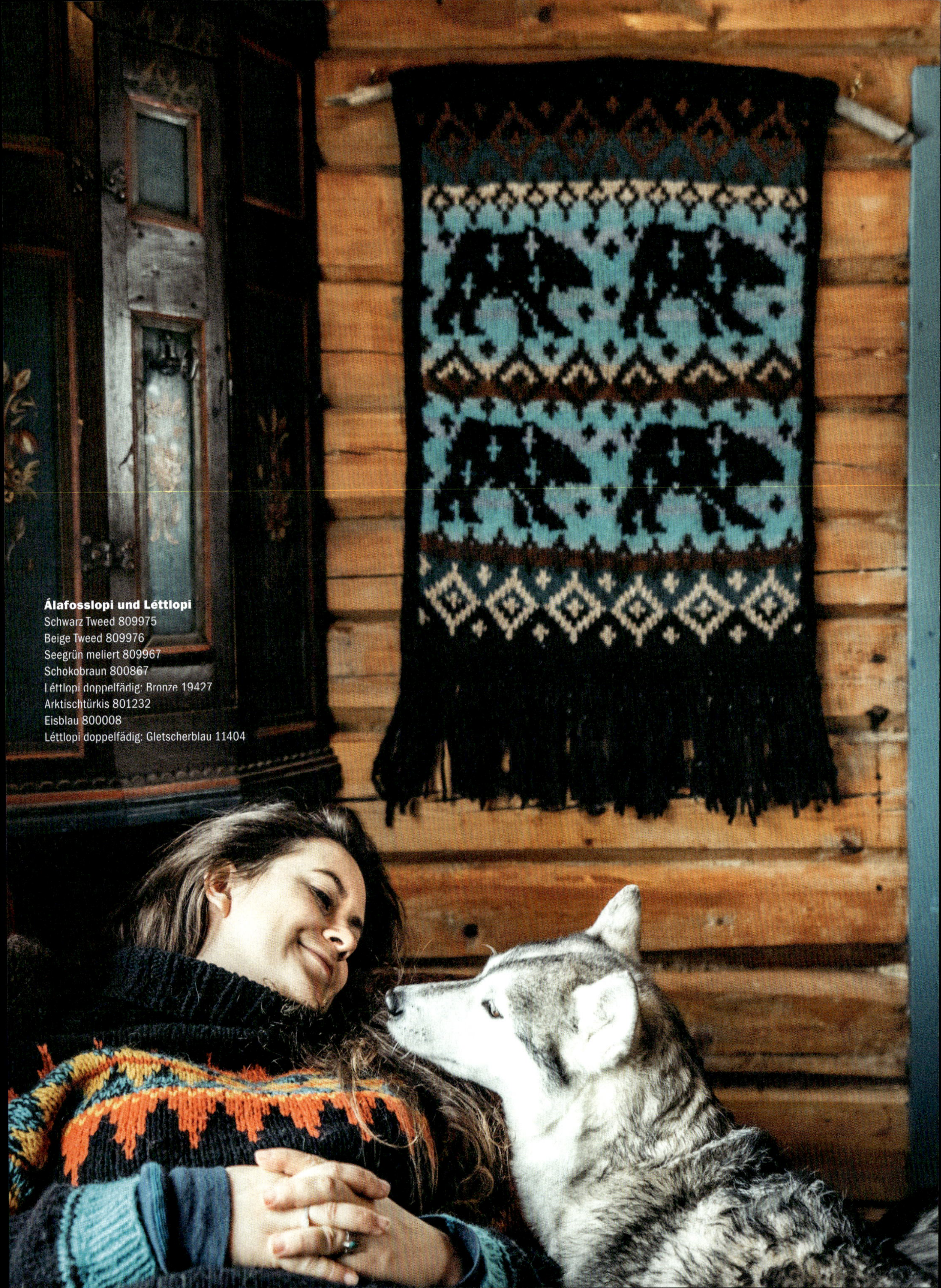

Álafosslopi und Léttlopi
Schwarz Tweed 809975
Beige Tweed 809976
Seegrün meliert 809967
Schokobraun 800867
Léttlopi doppelfädig: Bronze 19427
Arktischtürkis 801232
Eisblau 800008
Léttlopi doppelfädig: Gletscherblau 11404

Eisbär
Kissen und Wandbehang

Vom Eisbärmuster kann ich einfach nie genug bekommen, deshalb gibt es in diesem Buch sowohl ein Kissen als auch einen Wandbehang damit – einen großen und einen kleinen.

Ich verwende gern viele Farben; in diesem Wandbehang sind es acht. Wenn dir das Stricken mit so vielen Farben zu unübersichtlich oder schwierig erscheint, kannst du eine einfachere Variante arbeiten, indem du zum Beispiel den Hintergrund des Eisbären nur mit einer Farbe strickst.

Álafosslopi
Schokobraun 800867
Arktischtürkis 801232
Kupferorange 801236
Dunkeloliv 809987
Seegrün meliert 809967
Hellbeige 800086
Hafer 809973
Bernstein meliert 809971

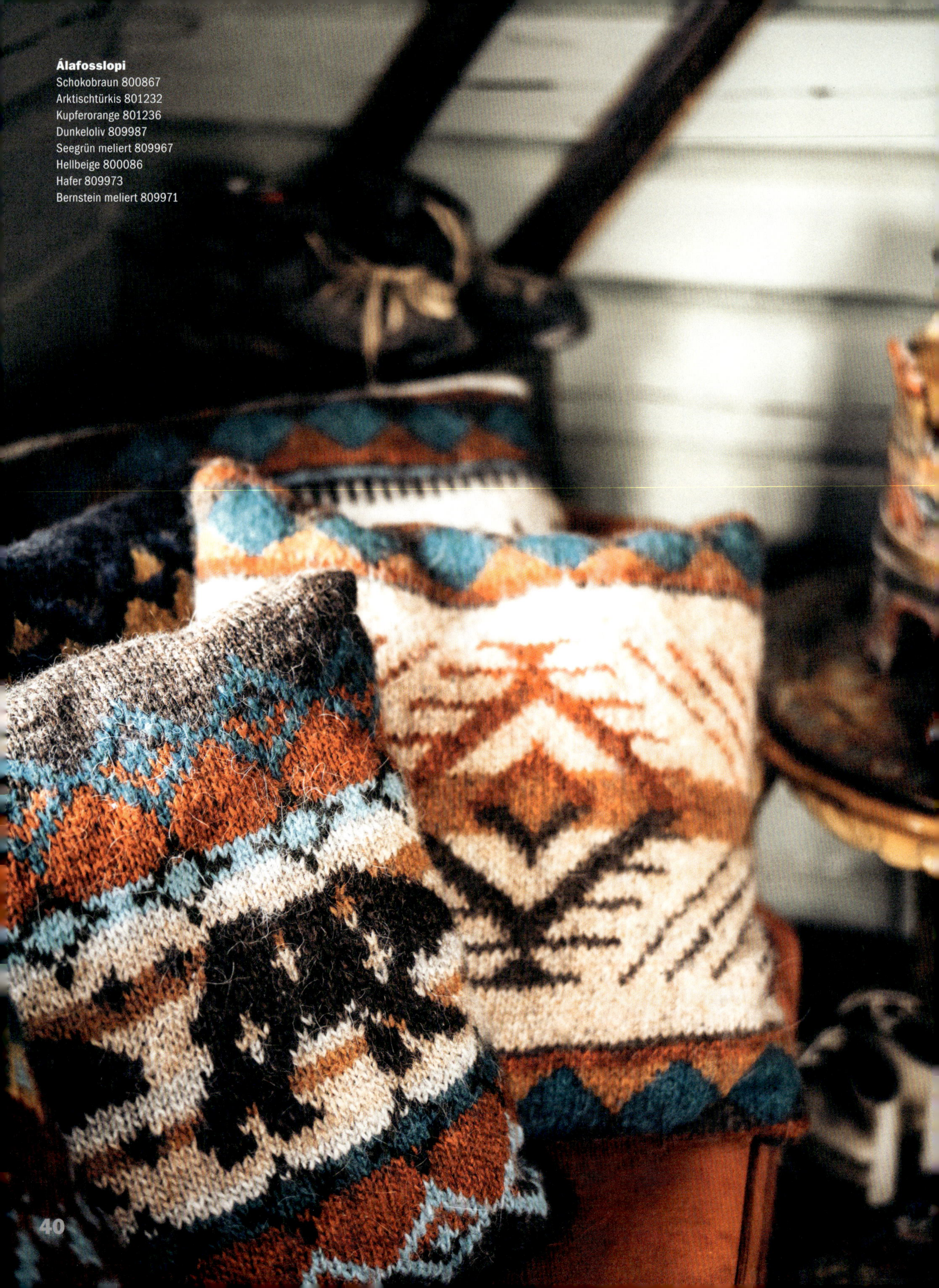

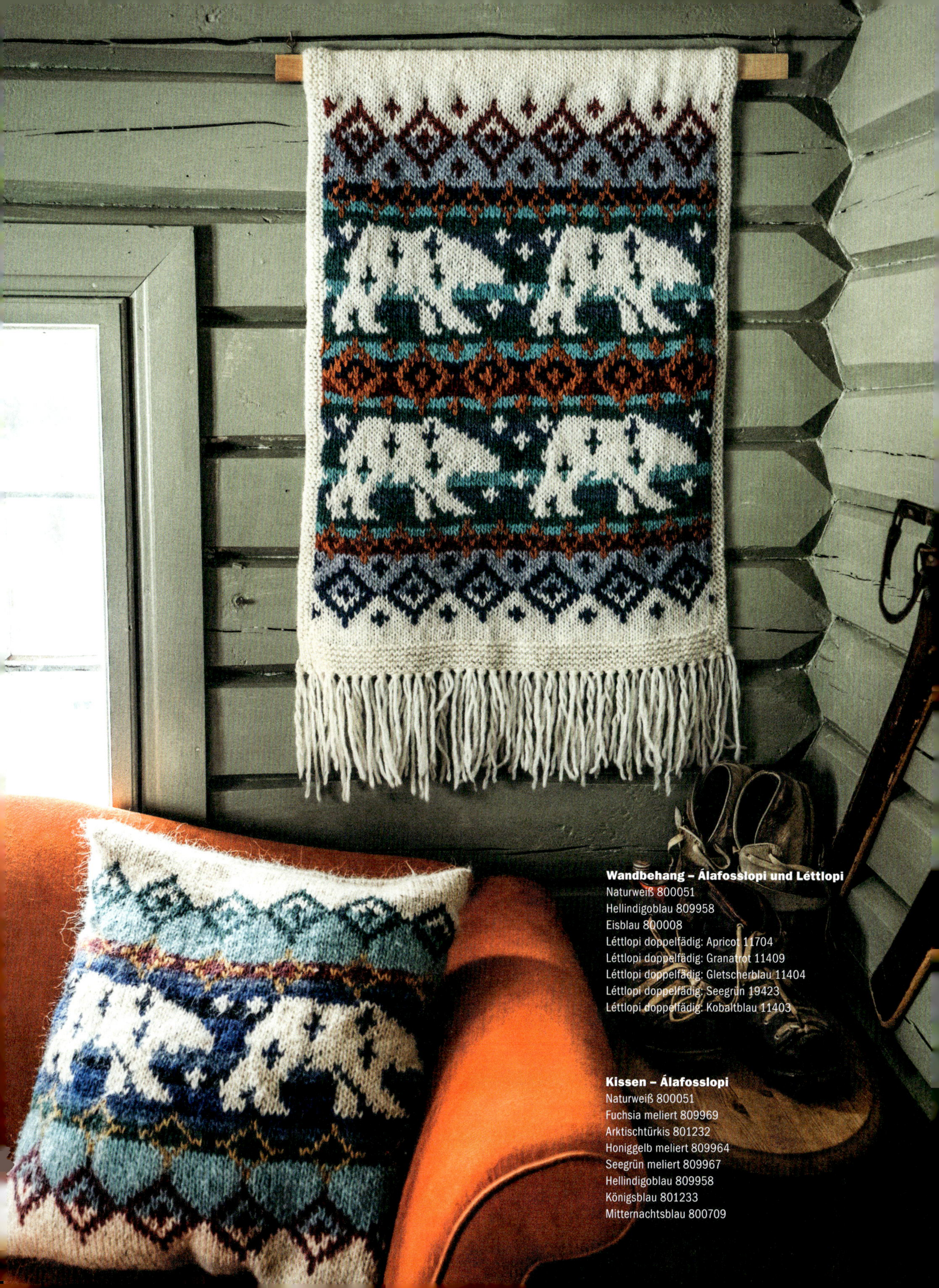

Wandbehang – Álafosslopi und Léttlopi
Naturweiß 800051
Hellindigoblau 809958
Eisblau 800008
Léttlopi doppelfädig: Apricot 11704
Léttlopi doppelfädig: Granatrot 11409
Léttlopi doppelfädig: Gletscherblau 11404
Léttlopi doppelfädig: Seegrün 19423
Léttlopi doppelfädig: Kobaltblau 11403

Kissen – Álafosslopi
Naturweiß 800051
Fuchsia meliert 809969
Arktischtürkis 801232
Honiggelb meliert 809964
Seegrün meliert 809967
Hellindigoblau 809958
Königsblau 801233
Mitternachtsblau 800709

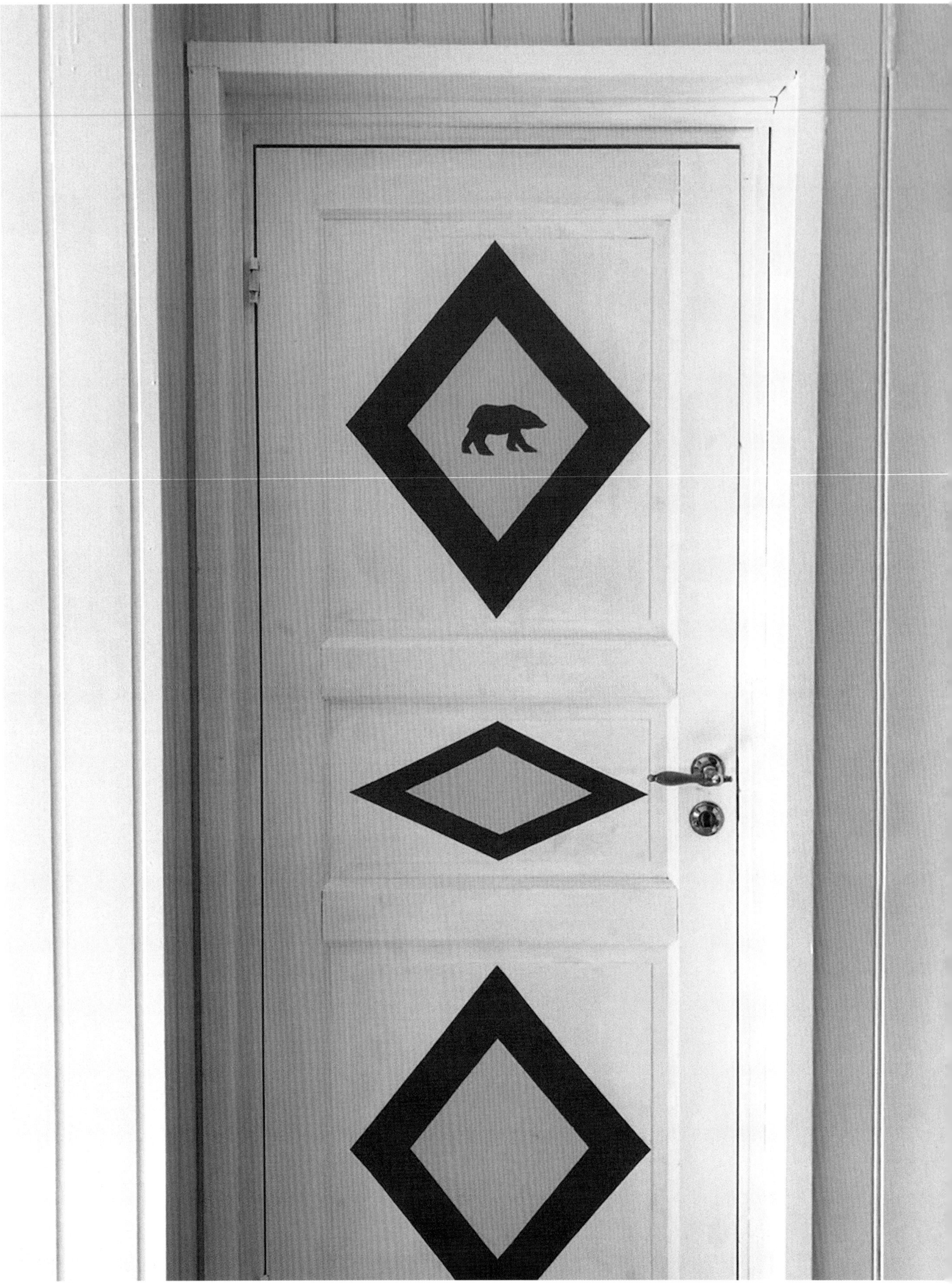

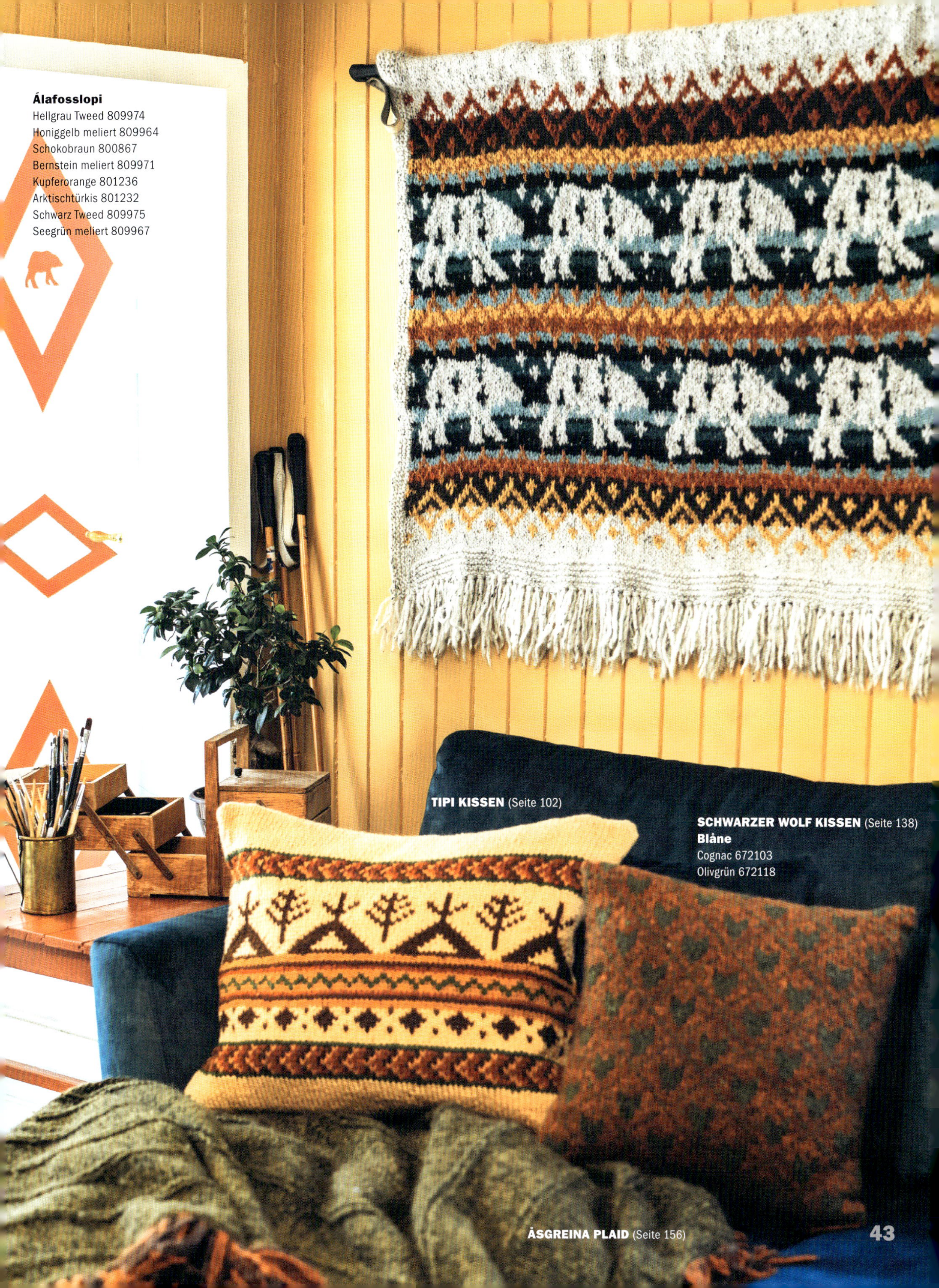

Álafosslopi
Hellgrau Tweed 809974
Honiggelb meliert 809964
Schokobraun 800867
Bernstein meliert 809971
Kupferorange 801236
Arktischtürkis 801232
Schwarz Tweed 809975
Seegrün meliert 809967

TIPI KISSEN (Seite 102)

SCHWARZER WOLF KISSEN (Seite 138)
Blåne
Cognac 672103
Olivgrün 672118

ÅSGREINA PLAID (Seite 156)

EISBÄR Wandbehang

Maße

Größe M (L)
Höhe: ca. 75 cm ohne Fransen
Breite: ca. 61 (116) cm

Maschenprobe

13 M mit Nadel Nr. 6 = 10 cm

Garn

Álafosslopi, Blåne oder Troll von Hillesvåg Ullvarefabrikk oder Rauma Vams plus ein Faden Rauma Lammwollgarn

Garnmenge

- Grundfarbe: 300 (400) g
- Musterfarbe 1: 100 g
- Musterfarbe 2: 100 g
- Musterfarbe 3: 100 g
- Musterfarbe 4: 100 g
- Musterfarbe 5: 100 g
- Musterfarbe 6: 100 g
- Musterfarbe 7: 100 g

Stricknadeln und Zubehör

Rundstricknadel Nr. 6, 60 (80) cm lang
Nähmaschine
Häkelnadel für die Fransen
Holzstab zum Aufhängen

72 (144) M mit Nadel Nr. 6 in der Grundfarbe anschlagen. 4 cm in R kraus rechts str. Für die Steek-M auf der rechten Nadel 5 M dazu anschlagen. (Diese M werden nicht mitgezählt und stets glatt links gestrickt.) Ab jetzt wird glatt rechts in Rd gestrickt. Gemäß Zählmuster str. Anschließend für den Tunnel 12 cm glatt rechts in der Grundfarbe str. Alle M abk.

Mit der Nähmaschine in einer großen Stichlänge zwei doppelte Nähte in die Steek-M nähen. Nun entweder zwischen den Nähten aufschneiden, bevor die M für die Ränder aufgefasst werden, oder erst die beiden Ränder arbeiten und dann aufschneiden. Aus der rechten Kante des Wandbehangs in der Grundfarbe wie folgt M auffassen: Aus 2 aufeinanderfolgenden M je 1 M herausstr, 1 M überspringen. Dies fortlaufend wiederholen. 3 cm in R kraus rechts str. Alle M abk. An der linken Kante ebenso arbeiten.

Die Schnittkanten zurückschneiden. Es werden keine Belege zum Verdecken der Schnittkanten gestrickt, da man die Rückseite ohnehin nicht sieht. Nach Belieben ein breites Zierband über die Schnittkanten nähen.

Die Fransen in der Grundfarbe zuschneiden und einknüpfen (siehe Seite 168). Alle Fäden vernähen. Den Wandbehang ausspülen, in Form ziehen und liegend trocknen lassen.

Den Tunnel zur Rückseite umlegen und festnähen. Den Holzstab in den Tunnel schieben.

> Um lange Spannfäden zu vermeiden, die Fäden während des Strickens auf der Rückseite regelmäßig verkreuzen.

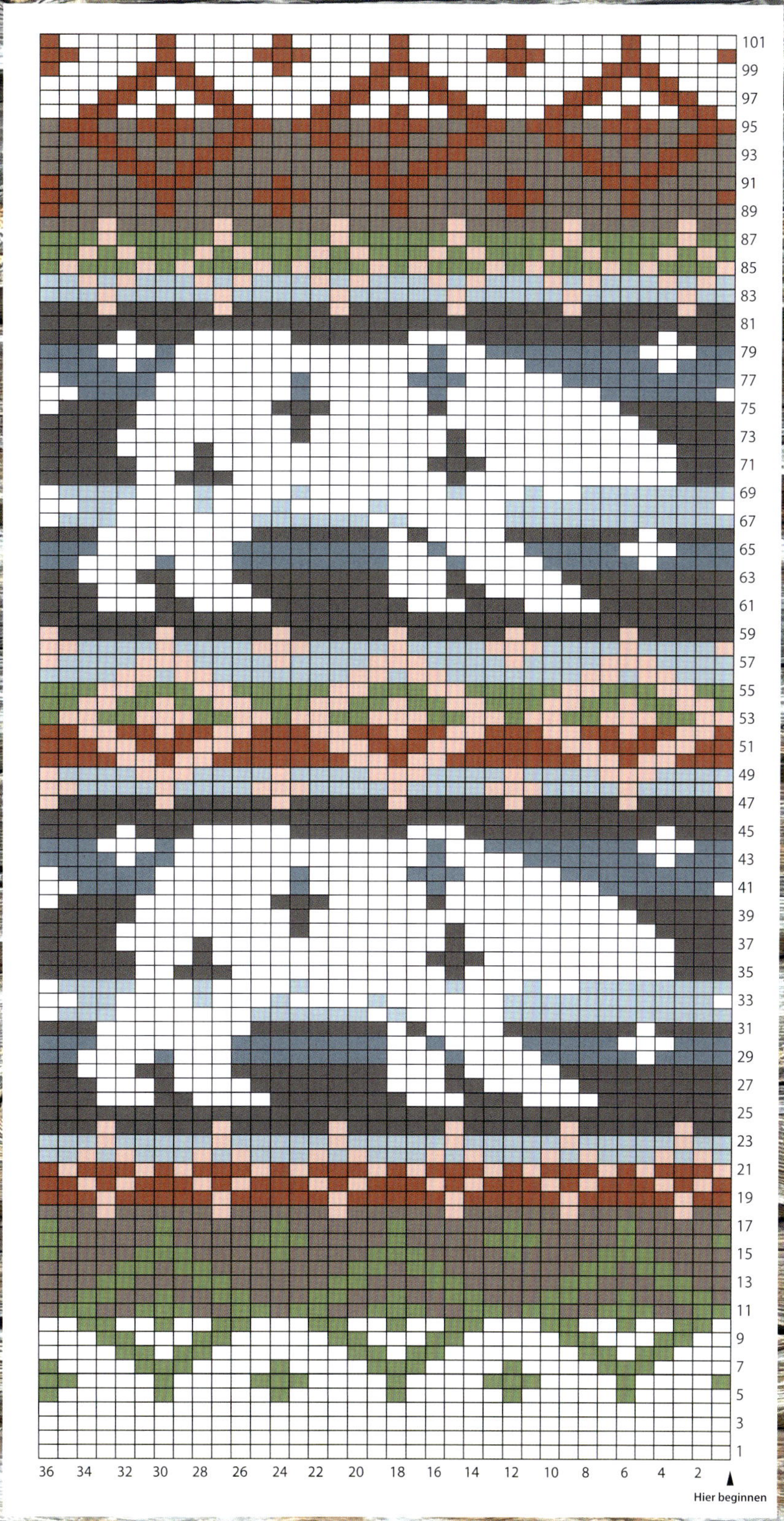
101
99
97
95
93
91
89
87
85
83
81
79
77
75
73
71
69
67
65
63
61
59
57
55
53
51
49
47
45
43
41
39
37
35
33
31
29
27
25
23
21
19
17
15
13
11
9
7
5
3
1
36 34 32 30 28 26 24 22 20 18 16 14 12 10 8 6 4 2
Hier beginnen

EISBÄR Kissen

Maße
50 x 50 cm

Maschenprobe
13 M mit Nadel Nr. 6 = 10 cm

Garn
Álafosslopi, Blåne oder Troll von Hillesvåg Ullvarefabrikk oder Rauma Vams plus ein Faden Rauma Lammwollgarn

Garnmenge

- Grundfarbe: 200 g
- Musterfarbe 1: 100 g
- Musterfarbe 2: 100 g
- Musterfarbe 3: 100 g
- Musterfarbe 4: 100 g
- Musterfarbe 5: 100 g
- Musterfarbe 6: 100 g
- Musterfarbe 7: 100 g

Stricknadeln
Rundstricknadel Nr. 6, 80 cm lang
Rundstricknadel Nr. 5, 80 cm lang (für einen abnehmbaren Kissenbezug)

Knöpfe
(für einen abnehmbaren Kissenbezug)
6 Stück, 22 mm ø

Das Kissen wird in Rd glatt rechts gestrickt. 132 M mit Nadel Nr. 6 in der Grundfarbe anschlagen. Am Rd-Anfang und nach 66 M jeweils einen M-Markierer setzen (= Seitenkanten). Gemäß Zählmuster str. Nach Abschluss des Zählmusters die offene Kante im M-Stich schließen. Die Fäden vernähen. Das Kissen ausspülen, in Form ziehen und liegend trocknen lassen. Das Kissen füllen (z. B. mit einem Inlett, 50 x 50 cm). Die offene Seite zunähen.

Abnehmbarer Kissenbezug: Für einen abnehmbaren Kissenbezug nach Abschluss des Zählmusters die ersten 66 M abk (= Rückseite). Zu Nadel Nr. 5 wechseln und über die restlichen 66 M in R 2 cm kraus rechts str. In der nächsten Reihe gleichmäßig verteilt 6 Knopflöcher einarbeiten (2 M rechts zusstr, 1 Umschlag). Weitere 2 cm kraus rechts str, dann alle M abk. Die Knöpfe annähen.

> Um lange Spannfäden zu vermeiden, die Fäden während des Strickens auf der Rückseite regelmäßig verkreuzen.

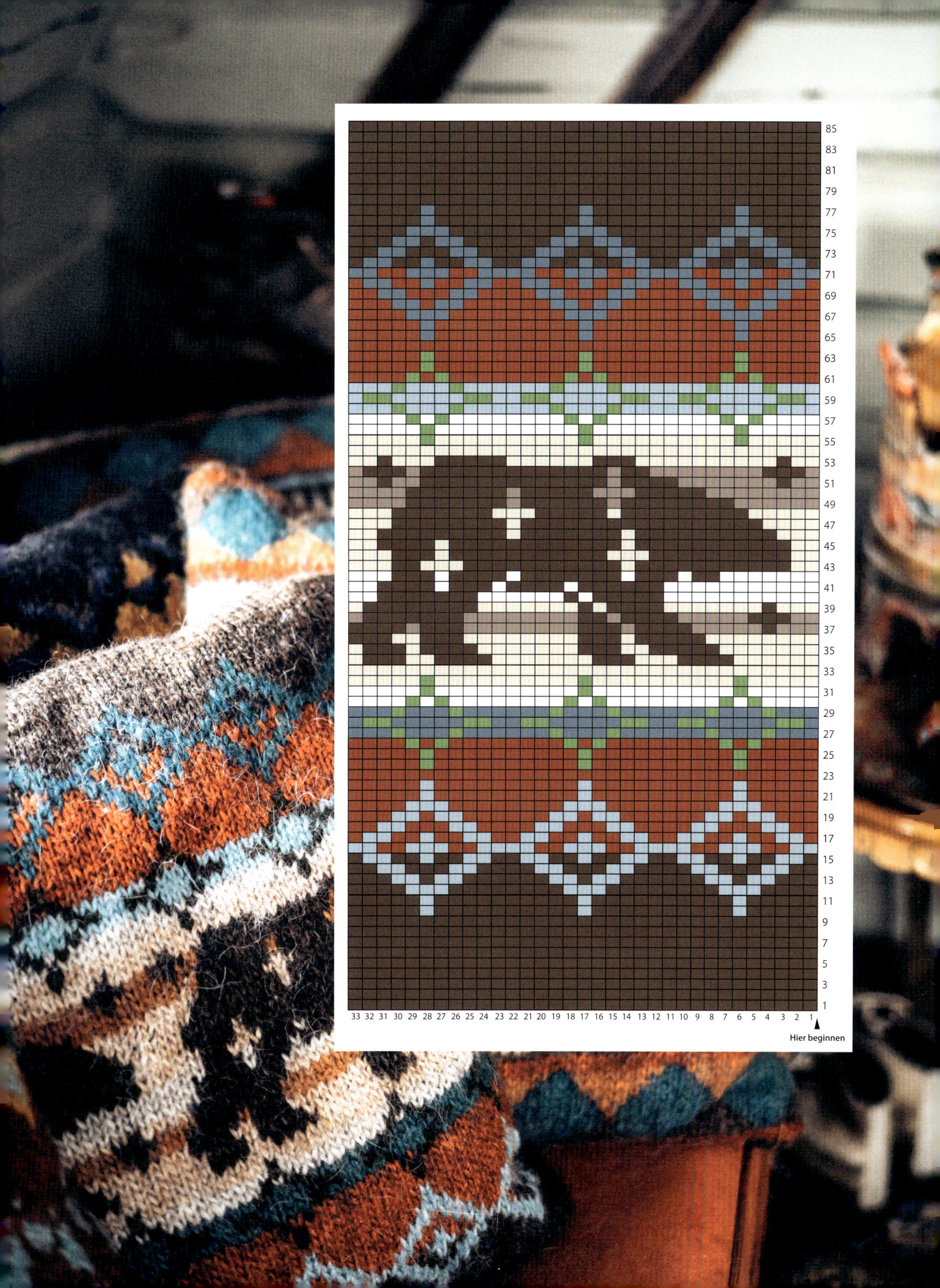
85
83
81
79
77
75
73
71
69
67
65
63
61
59
57
55
53
51
49
47
45
43
41
39
37
35
33
31
29
27
25
23
21
19
17
15
13
11
9
7
5
3
1
33 32 31 30 29 28 27 26 25 24 23 22 21 20 19 18 17 16 15 14 13 12 11 10 9 8 7 6 5 4 3 2 1
Hier beginnen

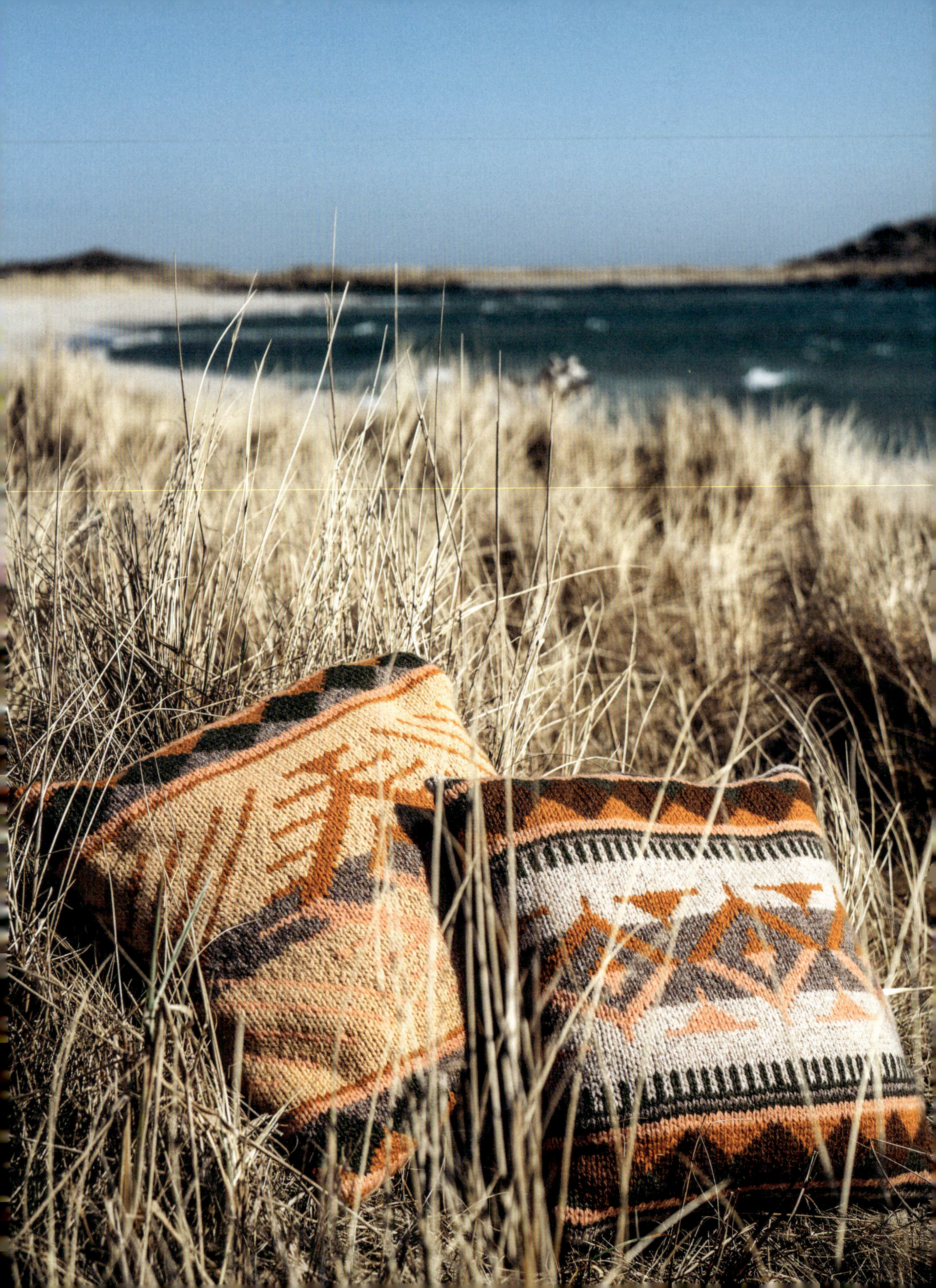

Nenana und Kobuk Kissen und Wandbehang

Nenana und Kobuk waren die ersten Kissen, die ich entworfen habe, und es sind wohl die traditionellsten Muster im Buch. Kobuk und Nenana sind Flüsse in Alaska, aber auch Namen von Hunden aus der Zucht des bekannten Abenteurers und Hundeschlittenführers Helge Ingstad. Bei ihm habe ich in meiner Jugend viel Zeit verbracht. Wie die Fotos zeigen, gibt es eine schier unendliche Zahl an Farbkombinationen und alle werden wunderschön. Kobuk hat ein grafisches Muster, das an den Seiten des Kissens perfekt aufeinandertrifft.

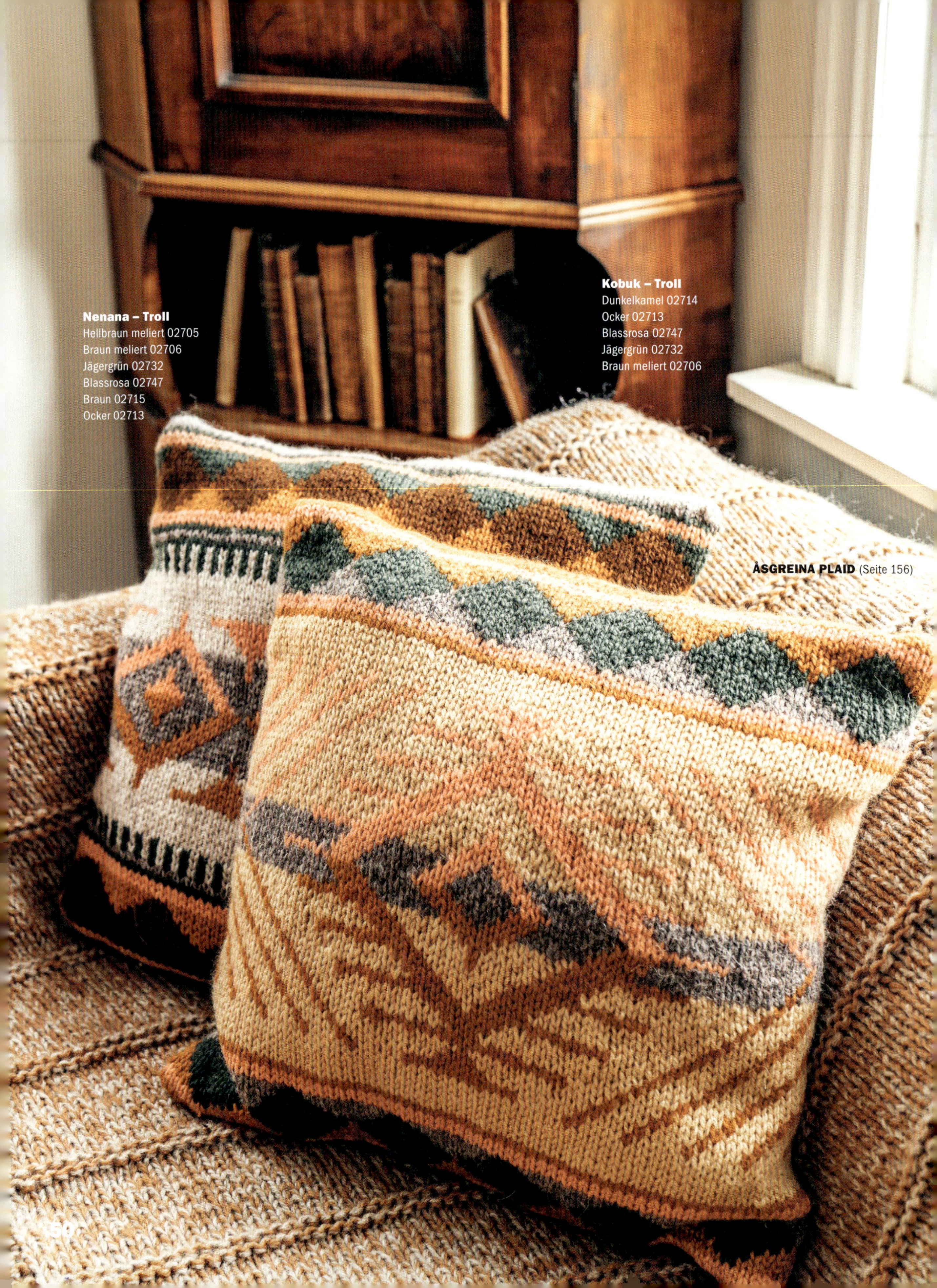

Nenana – Troll
Hellbraun meliert 02705
Braun meliert 02706
Jägergrün 02732
Blassrosa 02747
Braun 02715
Ocker 02713

Kobuk – Troll
Dunkelkamel 02714
Ocker 02713
Blassrosa 02747
Jägergrün 02732
Braun meliert 02706

ÅSGREINA PLAID (Seite 156)

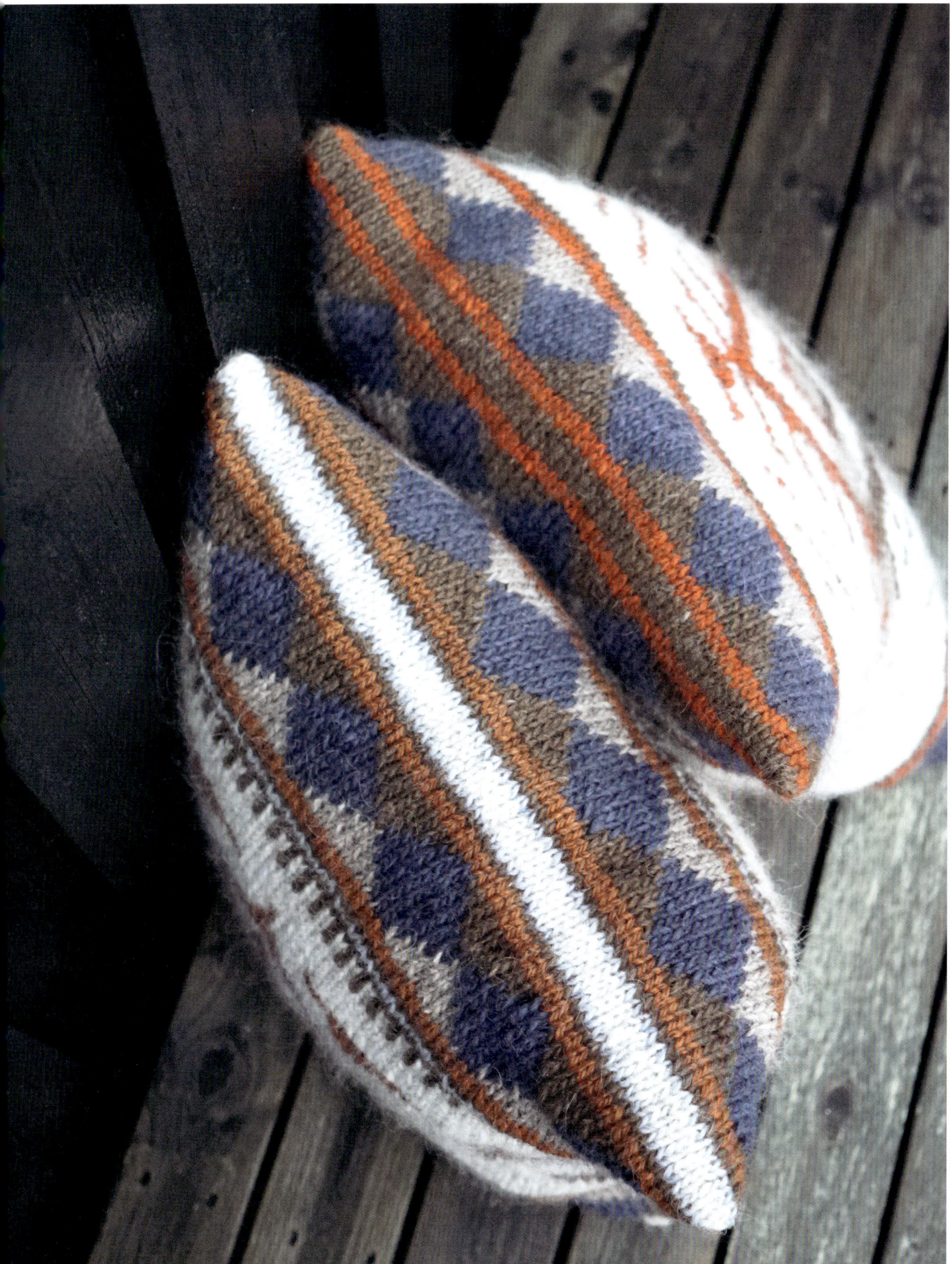

Kobuk – Blåne
Rosa 672110
Dunkelbraun 672116
Hellbraun 672102
Rotgelb 672122
Naturgrau 672115

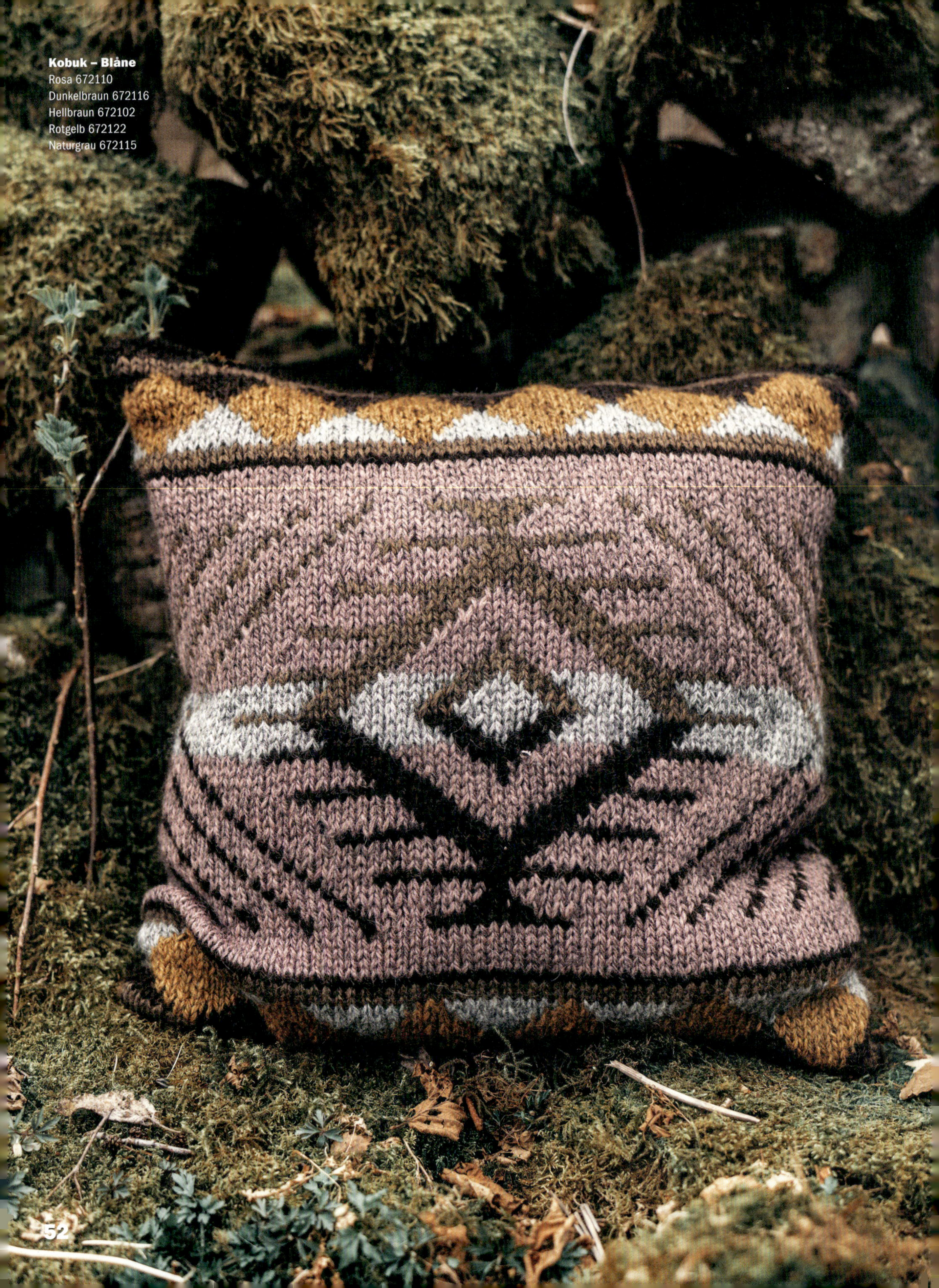

Nenana – Álafosslopi
Silbergrau 800054
Kupferorange 801236
Schokobraun 800867
Jeansblau 800010
Beige 800085
Eisblau 800008

Kobuk – Álafosslopi
Silbergrau 800054
Schokobraun 800867
Kupferorange 801236
Jeansblau 800010
Beige 800085

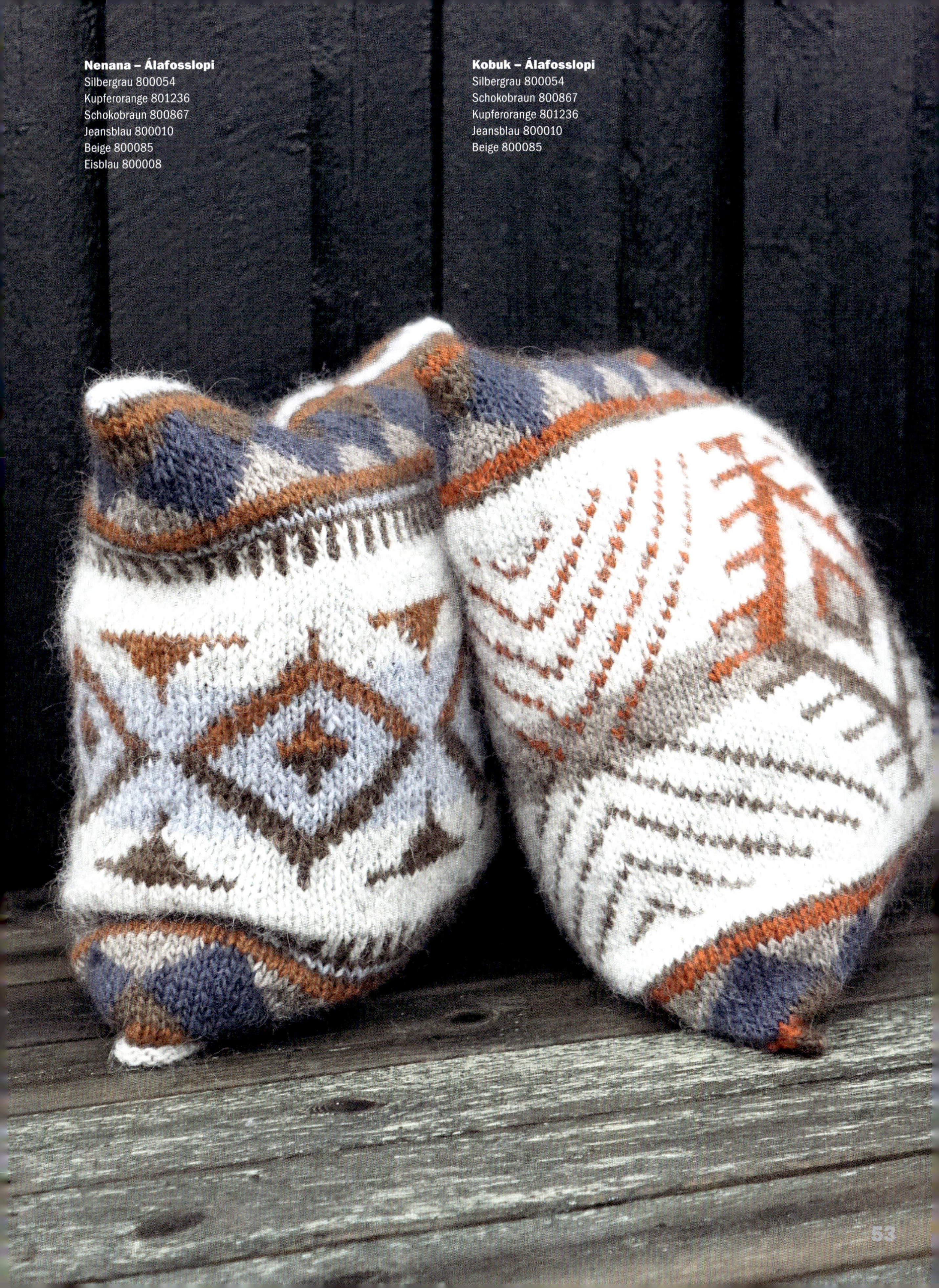

Nenana – Álafosslopi und Léttlopi
Ecru 809972
Arktischtürkis 801232
Schokobraun 800867
Kupferorange 801236
Seegrün meliert 809967
Léttlopi doppelfädig: Bronze 19427

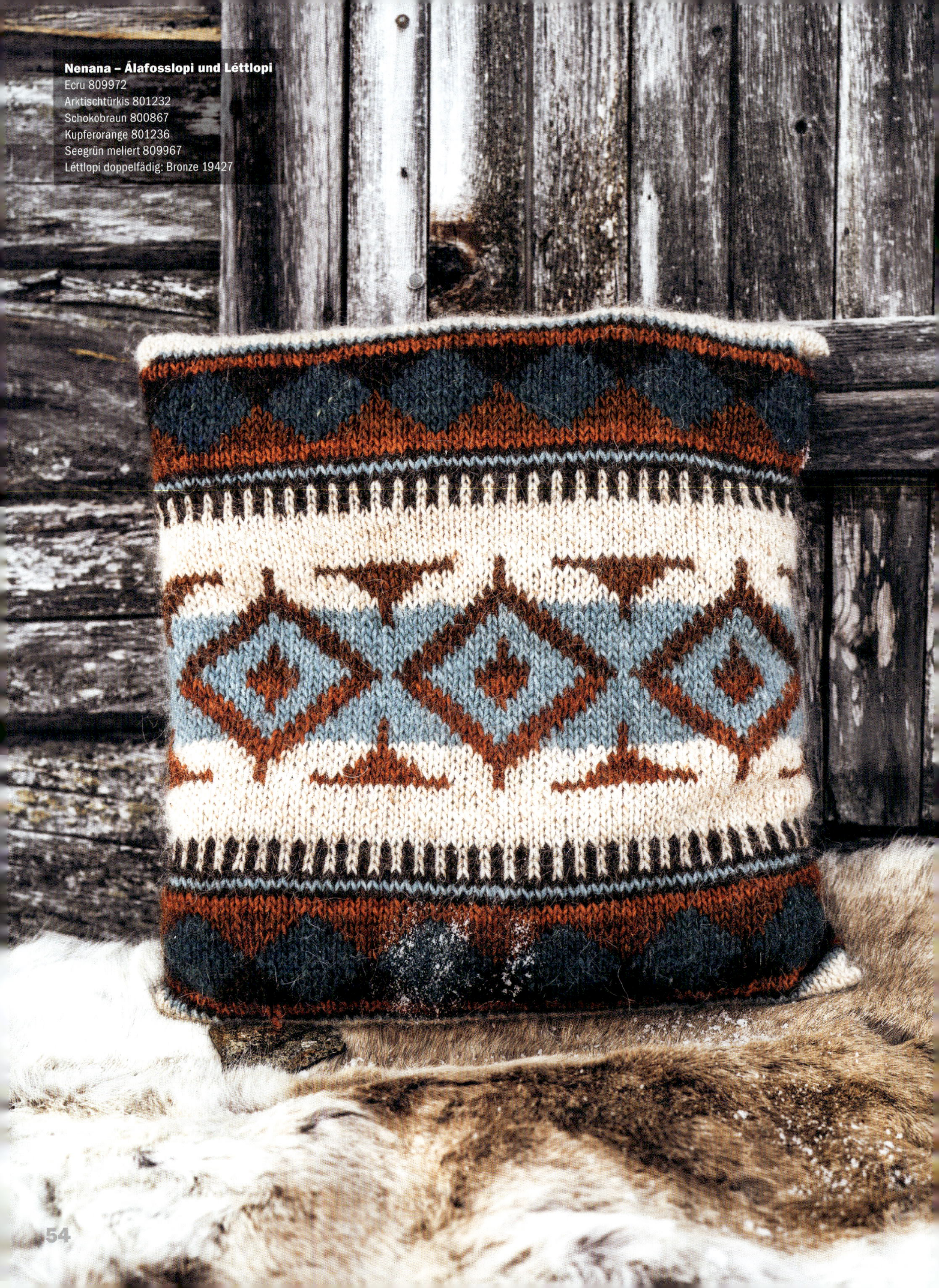

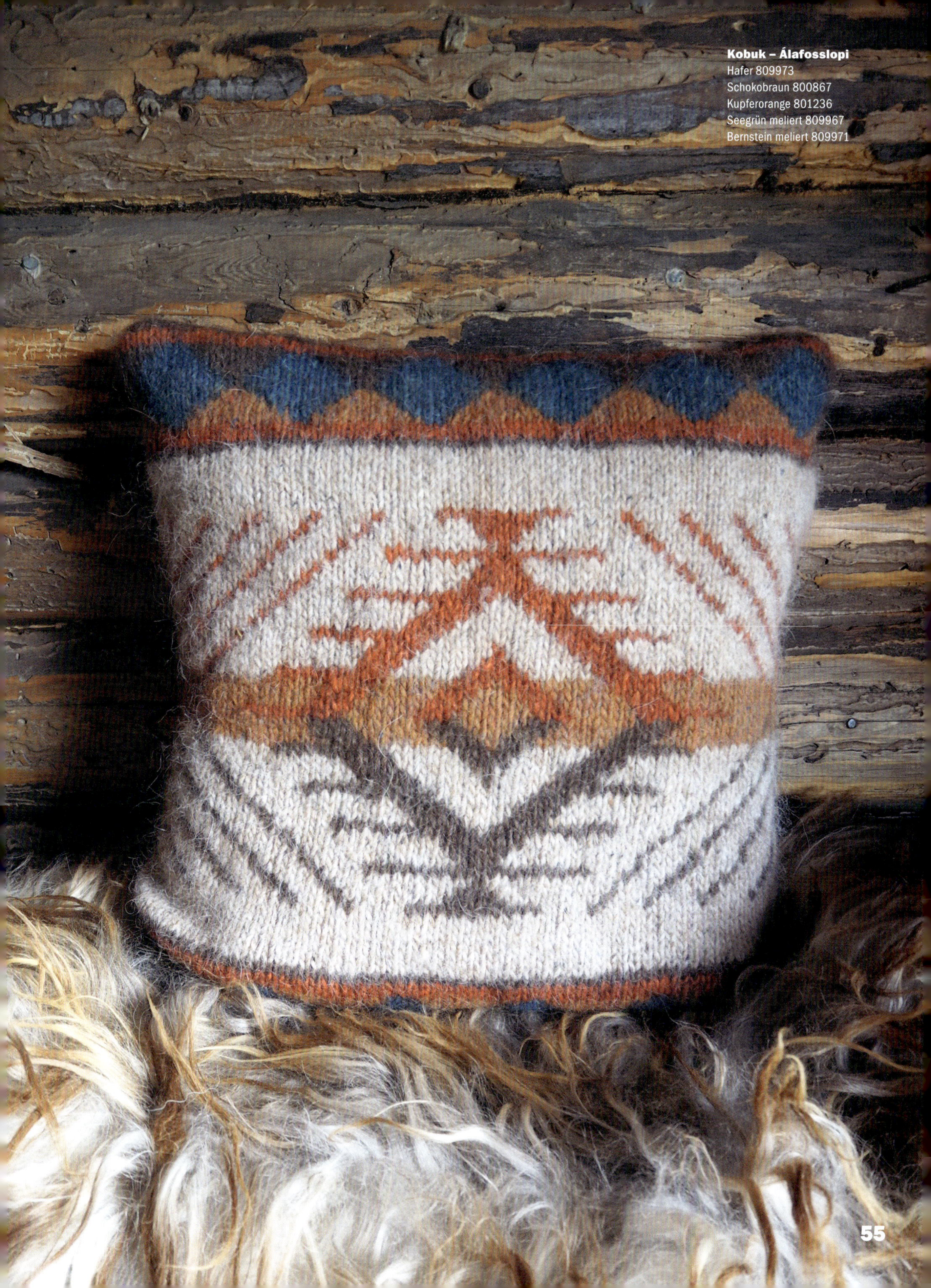

Kobuk – Álafosslopi
Hafer 809973
Schokobraun 800867
Kupferorange 801236
Seegrün meliert 809967
Bernstein meliert 809971

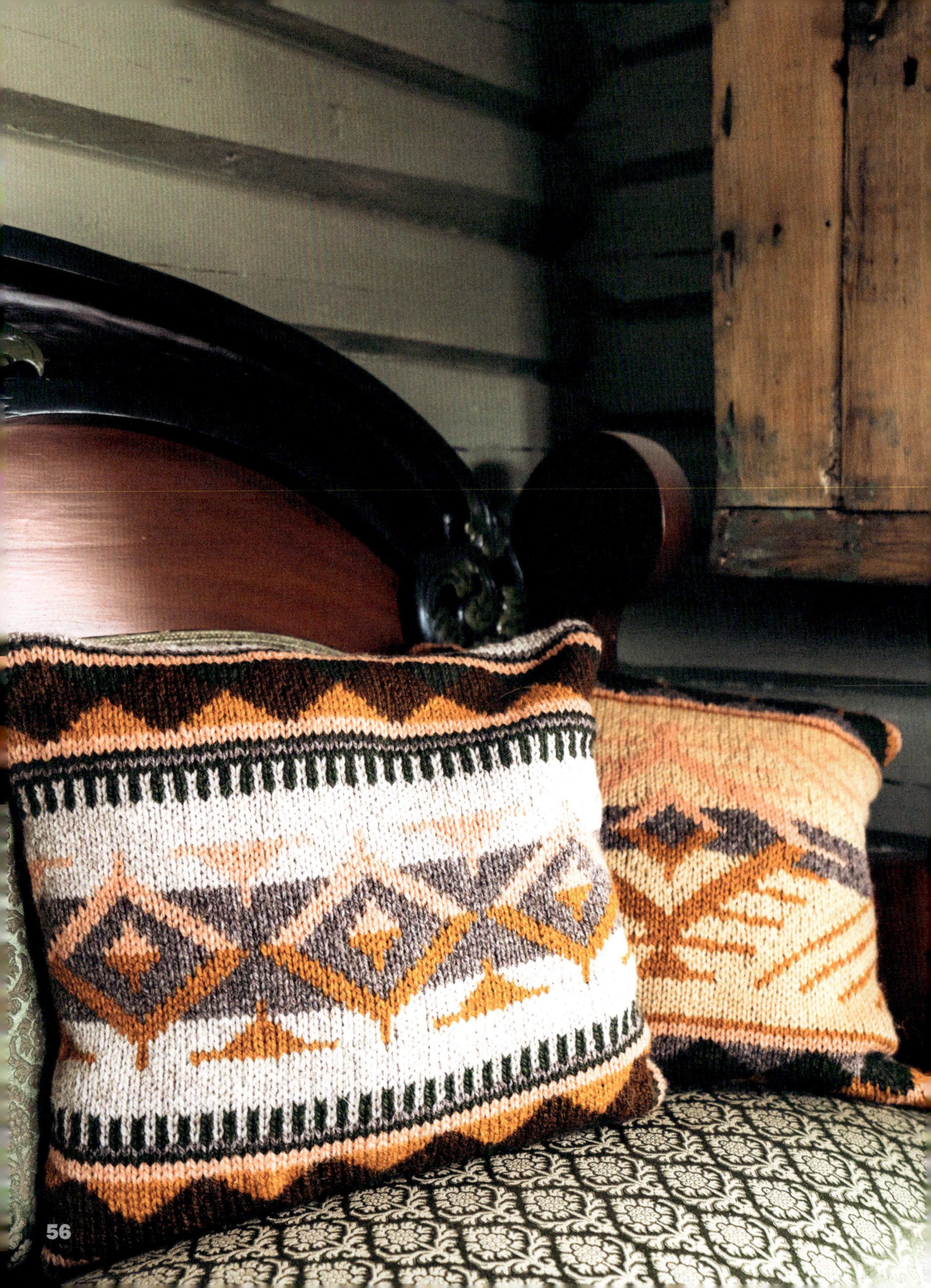

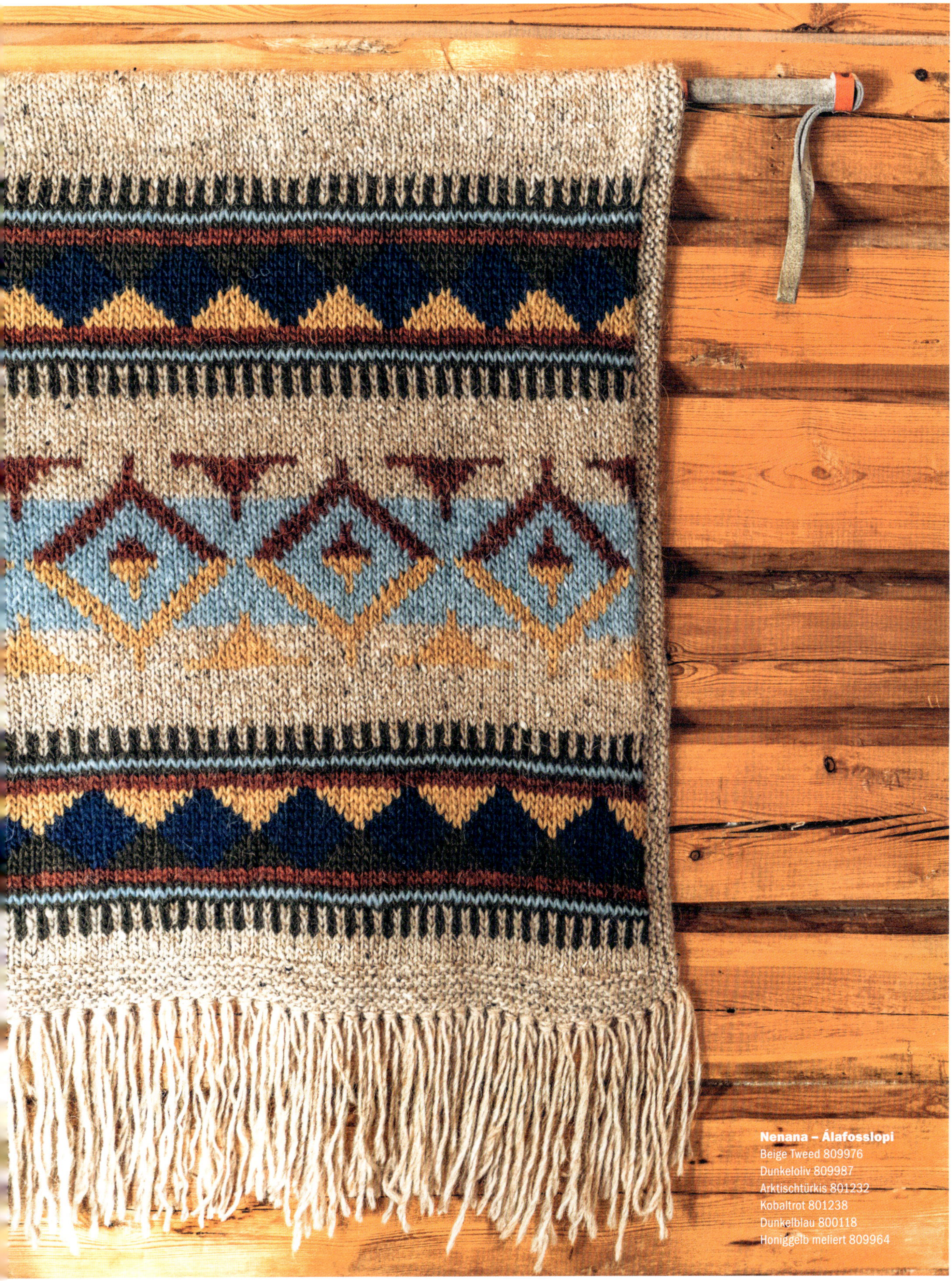

Nenana – Álafosslopi
Beige Tweed 809976
Dunkeloliv 809987
Arktischtürkis 801232
Kobaltrot 801238
Dunkelblau 800118
Honiggelb meliert 809964

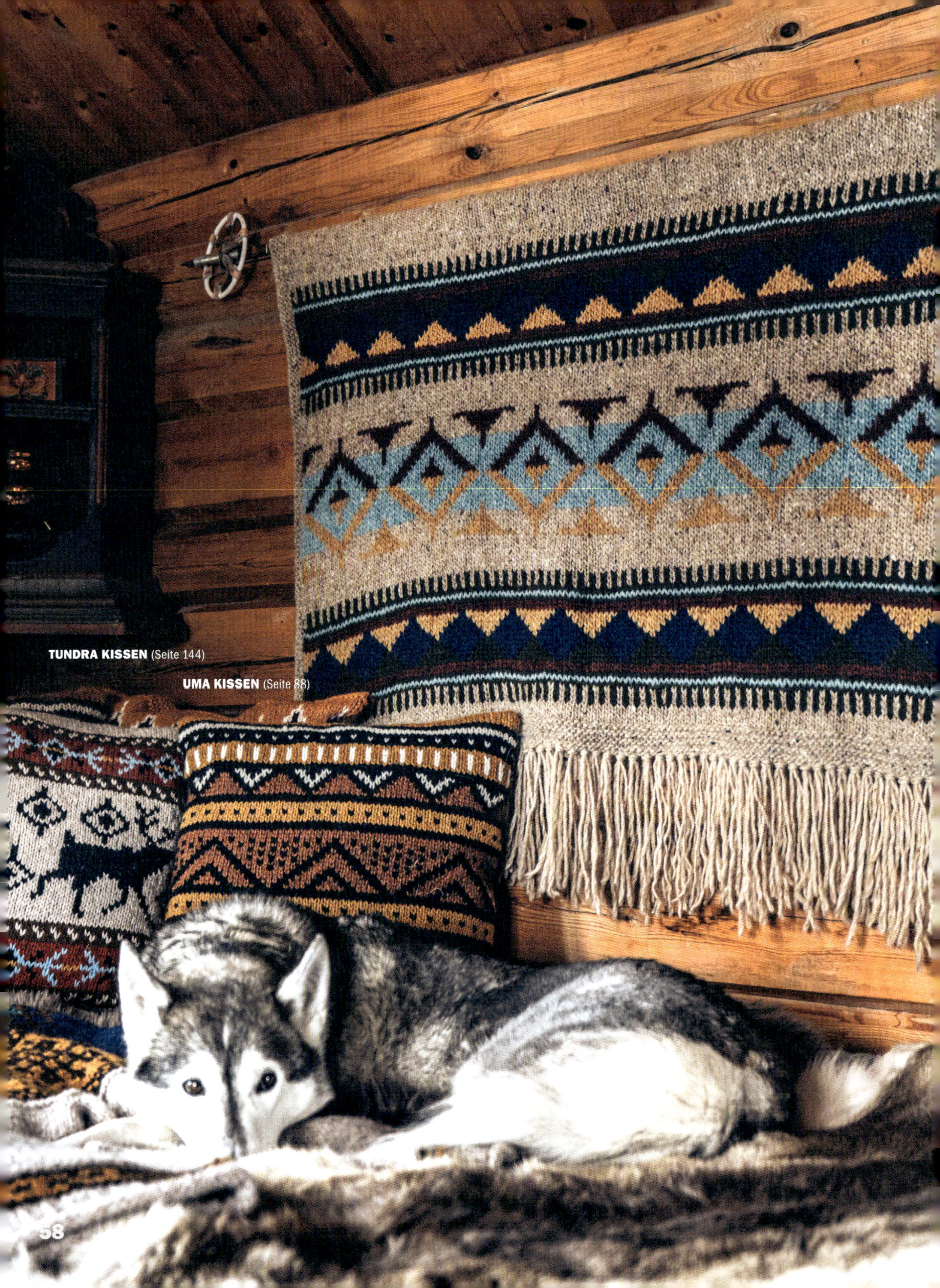

TUNDRA KISSEN (Seite 144)

UMA KISSEN (Seite 88)

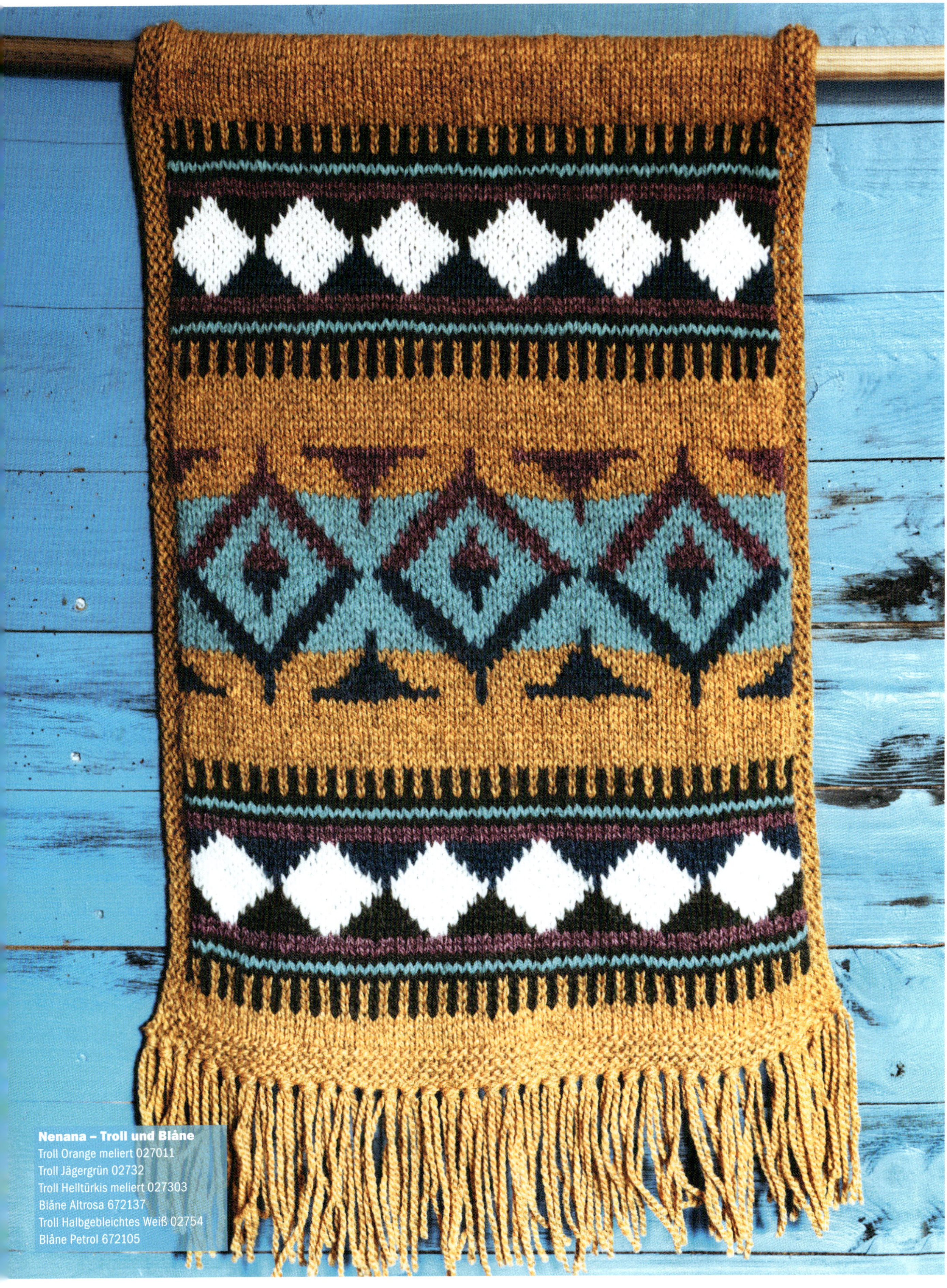

Nenana – Troll und Blåne
Troll Orange meliert 027011
Troll Jägergrün 02732
Troll Helltürkis meliert 027303
Blåne Altrosa 672137
Troll Halbgebleichtes Weiß 02754
Blåne Petrol 672105

NENANA Kissen

Maße
50 x 50 cm

Maschenprobe
13 M mit Nadel Nr. 6 = 10 cm

Garn
Álafosslopi oder Blåne oder Troll von Hillesvåg Ullvarefabrikk oder Rauma Vams plus ein Faden Rauma Lammwollgarn

Garnmenge
- Grundfarbe: 200 g
- Musterfarbe 1: 100 g
- Musterfarbe 2: 100 g
- Musterfarbe 3: 100 g
- Musterfarbe 4: 100 g
- Musterfarbe 5: 100 g

Stricknadeln
Rundstricknadel Nr. 6, 80 cm lang
Rundstricknadel Nr. 5, 80 cm lang
(für einen abnehmbaren Kissenbezug)

Knöpfe
(für einen abnehmbaren Kissenbezug)
6 Stück, 22 mm ø

Das Kissen wird in Rd glatt rechts gestrickt. 132 M mit Nadel Nr. 6 in der Grundfarbe anschlagen. Am Rd-Anfang und nach 66 M jeweils einen M-Markierer setzen (= Seitenkanten). Gemäß Zählmuster str. Nach Abschluss des Zählmusters die offene Kante im M-Stich schließen. Alle Fäden vernähen. Das Kissen ausspülen, in Form ziehen und liegend trocknen lassen. Das Kissen füllen (z. B. mit einem Inlett, 50 x 50 cm). Die offene Seite zunähen.

Abnehmbarer Kissenbezug: Für einen abnehmbaren Kissenbezug nach Abschluss des Zählmusters die ersten 66 M abk (= Rückseite). Zu Nadel Nr. 5 wechseln und über die restlichen 66 M in R 2 cm kraus rechts str. In der nächsten Reihe gleichmäßig verteilt 6 Knopflöcher einarbeiten (2 M rechts zusstr, 1 Umschlag). Weitere 2 cm kraus rechts str, dann alle M abk. Die Knöpfe annähen.

Um lange Spannfäden zu vermeiden, die Fäden während des Strickens auf der Rückseite regelmäßig verkreuzen.

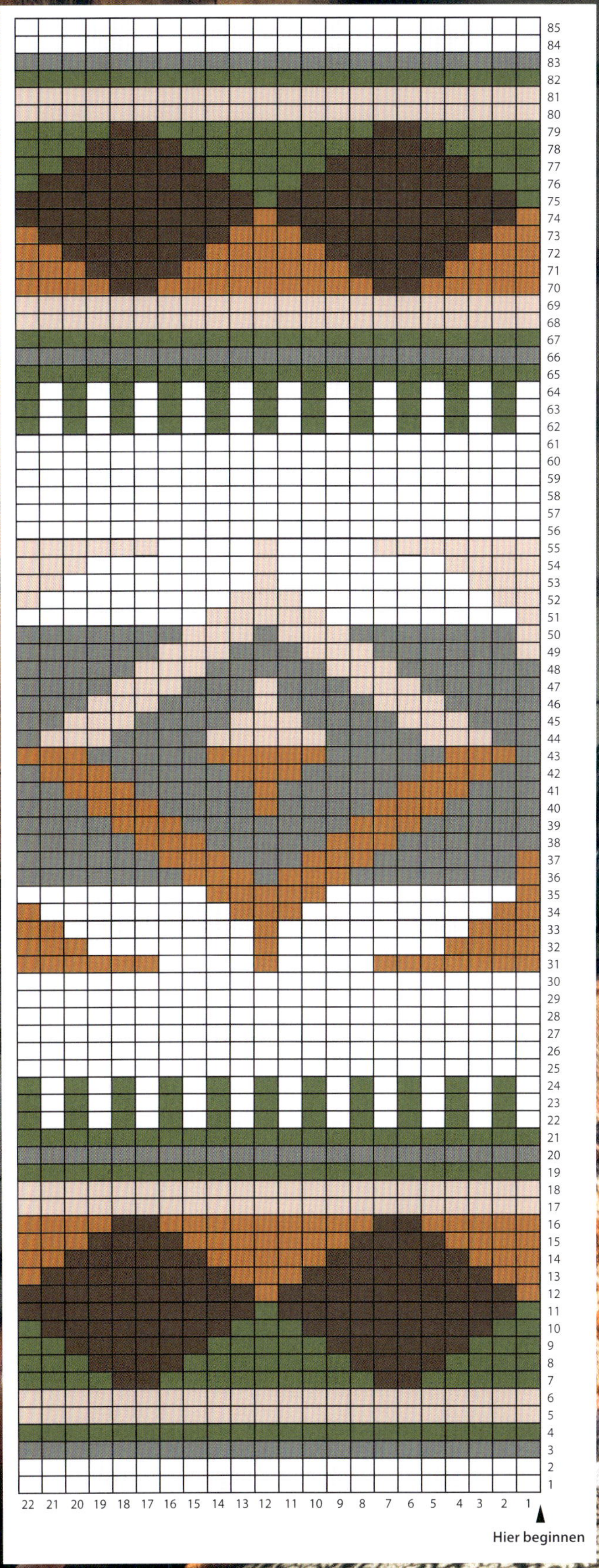
Hier beginnen

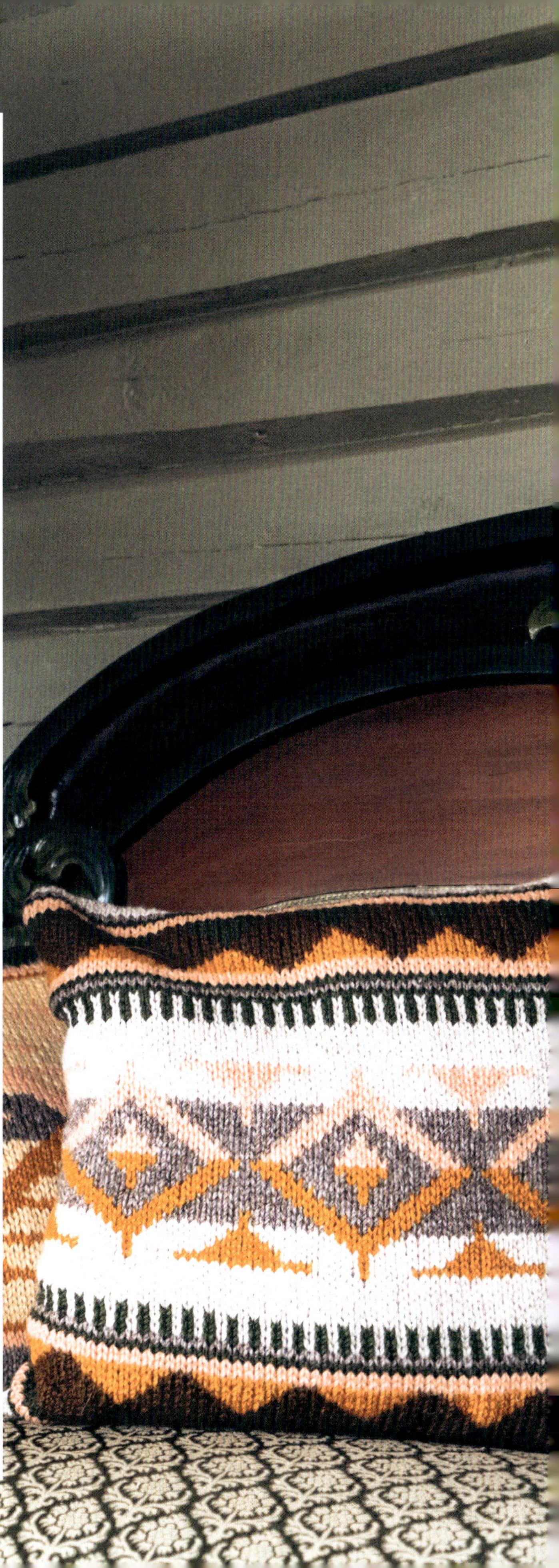

NENANA Wandbehang

Maße

Größe: M (L)
Höhe: ca. 77 cm ohne Fransen
Breite: ca. 56 (107) cm

Maschenprobe

13 M mit Nadel Nr. 6 = 10 cm

Garn

Álafosslopi, Blåne oder Troll von Hillesvåg Ullvarefabrikk oder Rauma Vams plus ein Faden Rauma Lammwollgarn

Garnmenge

- Grundfarbe: 200 (400) g
- Musterfarbe 1: 100 (100) g
- Musterfarbe 2: 100 (100) g
- Musterfarbe 3: 100 (100) g
- Musterfarbe 4: 100 (100) g
- Musterfarbe 5: 100 (100) g

Stricknadeln und Zubehör

Rundstricknadel Nr. 6, 60 (80) cm lang
Nähmaschine
Häkelnadel für die Fransen
Holzstab zum Aufhängen

66 (132) M mit Nadel Nr. 6 in der Grundfarbe anschlagen. 3 cm in R kraus rechts str. Für die Steek-M auf der rechten Nadel 5 M dazu anschlagen. (Diese M werden nicht mitgezählt und stets glatt links gestrickt.) Ab jetzt wird glatt rechts in Rd gestrickt. Gemäß Zählmuster str. Anschließend für den Tunnel 12 cm glatt rechts in der Grundfarbe str. Alle M abk.

Mit der Nähmaschine in einer großen Stichlänge zwei doppelte Nähte in die Steek-M nähen. Nun entweder zwischen den Nähten aufschneiden, bevor die M für den Rand aufgefasst werden, oder erst die beiden Ränder arbeiten und dann aufschneiden. Aus der rechten Kante des Wandbehangs in der Grundfarbe wie folgt M auffassen: Aus 3 aufeinanderfolgenden M je 2 M herausstr, 1 M überspringen. Dies fortlaufend wiederholen. 3 cm in R kraus rechts str. Alle M abk. An der linken Kante ebenso arbeiten.

Die Schnittkanten zurückschneiden. Es werden keine Belege zum Verdecken der Schnittkanten gestrickt, denn die Rückseite sieht man ohnehin nicht. Nach Belieben ein breites Zierband über die Schnittkanten nähen.

Die Fransen in der Grundfarbe zurechtschneiden und einknüpfen (siehe Seite 168). Fäden vernähen. Den Wandbehang ausspülen, in Form ziehen und liegend trocknen lassen.

Den Tunnel zur Rückseite umlegen und festnähen.
Den Holzstab in den Tunnel schieben.

> Um lange Spannfäden zu vermeiden, die Fäden während des Strickens auf der Rückseite regelmäßig verkreuzen.

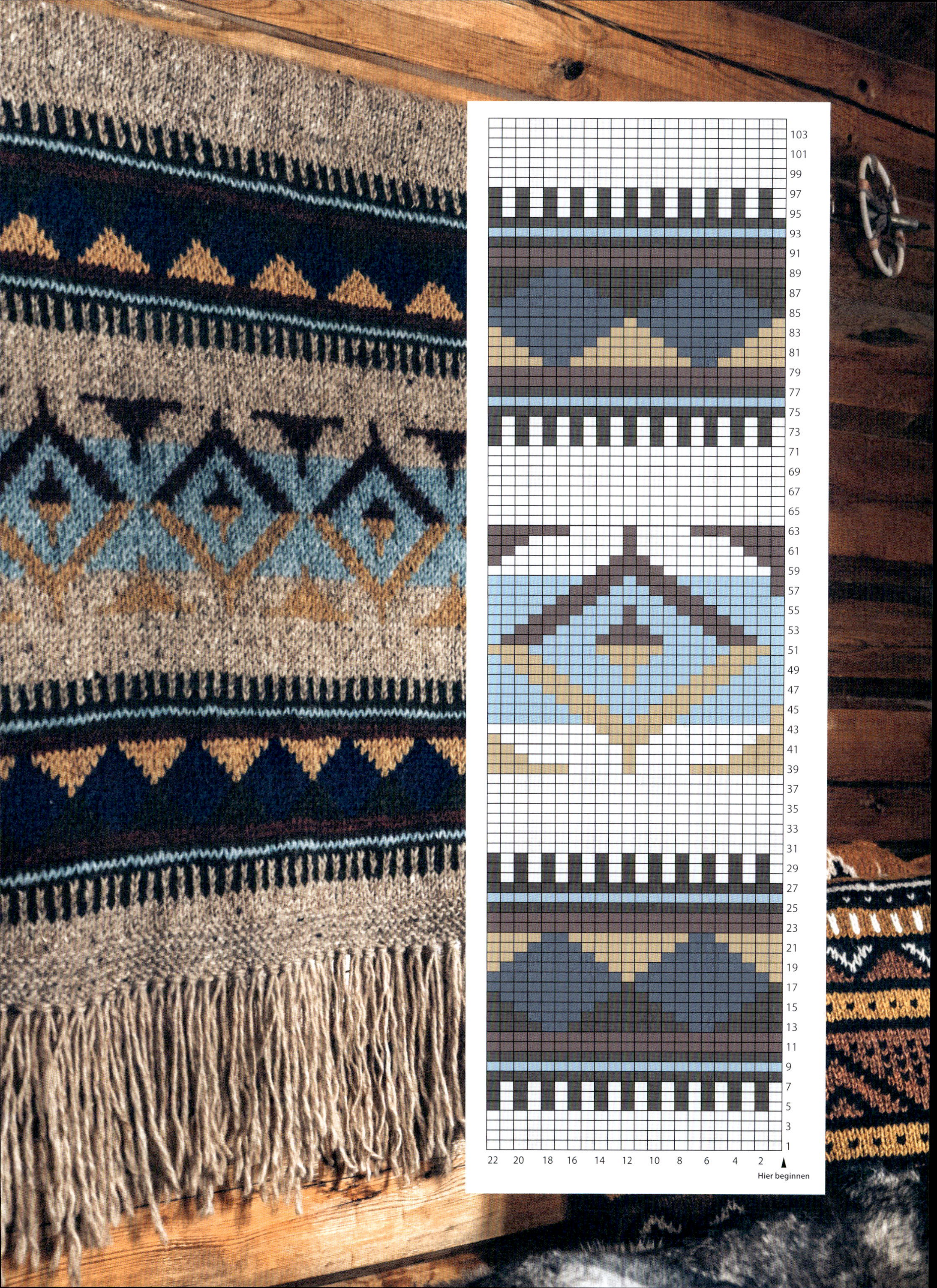
Hier beginnen

KOBUK KISSEN

Maße

50 x 50 cm

Maschenprobe

13 M mit Nadel Nr. 6 = 10 cm

Garn

Álafosslopi, Blåne oder Troll von Hillesvåg Ullvarefabrikk oder Rauma Vams plus ein Faden Rauma Lammwollgarn

Garnmenge

- Grundfarbe: 200 g
- Musterfarbe 1: 100 g
- Musterfarbe 2: 100 g
- Musterfarbe 3: 100 g
- Musterfarbe 4: 100 g

Stricknadeln

Rundstricknadel Nr. 6, 80 cm lang
Rundstricknadel Nr. 5, 80 cm lang
(für einen abnehmbaren Kissenbezug)

Knöpfe

(für einen abnehmbaren Kissenbezug)
6 Stück, 22 mm ø

Das Kissen wird in Rd glatt rechts gestrickt. 132 M mit Nadel Nr. 6 in Musterfarbe 1 anschlagen. Am Rd-Anfang und nach 66 M jeweils einen M-Markierer setzen (= Seitenkanten). Gemäß Zählmuster str. Nach Abschluss des Zählmusters die offene Kante im M-Stich schließen. Alle Fäden vernähen. Das Kissen ausspülen, in Form ziehen und liegend trocknen lassen. Das Kissen füllen (z. B. mit einem Inlett, 50 x 50 cm). Die offene Seite zunähen.

Abnehmbarer Kissenbezug: Für einen abnehmbaren Kissenbezug nach Abschluss des Zählmusters die ersten 66 M abk (= Rückseite). Zu Nadel Nr. 5 wechseln und über die restlichen 66 M in R 2 cm kraus rechts str. In der nächsten Reihe gleichmäßig verteilt 6 Knopflöcher einarbeiten (2 M rechts zusstr, 1 Umschlag). Weitere 2 cm kraus rechts str, dann alle M abk. Die Knöpfe annähen.

Um lange Spannfäden zu vermeiden, die Fäden während des Strickens auf der Rückseite regelmäßig verkreuzen.

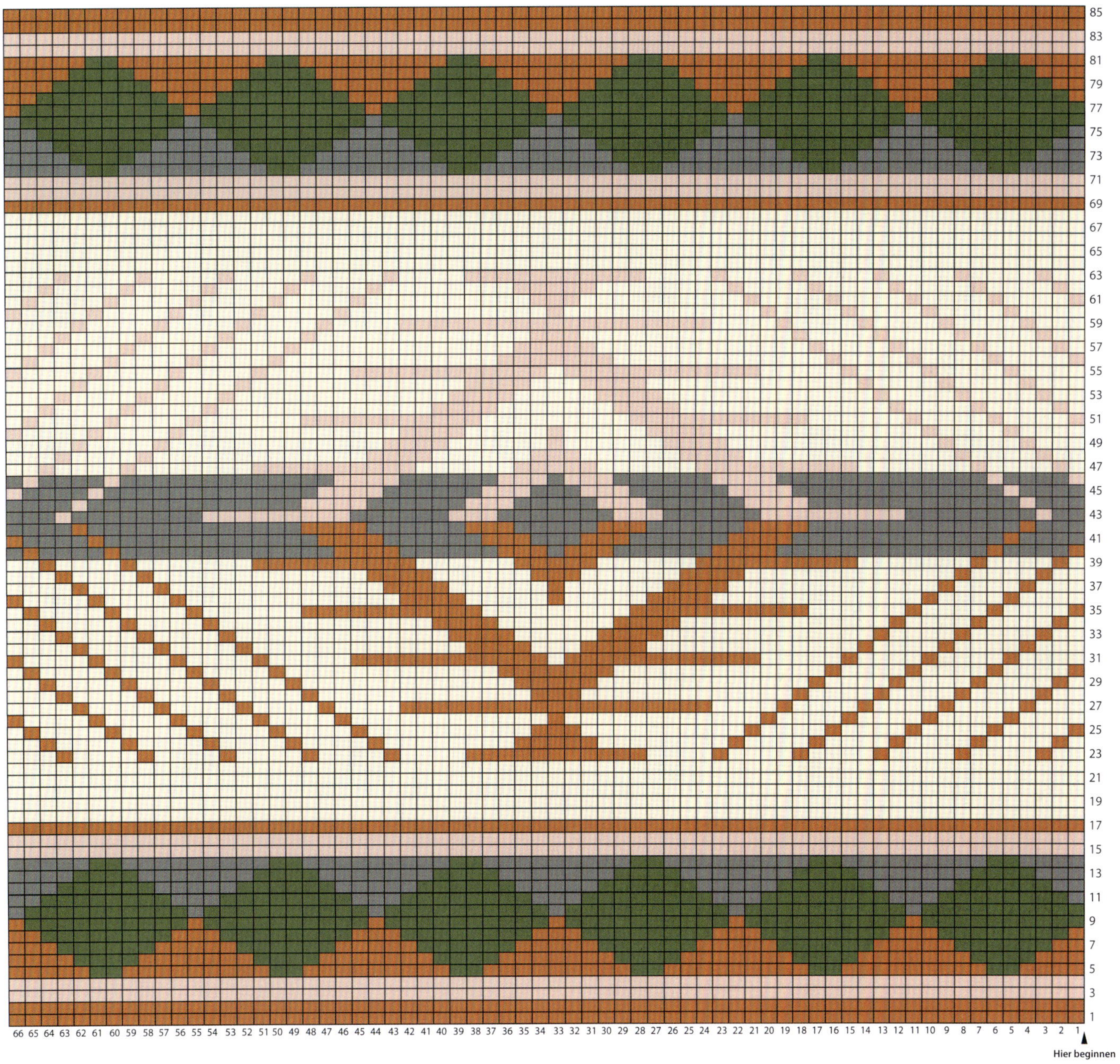
85 83 81 79 77 75 73 71 69 67 65 63 61 59 57 55 53 51 49 47 45 43 41 39 37 35 33 31 29 27 25 23 21 19 17 15 13 11 9 7 5 3 1
66 65 64 63 62 61 60 59 58 57 56 55 54 53 52 51 50 49 48 47 46 45 44 43 42 41 40 39 38 37 36 35 34 33 32 31 30 29 28 27 26 25 24 23 22 21 20 19 18 17 16 15 14 13 12 11 10 9 8 7 6 5 4 3 2 1
Hier beginnen

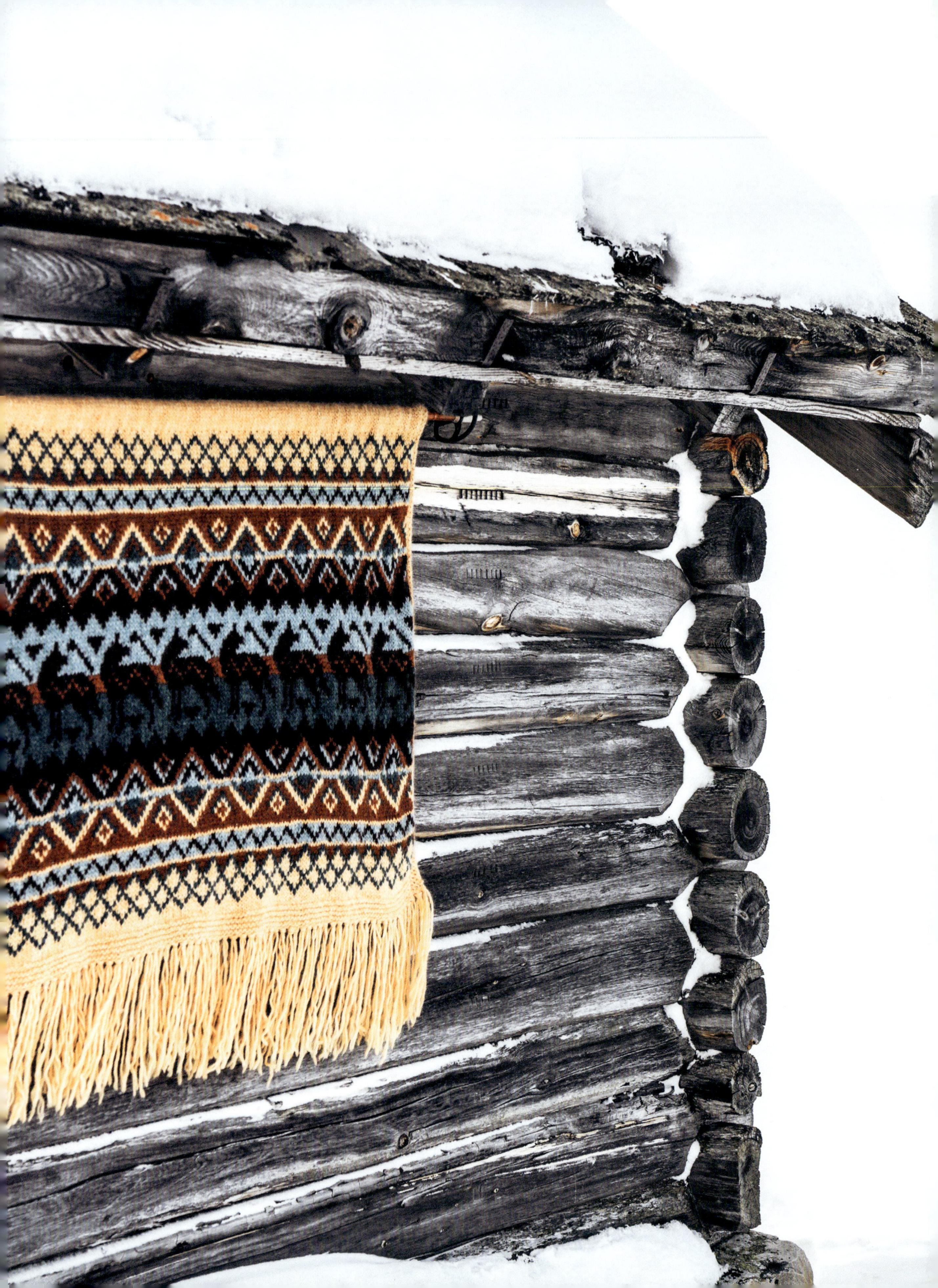

Takotna
Kissen und Wandbehang

Wandbehänge sieht man in modernen Wohnungen eher selten. Ich finde allerdings, dass sie eine schöne, behagliche Stimmung im Raum schaffen. Gewebte Wandbehänge haben in Norwegen eine lange Tradition. Sie wurden alternativ als Tagesdecken verwendet, an Felle genäht oder eben zur Zierde und Dämmung an die Wand gehängt.

Álafosslopi
Hellgelb 801235
Seegrün meliert 809967
Schokobraun meliert 801237
Arktischtürkis 801232
Bernstein meliert 809971

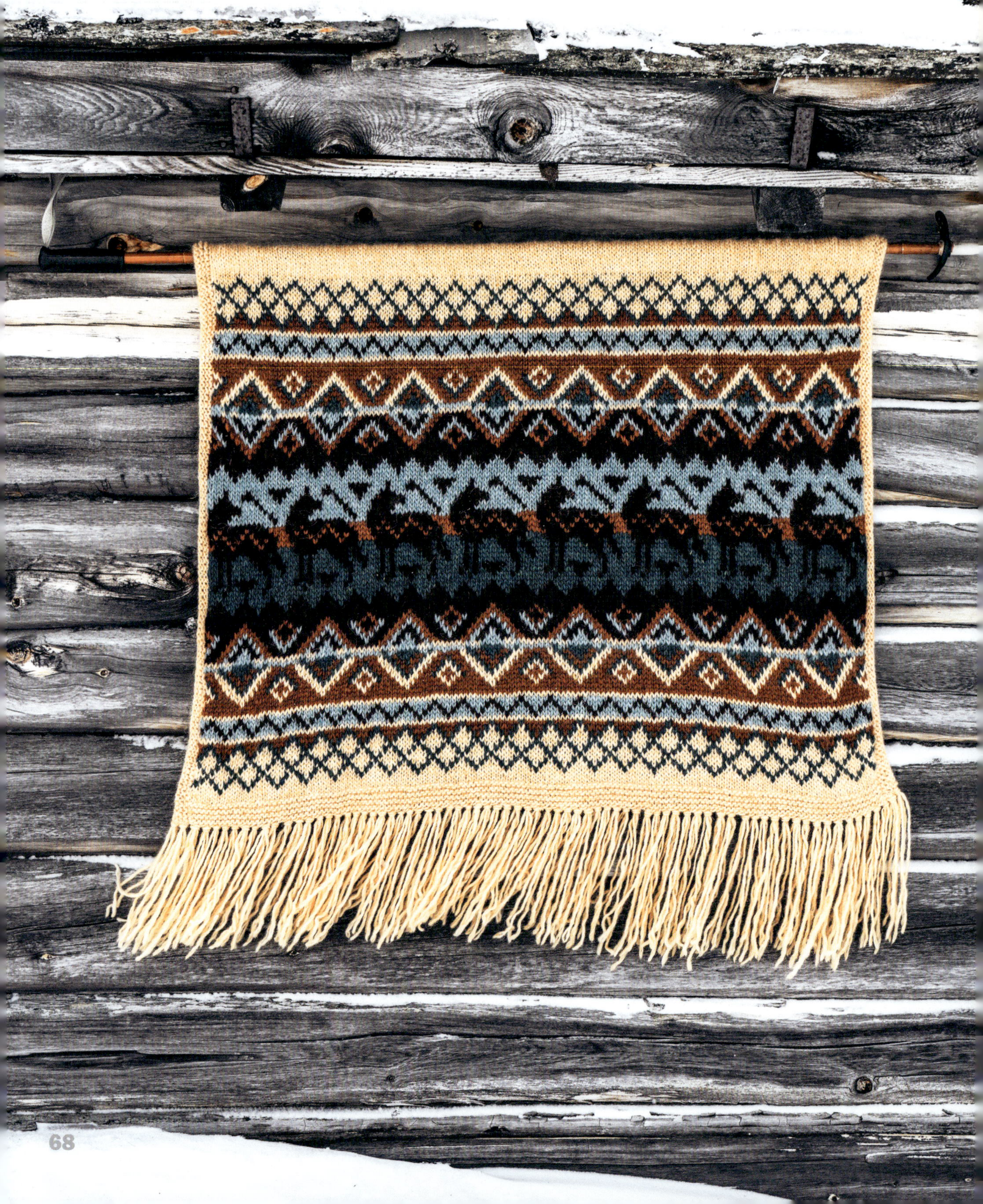

Álafosslopi
Königsblau 801233
Kupferorange 801236
Bernstein meliert 809971
Zypressengrün meliert 809966
Honiggelb meliert 809964

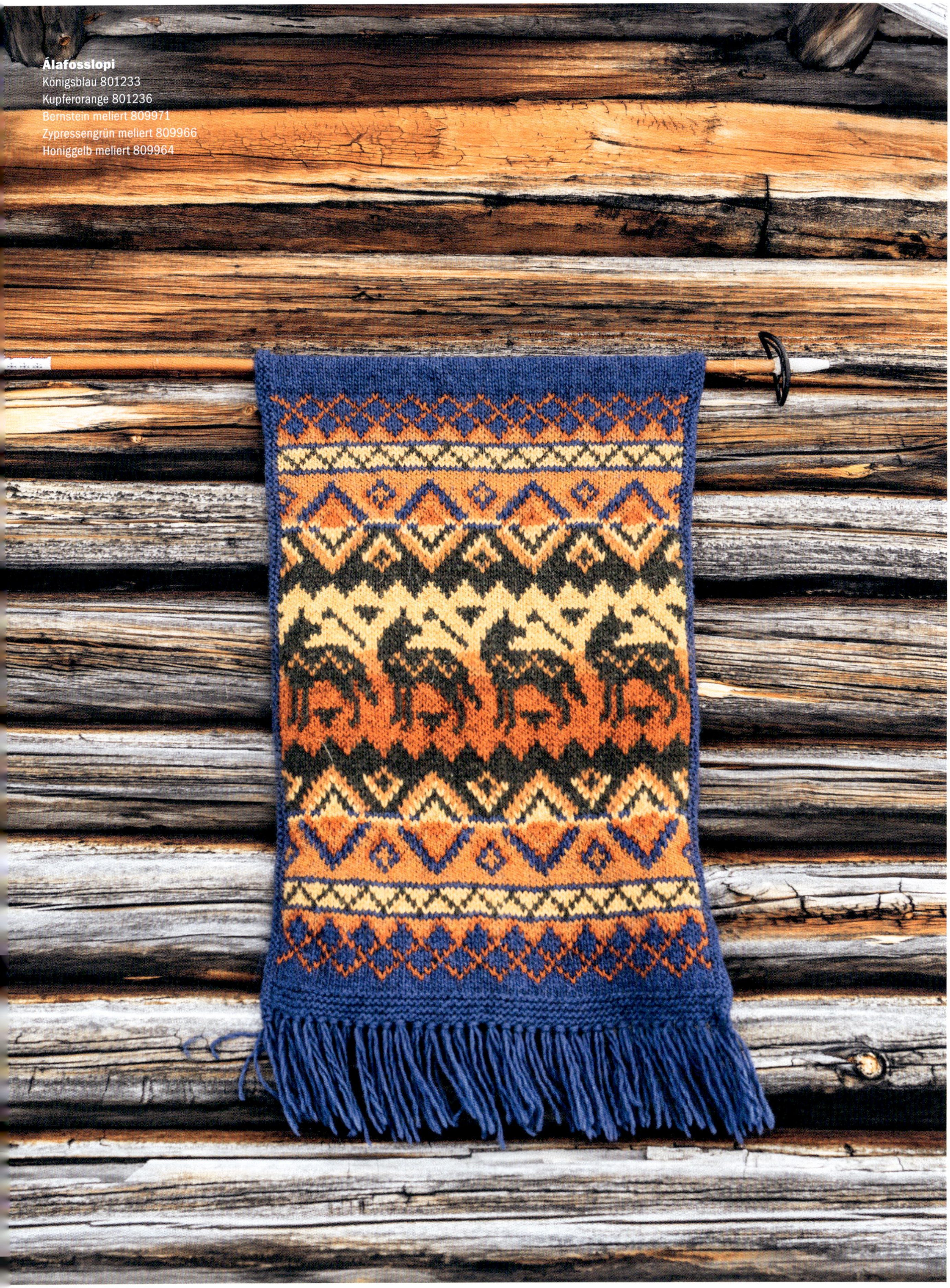

Blåne und Troll
Blåne Petrol 672105
Troll Ocker 02713
Blåne Cognac 672103
Troll Dunkelkamel 02714
Troll Dunkelbraun meliert 02707

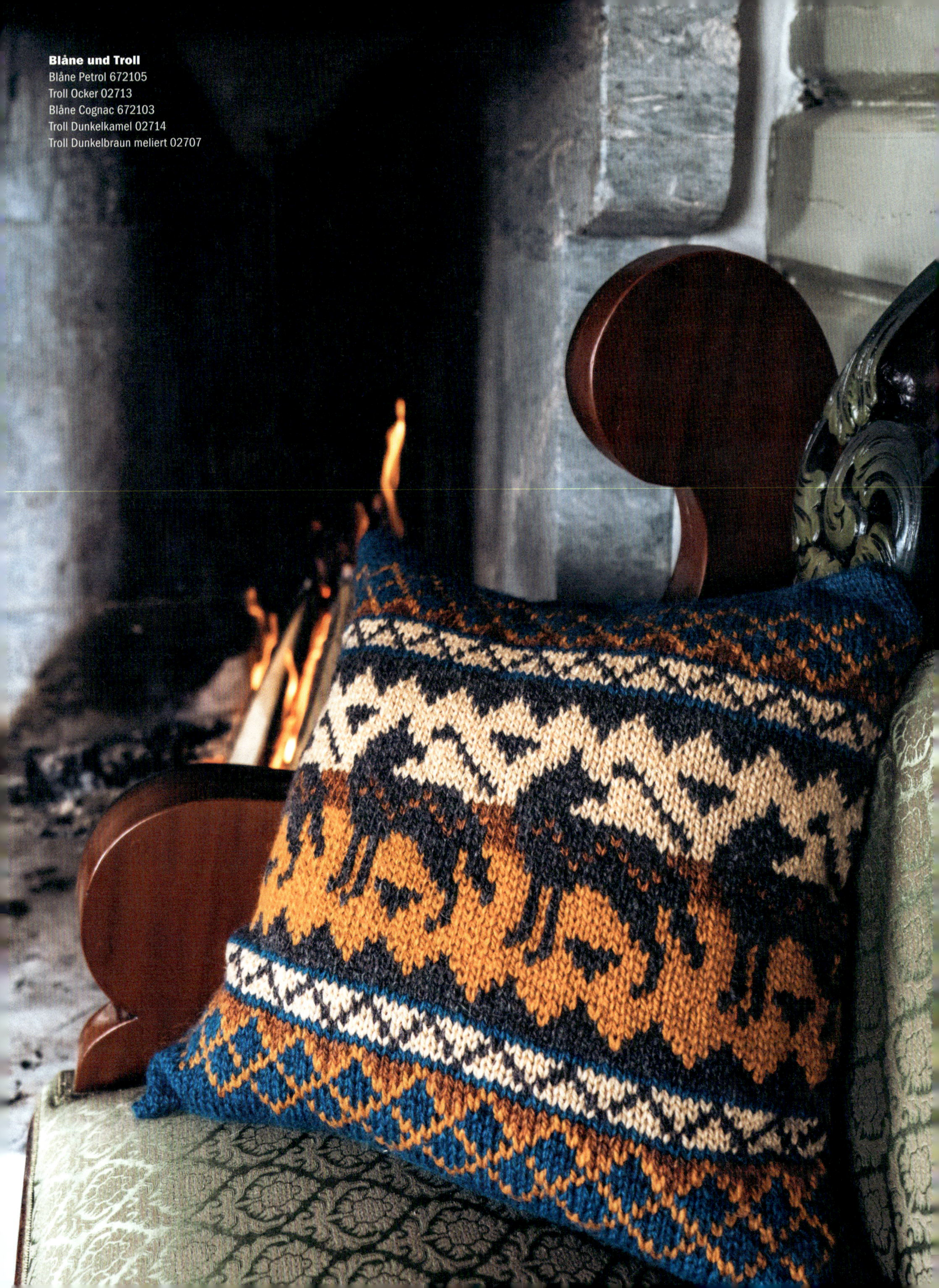

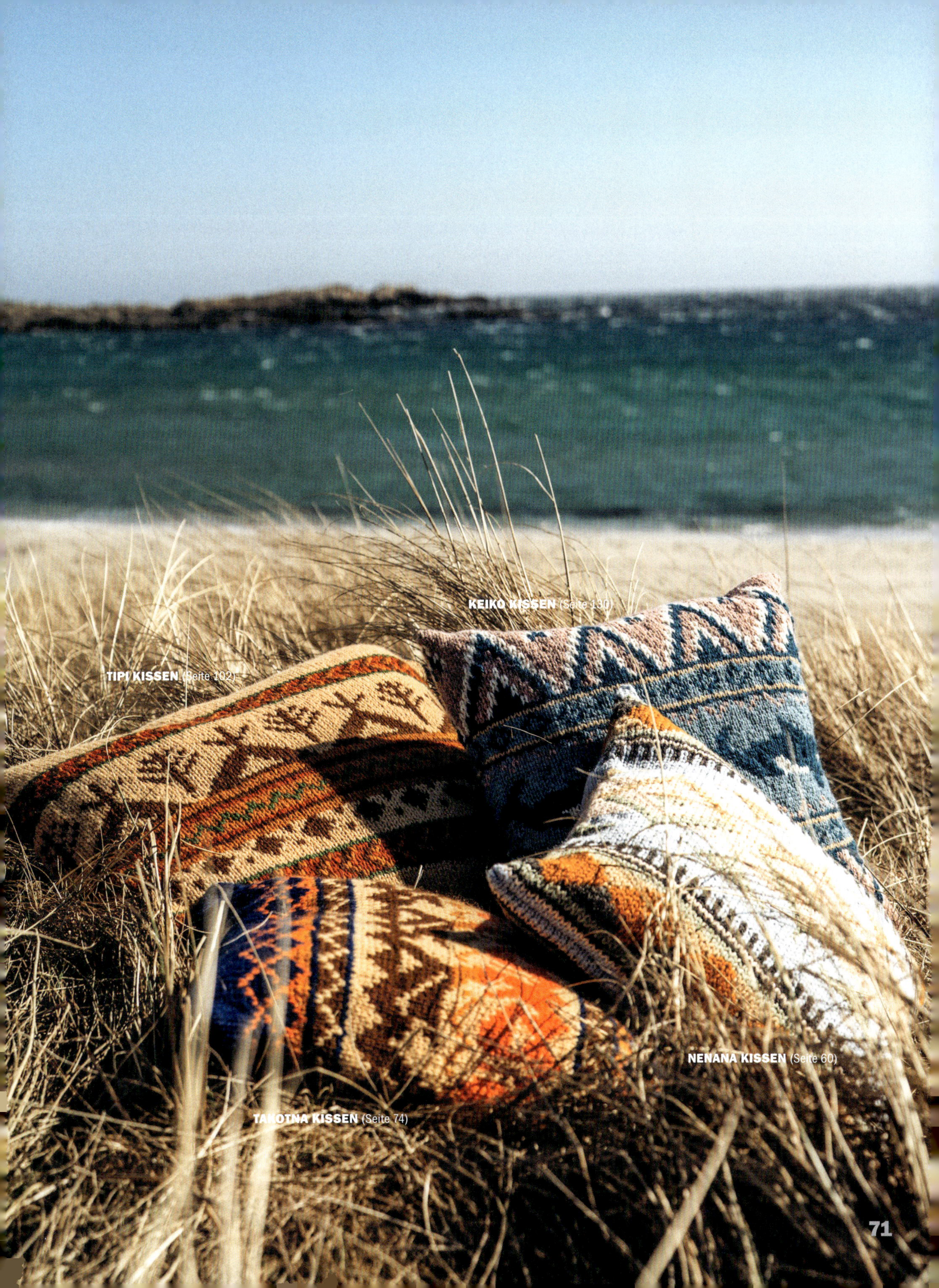
KEIKO KISSEN (Seite 130)
TIPI KISSEN (Seite 102)
NENANA KISSEN (Seite 60)
TAKOTNA KISSEN (Seite 74)

TAKOTNA Wandbehang

Maße

Größe M (L)
Höhe: ca. 77 cm ohne Fransen
Breite: ca. 61 (116) cm

Maschenprobe

13 M mit Nadel Nr. 6 = 10 cm

Garn

Álafosslopi, Blåne oder Troll von Hillesvåg Ullvarefabrikk oder Rauma Vams plus ein Faden Rauma Lammwollgarn

Garnmenge

- Grundfarbe: 300 (400) g
- Musterfarbe 1: 100 (100) g
- Musterfarbe 2: 100 (100) g
- Musterfarbe 3: 100 (200) g
- Musterfarbe 4: 100 (200) g

Stricknadeln und Zubehör

Rundstricknadel Nr. 6, 60 (80) cm lang
Nähmaschine
Häkelnadel für die Fransen
Holzstab zum Aufhängen

72 (144) M mit Nadel Nr. 6 in der Grundfarbe anschlagen. 4 cm in R kraus rechts str. Für die Steek-M auf der rechten Nadel 5 M dazu anschlagen. (Diese M werden nicht mitgezählt und stets glatt links gestrickt.) Ab jetzt wird glatt rechts in Rd gestrickt. Gemäß Zählmuster str. Anschließend für den Tunnel 12 cm glatt rechts in der Grundfarbe str. Alle M abk.

Mit der Nähmaschine in einer großen Stichlänge zwei doppelte Nähte in die Steek-M nähen. Nun entweder zwischen den Nähten aufschneiden, bevor die M für die Ränder aufgefasst werden, oder erst die beiden Ränder arbeiten und dann aufschneiden. Aus der rechten Kante des Wandbehangs in der Grundfarbe wie folgt M auffassen: Aus 2 aufeinanderfolgenden M je 1 M herausstr, 1 M überspringen. Dies fortlaufend wiederholen. 3 cm in R kraus rechts str. Alle M abk. An der linken Kante ebenso arbeiten.

Die Schnittkanten zurückschneiden. Es werden keine Belege zum Verdecken der Schnittkanten gestrickt, da man die Rückseite ohnehin nicht sieht. Nach Belieben ein breites Zierband über die Schnittkanten nähen.

Die Fransen in der Grundfarbe zurechtschneiden und einknüpfen (siehe Seite 168). Alle Fäden vernähen. Den Wandbehang ausspülen, in Form ziehen und liegend trocknen lassen.

Den Tunnel zur Rückseite umlegen und festnähen.
Den Holzstab in den Tunnel schieben.

> Um lange Spannfäden zu vermeiden, die Fäden während des Strickens auf der Rückseite regelmäßig verkreuzen.

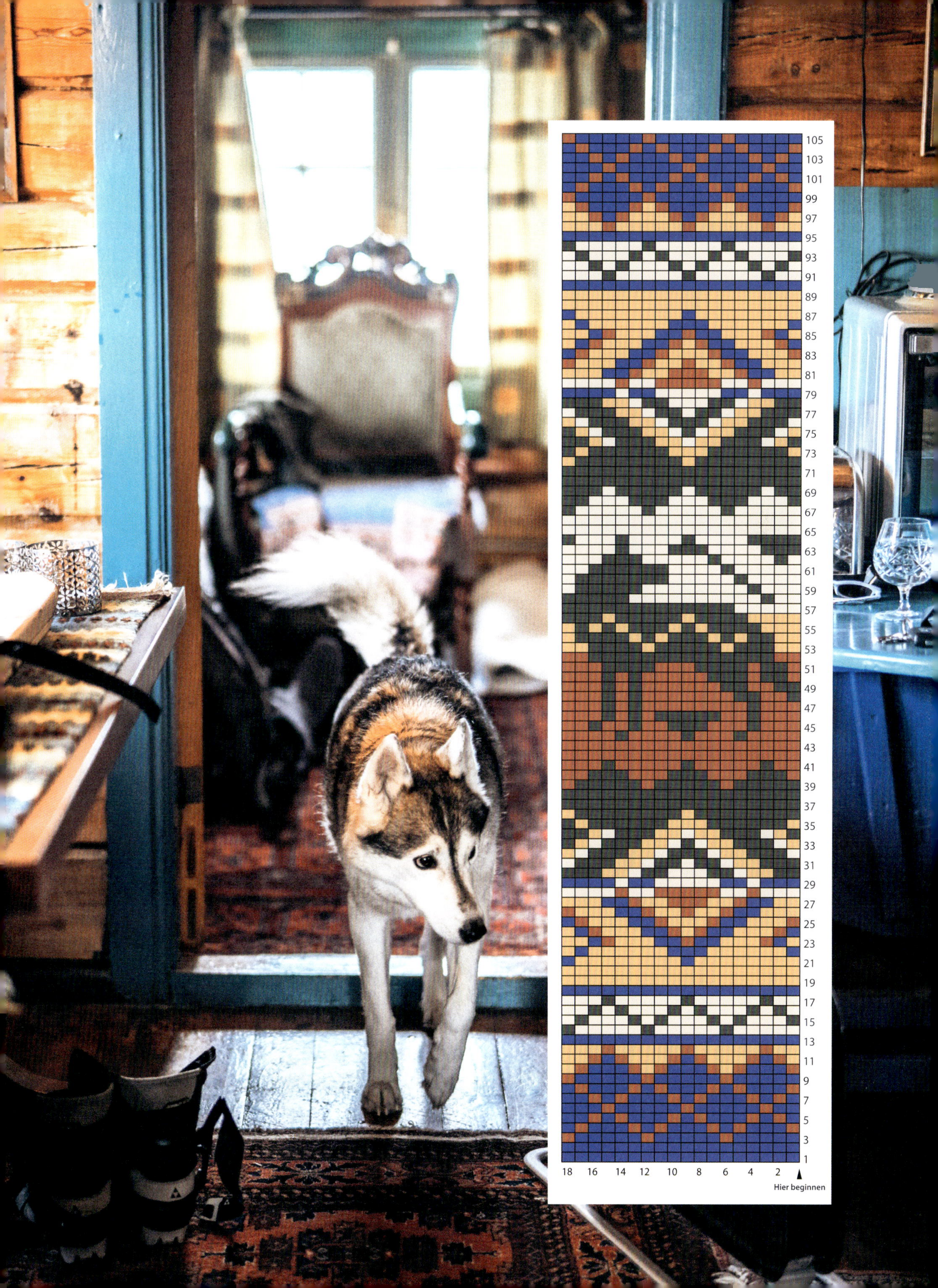

105
103
101
99
97
95
93
91
89
87
85
83
81
79
77
75
73
71
69
67
65
63
61
59
57
55
53
51
49
47
45
43
41
39
37
35
33
31
29
27
25
23
21
19
17
15
13
11
9
7
5
3
1
18 16 14 12 10 8 6 4 2
Hier beginnen

TAKOTNA Kissen

Maße

50 x 50 cm

Maschenprobe

14 M mit Nadel Nr. 5,5 = 10 cm

Garn

Álafosslopi, Blåne oder Troll von Hillesvåg Ullvarefabrikk oder Rauma Vams plus ein Faden Rauma Lammwollgarn

Garnmenge

- Grundfarbe: 200 g
- Musterfarbe 1: 100 g
- Musterfarbe 2: 100 g
- Musterfarbe 3: 100 g
- Musterfarbe 4: 100 g

Stricknadeln

Rundstricknadel Nr. 5,5, 80 cm lang
Rundstricknadel Nr. 4,5, 80 cm lang
(für einen abnehmbaren Kissenbezug)

Knöpfe

(für einen abnehmbaren Kissenbezug)
6 Stück, 22 mm ø

Das Kissen wird in Rd glatt rechts gestrickt. 144 M mit Nadel Nr. 5,5 in der Grundfarbe anschlagen. Am Rd-Anfang und nach 72 M jeweils einen M-Markierer setzen (= Seitenkanten). Gemäß Zählmuster str. Nach Abschluss des Zählmusters die offene Kante im M-Stich schließen. Alle Fäden vernähen. Das Kissen ausspülen, in Form ziehen und liegend trocknen lassen. Das Kissen füllen (z. B. mit einem Inlett, 50 x 50 cm). Die offene Seite zunähen.

Abnehmbarer Kissenbezug: Für einen abnehmbaren Kissenbezug nach Abschluss des Zählmusters die ersten 72 M abk (= Rückseite). Zu Nadel Nr. 4,5 wechseln und über die restlichen 72 M in R 2 cm kraus rechts str. In der nächsten Reihe gleichmäßig verteilt 6 Knopflöcher einarbeiten (2 M rechts zusstr, 1 Umschlag). Weitere 2 cm kraus rechts str, dann alle M abk. Die Knöpfe annähen.

Um lange Spannfäden zu vermeiden, die Fäden während des Strickens auf der Rückseite regelmäßig verkreuzen.

Troll
Marineblau 02724
Kupferrot 02716
Ocker 02713
Braun 02715
Dunkelkamel 02714

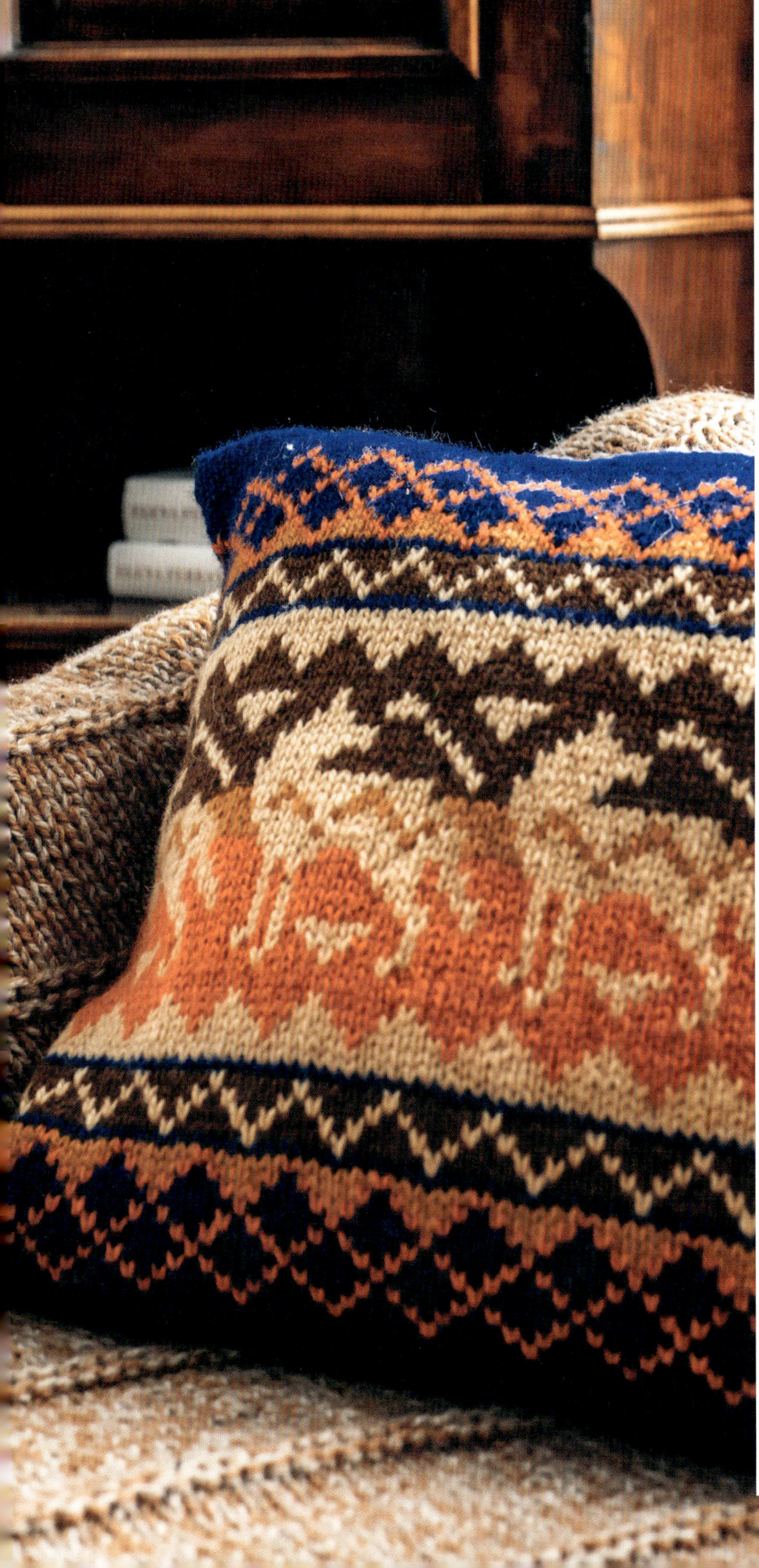

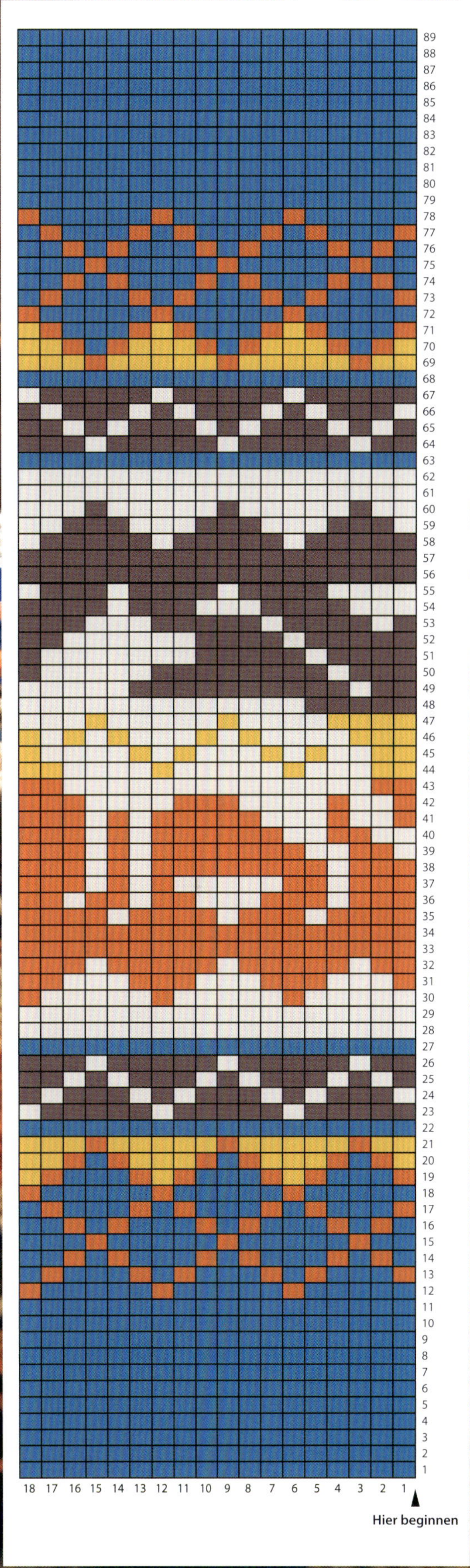

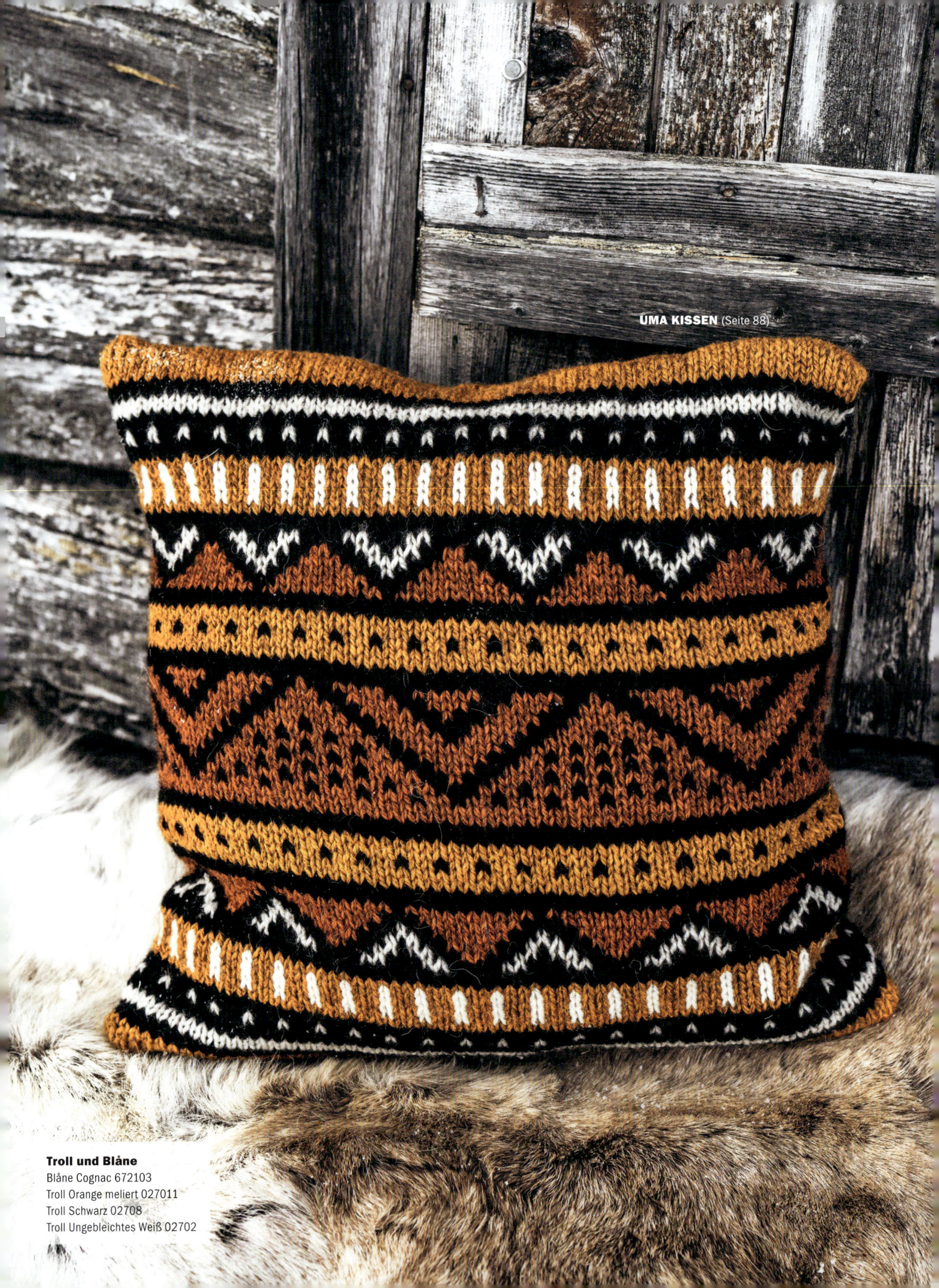

UMA KISSEN (Seite 88)

Troll und Blåne
Blåne Cognac 672103
Troll Orange meliert 027011
Troll Schwarz 02708
Troll Ungebleichtes Weiß 02702

Abeni und Uma
Kissen und Wandbehang

Sowohl das Abeni- als auch das Uma-Design ist von afrikanischen Mustern inspiriert. Ich mochte schon immer die Kombination von gewagten Mustern und klaren, leuchtenden Farben. So mutig war ich dann aber doch nicht, um die kräftigsten Farben zu wählen, stattdessen habe ich die Töne etwas gedämpft, damit die Kissen auch gut in unser Wohnzimmer oder in unsere Hütte passen.

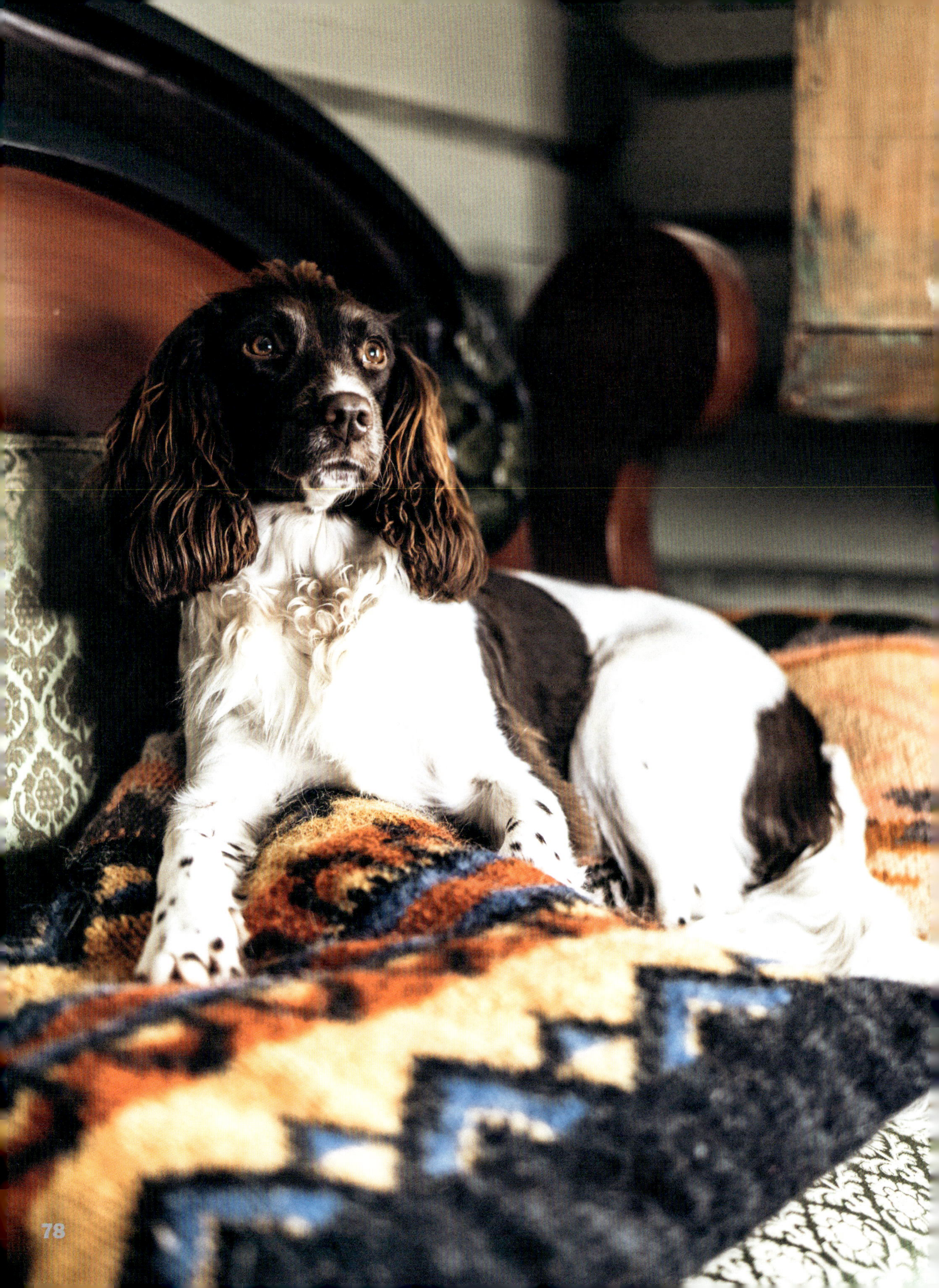

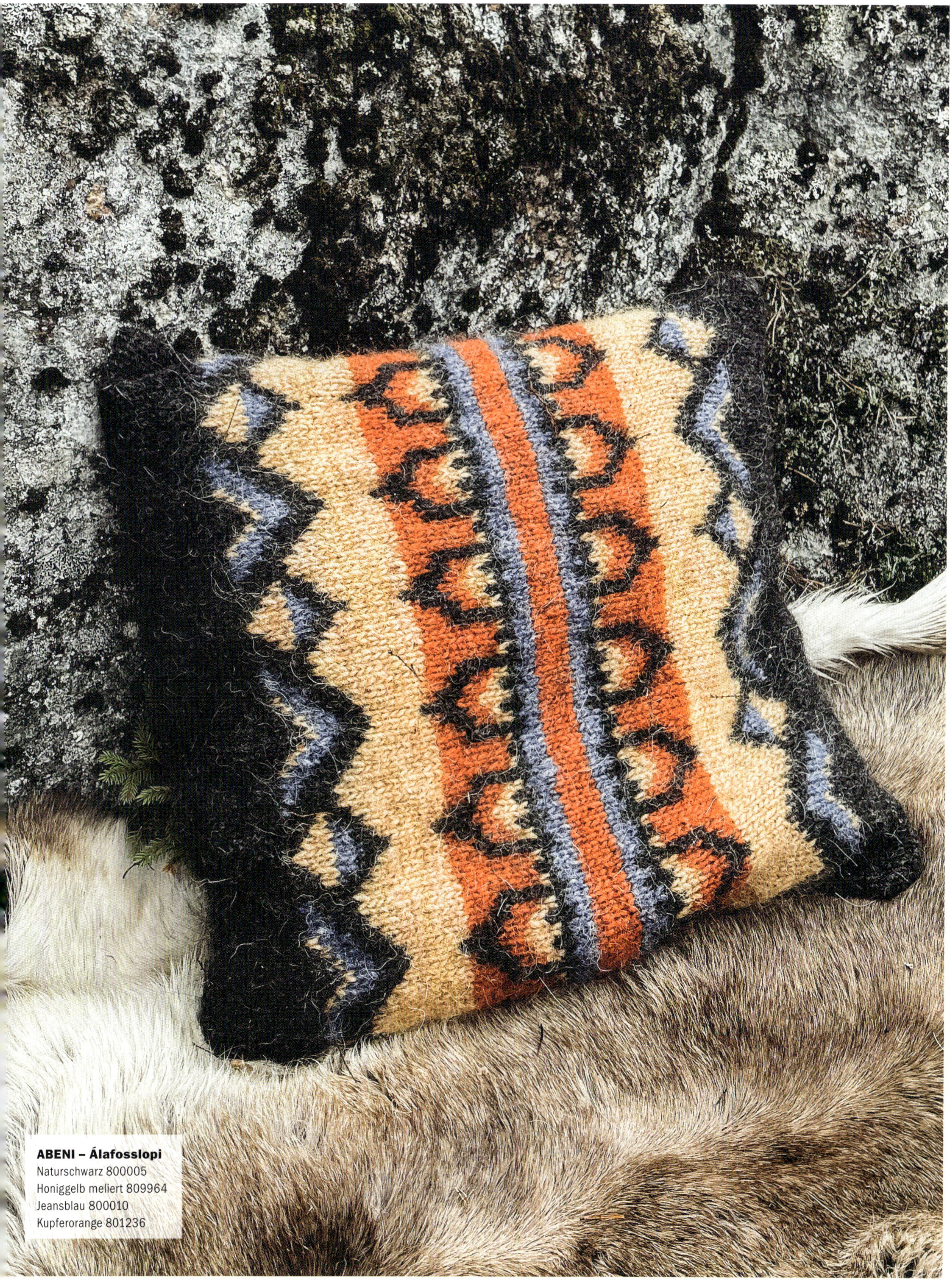

ABENI – Álafosslopi
Naturschwarz 800005
Honiggelb meliert 809964
Jeansblau 800010
Kupferorange 801236

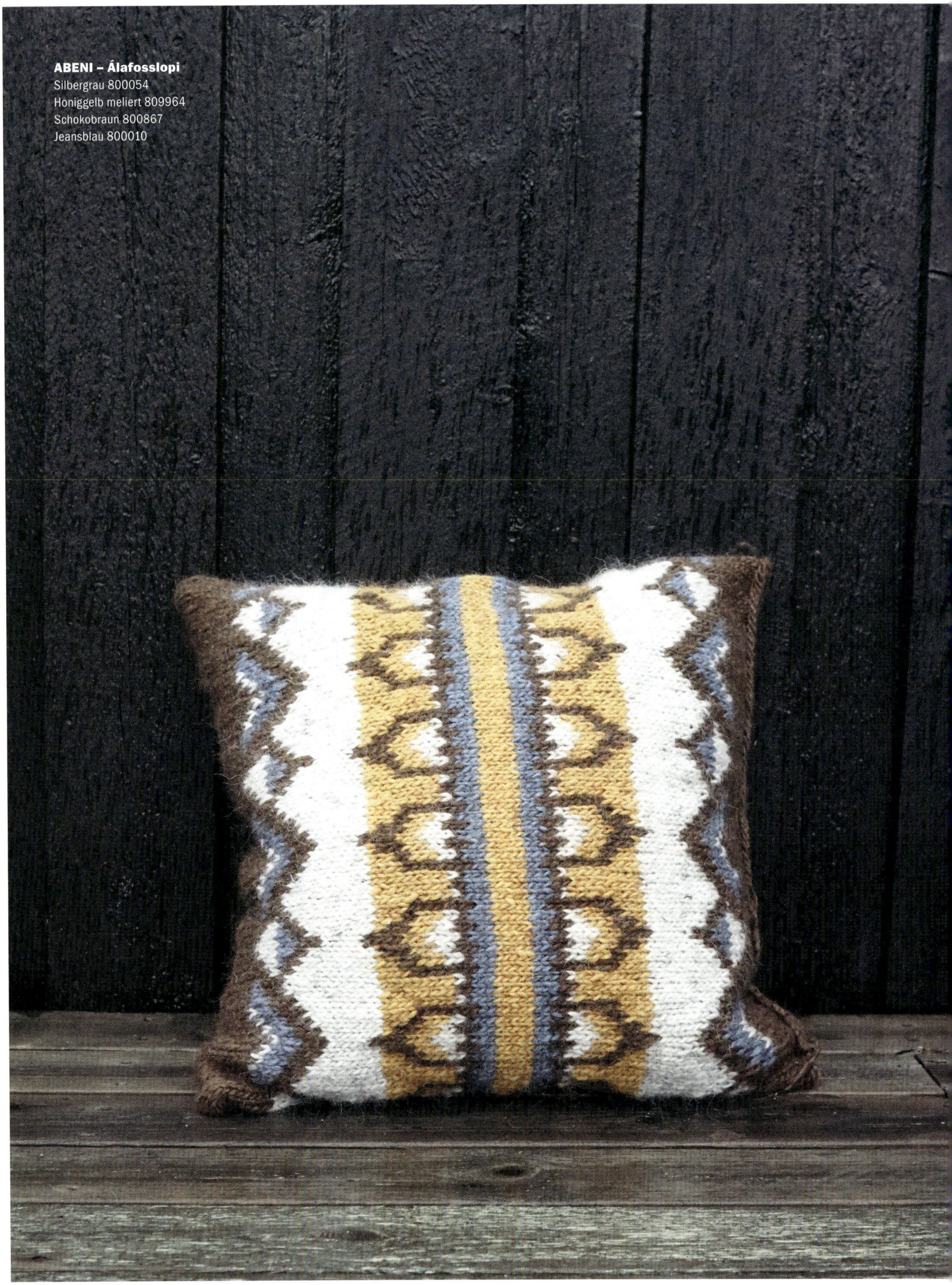

ABENI – Álafosslopi
Silbergrau 800054
Honiggelb meliert 809964
Schokobraun 800867
Jeansblau 800010

NENANA – Rauma Vams plus ein Faden Rauma Lammwollgarn
Melone 113 plus Orange 01062
Dunkelblau 67 plus Bauernblau 01068
Weinrot 35 plus Dunkelrot 01035
Braun 106 plus Braun 01034
Kamelbraun 104 plus Ocker 01036
Jadegrün 107 plus Jadegrün 01054

ABENI – Rauma Vams plus ein Faden Rauma Lammwollgarn
Dunkelblau 67 plus Bauernblau 01068
Melone 113 plus Orange 01062
Jadegrün 107 plus Jadegrün 01054
Kupferrot 105 plus Dunkelrot 01035

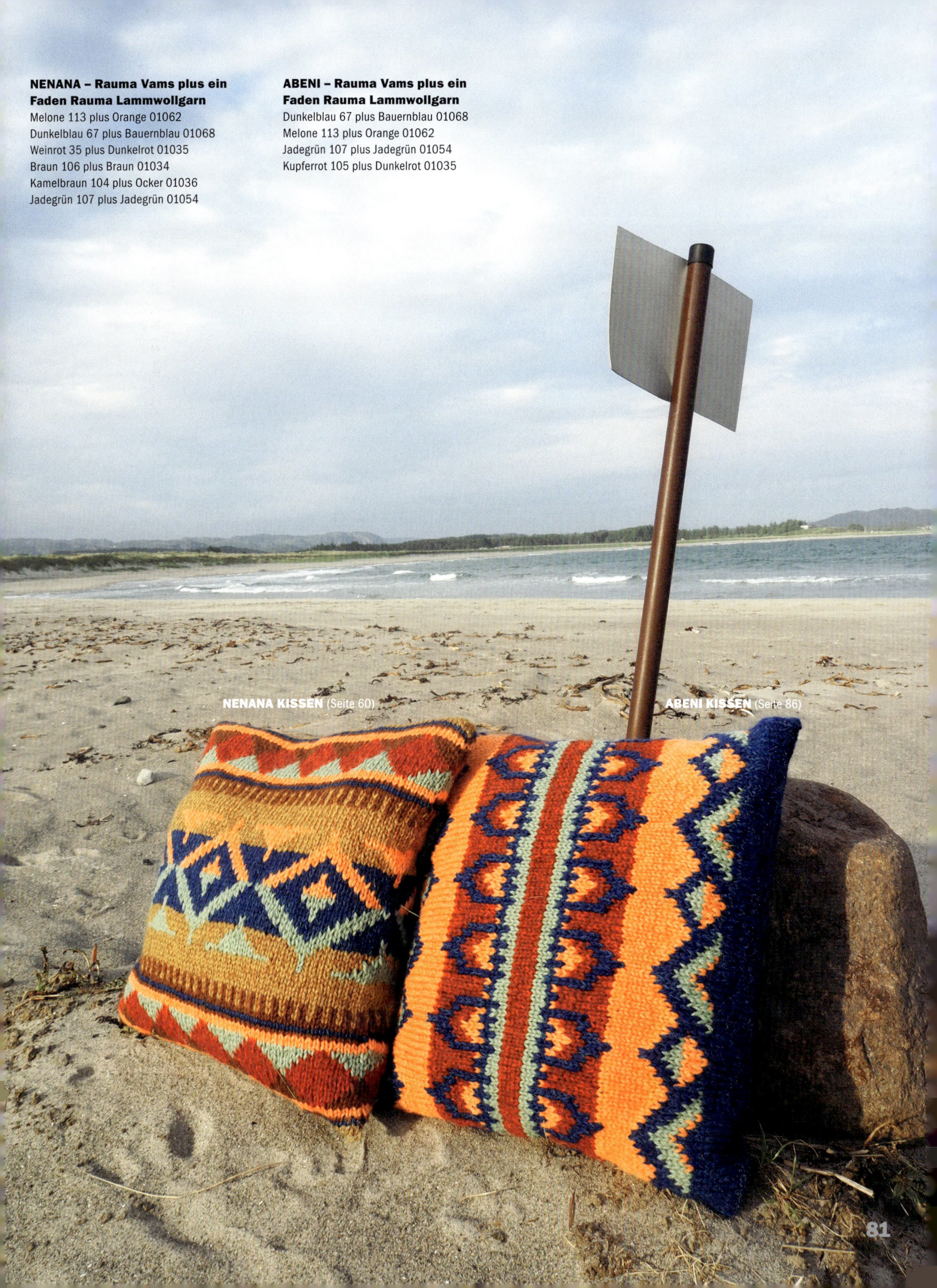

NENANA KISSEN (Seite 60)

ABENI KISSEN (Seite 86)

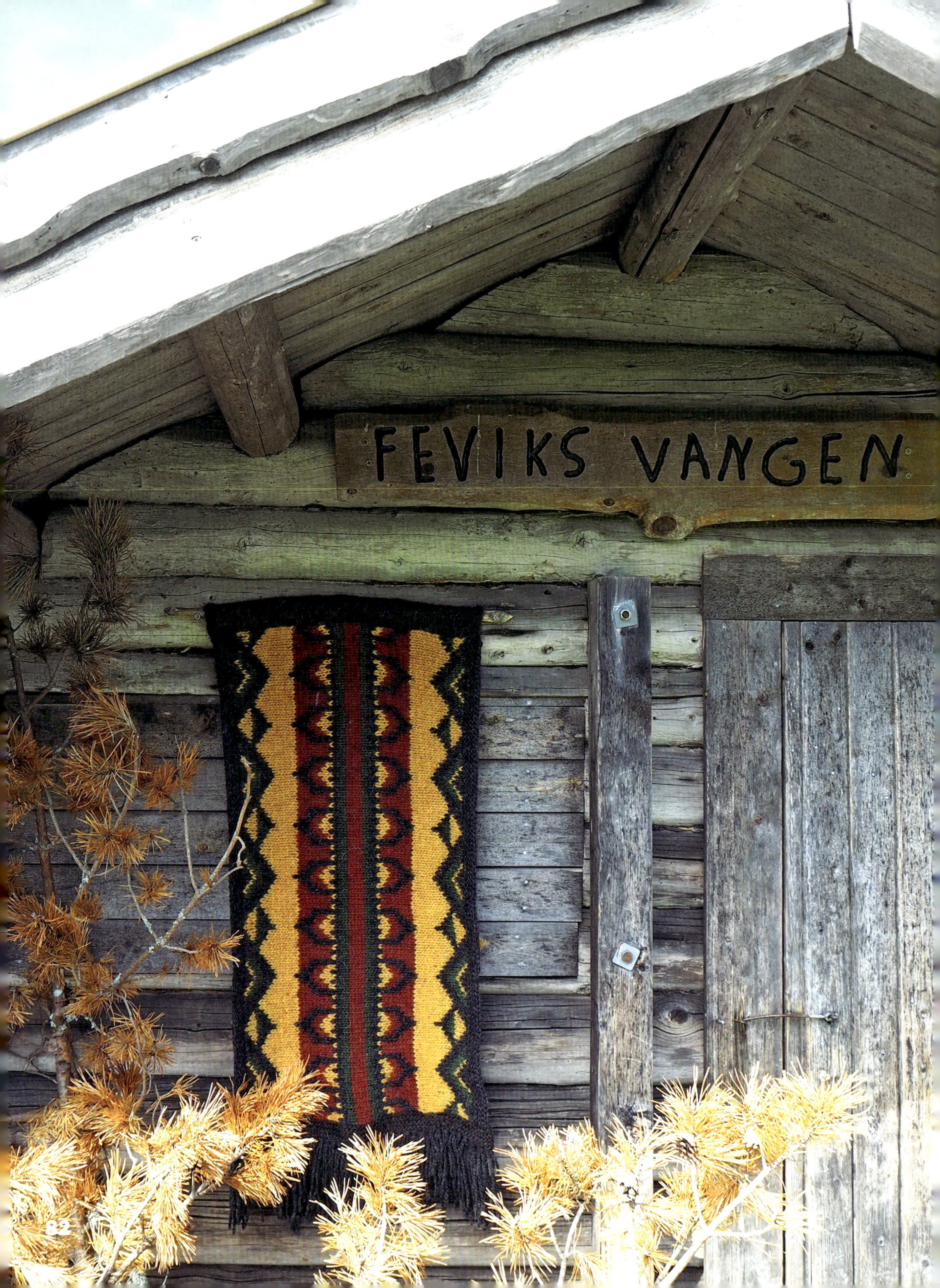
FEVIKS VANGEN

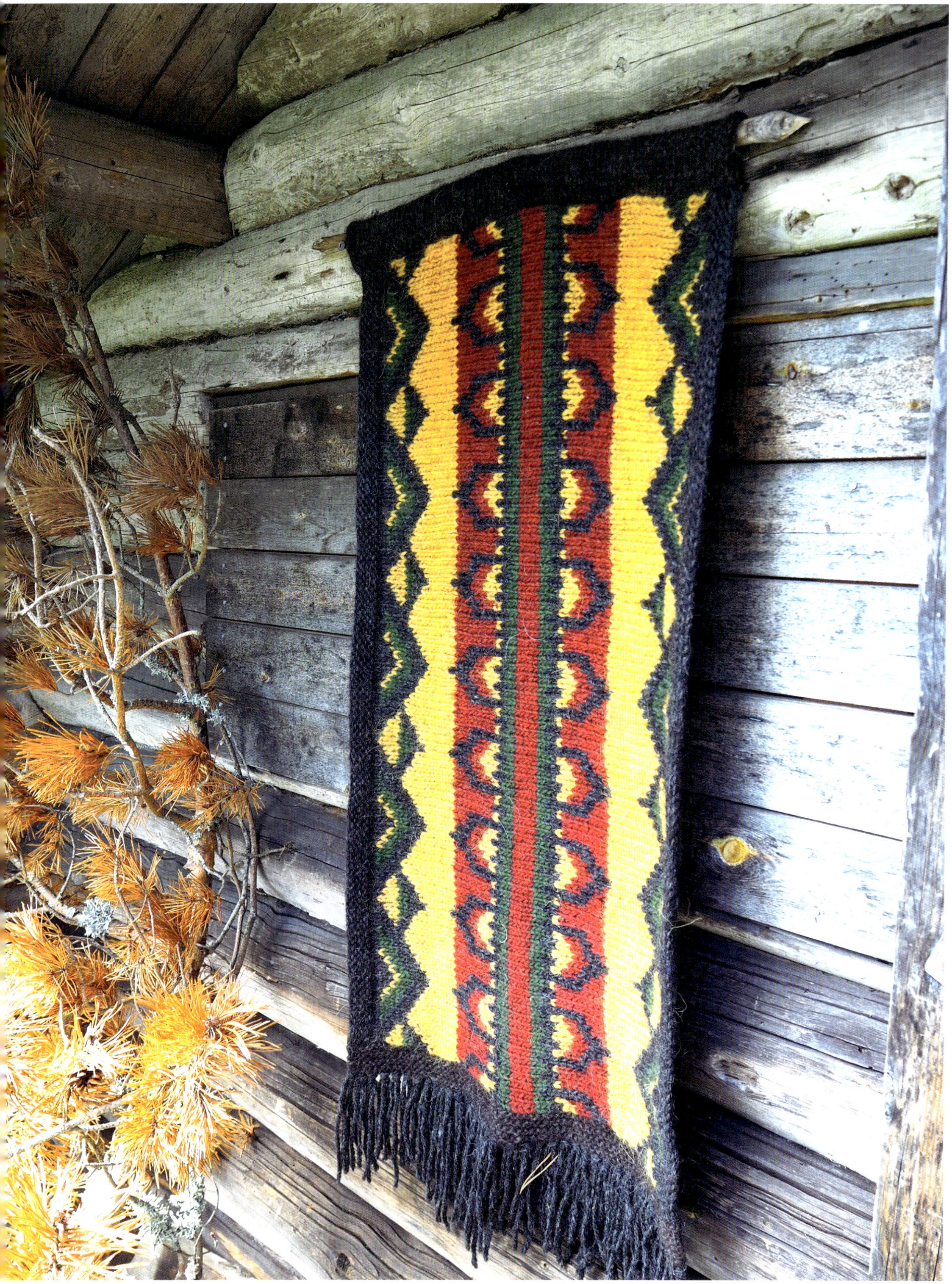

ABENI Wandbehang

Maße

Höhe: ca. 91 cm ohne Fransen
Breite: ca. 47 cm

Maschenprobe

13 M mit Nadel Nr. 6 = 10 cm

Garn

Álafosslopi, Blåne oder Troll von Hillesvåg Ullvarefabrikk oder Rauma Vams plus ein Faden Rauma Lammwollgarn

Garnmenge

- Randfarbe: 300 g
- Musterfarbe 1: 200 g
- Musterfarbe 2: 100g
- Musterfarbe 3: 100 g

Stricknadeln und Zubehör

Rundstricknadel Nr. 6, 60 cm lang
Nähmaschine
Häkelnadel für die Fransen
Holzstab zum Aufhängen

Um lange Spannfäden zu vermeiden, die Fäden während des Strickens auf der Rückseite regelmäßig verkreuzen.

100 M mit Nadel Nr. 6 in der Randfarbe anschlagen. 3 cm in R kraus rechts str. Für die Steek-M auf der rechten Nadel 5 M dazu anschlagen. (Diese M werden nicht mitgezählt und stets glatt links gestrickt.) Ab jetzt wird glatt rechts in Rd gestrickt. Gemäß Zählmuster str. Anschließend die Steek-M abk und noch 3 cm in R kraus rechts str. Alle M abk.

Mit der Nähmaschine in einer großen Stichlänge zwei doppelte Nähte in die Steek-M nähen. Nun entweder zwischen den Nähten aufschneiden, bevor die M für die Ränder aufgefasst werden, oder erst die beiden Ränder arbeiten und dann aufschneiden. Aus der rechten Kante des Wandbehangs in der Randfarbe wie folgt M auffassen: Aus 2 aufeinanderfolgenden M je 1 M herausstr, 1 M überspringen. Dies fortlaufend wiederholen. 4 cm in R kraus rechts str. Alle M abk. Nun aus dem oberen Rand des Wandbehangs M auf die gleiche Weise herausstr und für den Tunnel über diese M in R 12 cm glatt rechts str. Alle M abk.

Die Schnittkanten zurückschneiden. Es werden keine Belege zum Verdecken der Schnittkanten gestrickt, da man die Rückseite ohnehin nicht sieht. Nach Belieben ein breites Zierband über die Schnittkanten nähen.

Die Fransen in der Randfarbe einknüpfen (siehe Seite 168). Die Fäden vernähen. Den Wandbehang ausspülen, in Form ziehen und liegend trocknen lassen.

Den Tunnel zur Rückseite umlegen und festnähen. Den Holzstab in den Tunnel schieben.

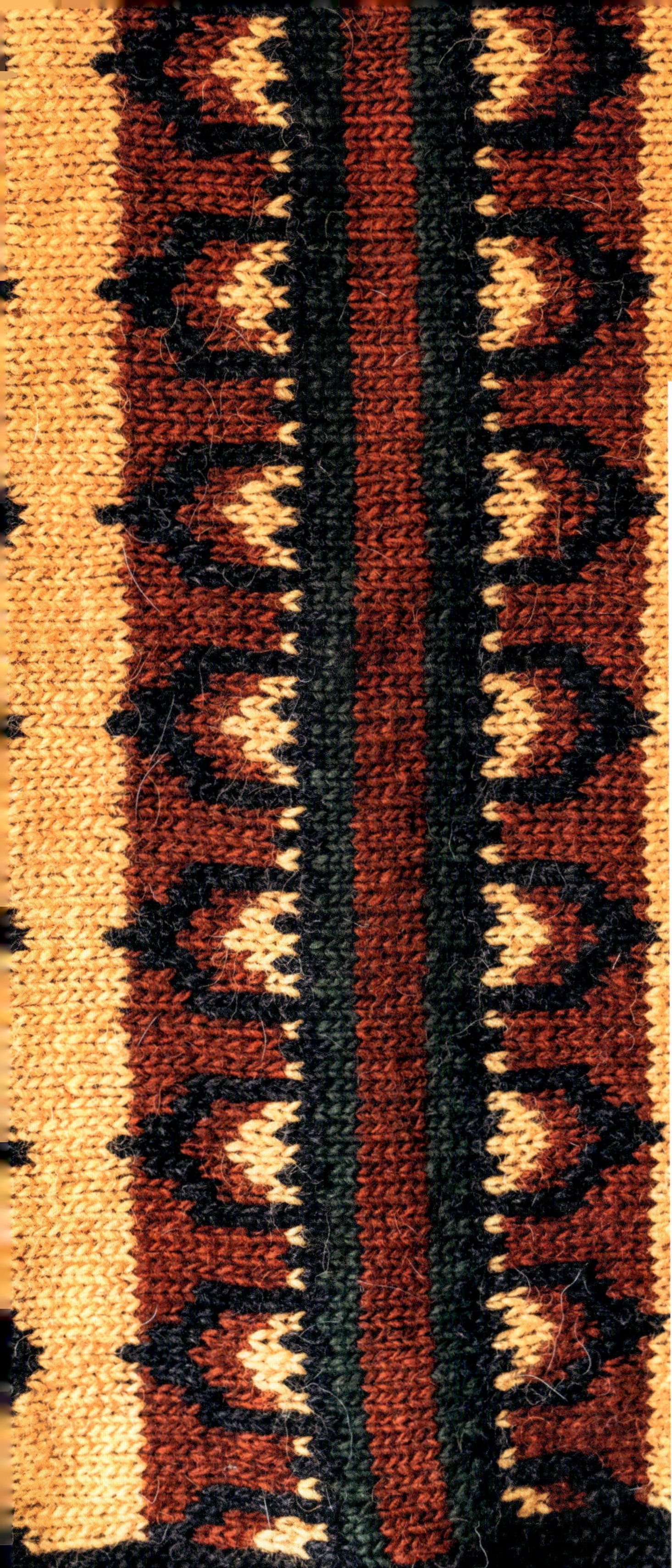

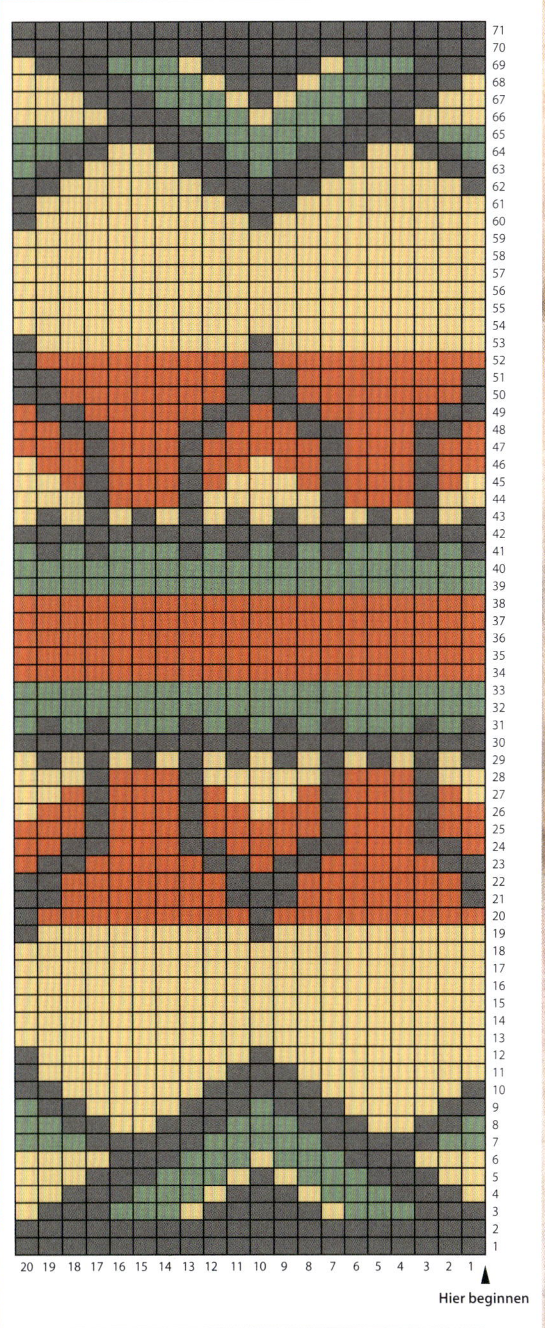

Álafosslopi und Léttlopi
Naturschwarz 800005
Honiggelb meliert 809964
Grün 801231
Léttlopi doppelfädig: Ziegelrot 19431

ABENI Kissen

Maße

50 x 50 cm

Maschenprobe

14 M mit Nadel Nr. 5,5 = 10 cm

Garn

Álafosslopi, Blåne oder Troll von Hillesvåg Ullvarefabrikk oder Rauma Vams plus ein Faden Rauma Lammwollgarn

Garnmenge

- Grundfarbe: 300 g
- Musterfarbe 1: 200 g
- Musterfarbe 2: 100 g
- Musterfarbe 3: 100 g

Stricknadeln

Rundstricknadel Nr. 5,5, 80 cm lang
Rundstricknadel Nr. 4,5, 80 cm lang
(für einen abnehmbaren Kissenbezug)

Knöpfe

(für einen abnehmbaren Kissenbezug)
6 Stück, 22 mm ø

Das Kissen wird in Rd glatt rechts gestrickt. 140 M mit Nadel Nr. 5,5 in der Grundfarbe anschlagen. Am Rd-Anfang und nach 70 M jeweils einen M-Markierer setzen (= Seitenkanten). Gemäß Zählmuster str. Nach Abschluss des Zählmusters die offene Kante im M-Stich schließen. Alle Fäden vernähen. Das Kissen ausspülen, in Form ziehen und liegend trocknen lassen. Das Kissen füllen (z. B. mit einem Inlett, 50 x 50 cm). Die offene Seite zunähen.

Abnehmbarer Kissenbezug: Für einen abnehmbaren Kissenbezug nach Abschluss des Zählmusters die ersten 70 M abk (= Rückseite). Zu Nadel Nr. 4,5 wechseln und über die restlichen 70 M in R 2 cm kraus rechts str. In der nächsten Reihe gleichmäßig verteilt 6 Knopflöcher einarbeiten (2 M rechts zusstr, 1 Umschlag). Weitere 2 cm kraus rechts str, dann die M abk. Die Knöpfe annähen.

Um lange Spannfäden zu vermeiden, die Fäden während des Strickens auf der Rückseite regelmäßig verkreuzen.

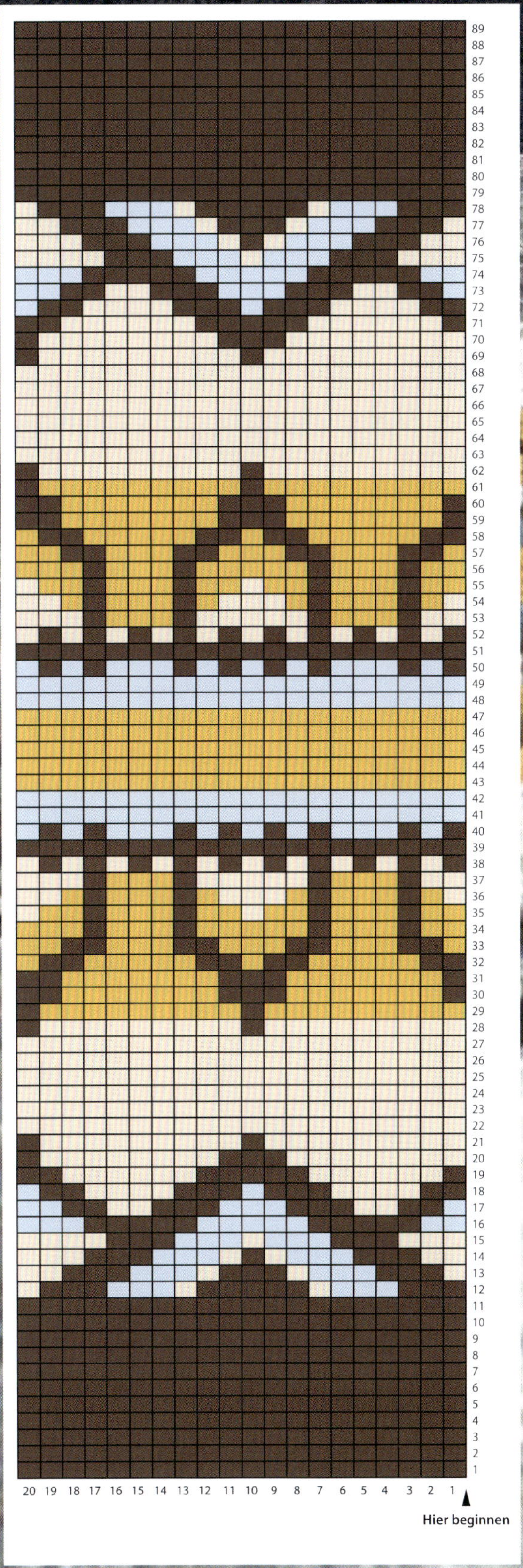
89 88 87 86 85 84 83 82 81 80 79 78 77 76 75 74 73 72 71 70 69 68 67 66 65 64 63 62 61 60 59 58 57 56 55 54 53 52 51 50 49 48 47 46 45 44 43 42 41 40 39 38 37 36 35 34 33 32 31 30 29 28 27 26 25 24 23 22 21 20 19 18 17 16 15 14 13 12 11 10 9 8 7 6 5 4 3 2 1
20 19 18 17 16 15 14 13 12 11 10 9 8 7 6 5 4 3 2 1
Hier beginnen

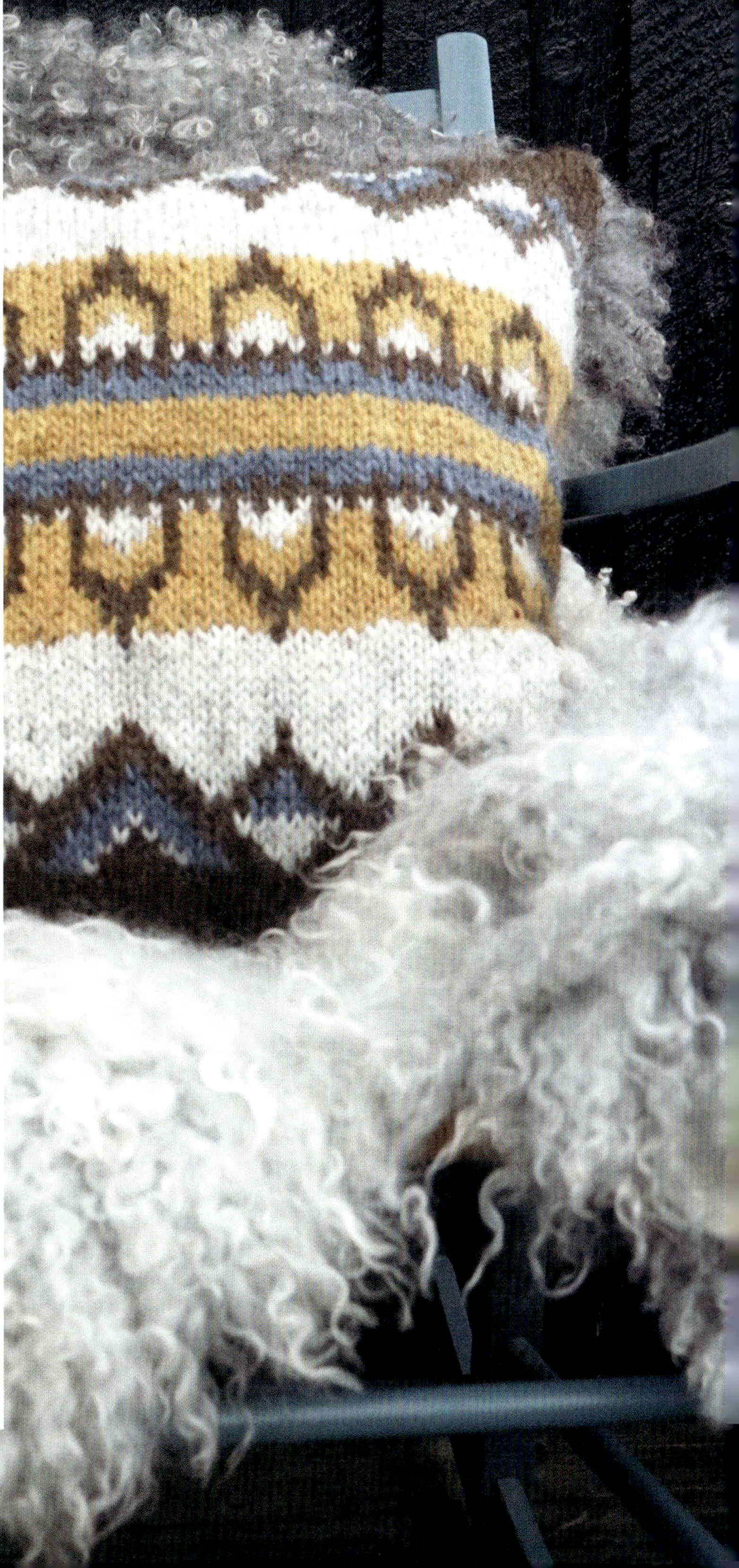

UMA Kissen

Maße

50 x 50 cm

Maschenprobe

13 M mit Nadel Nr. 6 = 10 cm

Garn

Álafosslopi, Blåne oder Troll von Hillesvåg Ullvarefabrikk oder Rauma Vams plus ein Faden Rauma Lammwollgarn

Garnmenge

- Musterfarbe 1: 200 g
- Musterfarbe 2: 200 g
- Musterfarbe 3: 100 g
- Musterfarbe 4: 100 g

Stricknadeln

Rundstricknadel Nr. 6, 80 cm lang
Rundstricknadel Nr. 5, 80 cm lang
(für einen abnehmbaren Kissenbezug)

Knöpfe

(für einen abnehmbaren Kissenbezug)
6 Stück, 22 mm ø

Das Kissen wird in Rd glatt rechts gestrickt. 132 M mit Nadel Nr. 6 in Musterfarbe 1 anschlagen. Am Rd-Anfang und nach 66 M jeweils einen M-Markierer setzen (= Seitenkanten). Gemäß Zählmuster str. Nach Abschluss des Zählmusters die offene Kante im M-Stich schließen. Alle Fäden vernähen. Das Kissen ausspülen, in Form ziehen und liegend trocknen lassen. Das Kissen füllen (z. B. mit einem Inlett, 50 x 50 cm). Die offene Seite zunähen.

Abnehmbarer Kissenbezug: Für einen abnehmbaren Kissenbezug nach Abschluss des Zählmusters die ersten 66 M abk (= Rückseite). Zu Nadel Nr. 5 wechseln und über die restlichen 66 M in R 2 cm kraus rechts str. In der nächsten Reihe gleichmäßig verteilt 6 Knopflöcher einarbeiten (2 M rechts zusstr, 1 Umschlag). Weitere 2 cm kraus rechts str, dann alle M abk. Die Knöpfe annähen.

Um lange Spannfäden zu vermeiden, die Fäden während des Strickens auf der Rückseite regelmäßig verkreuzen.

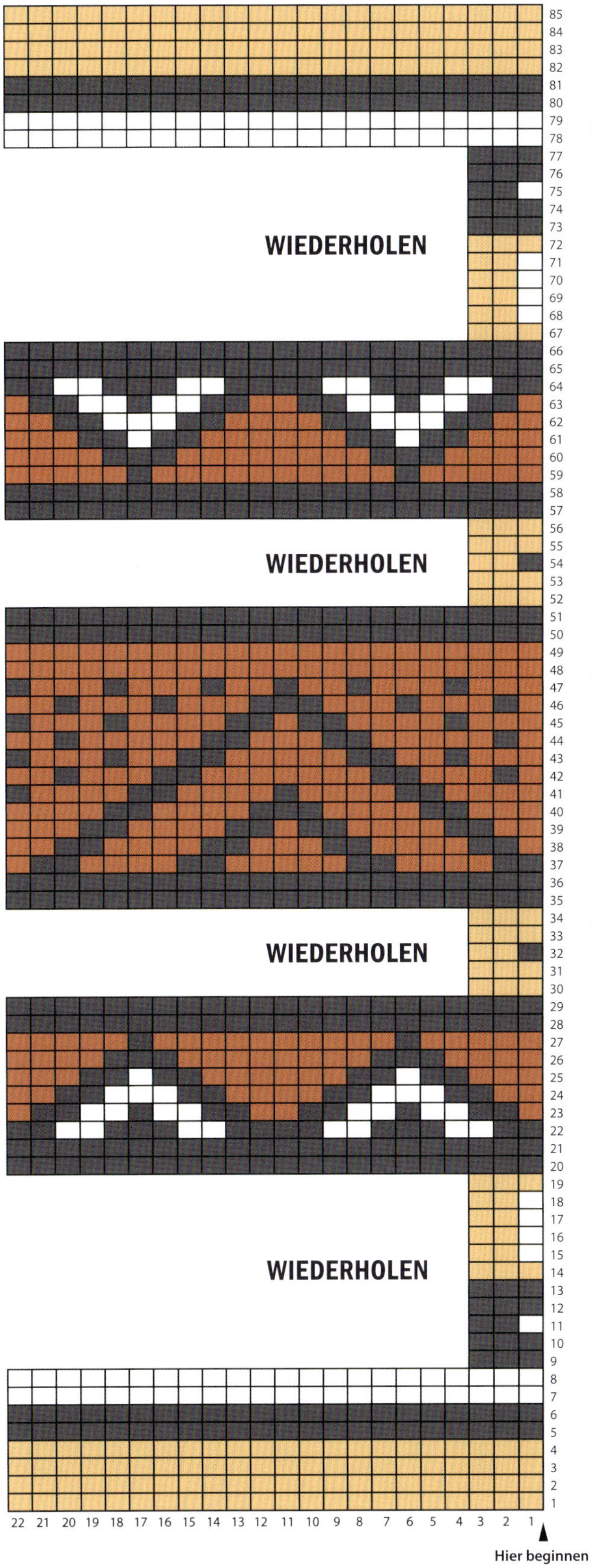

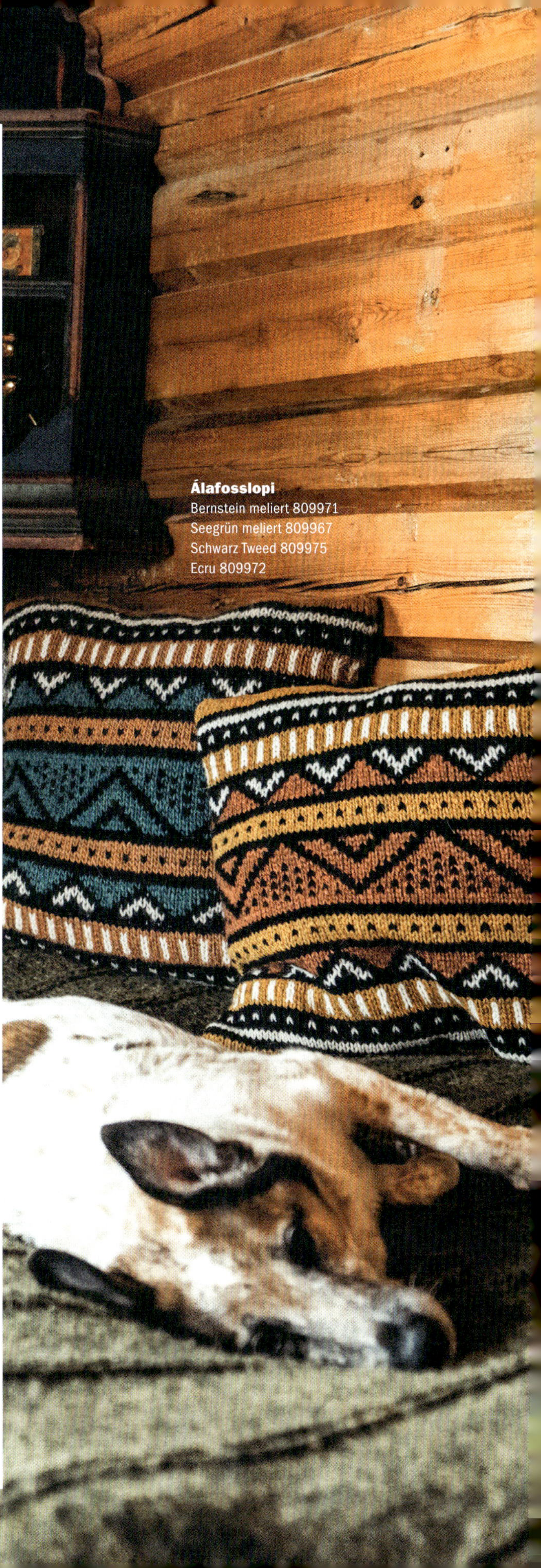

Álafosslopi
Bernstein meliert 809971
Seegrün meliert 809967
Schwarz Tweed 809975
Ecru 809972

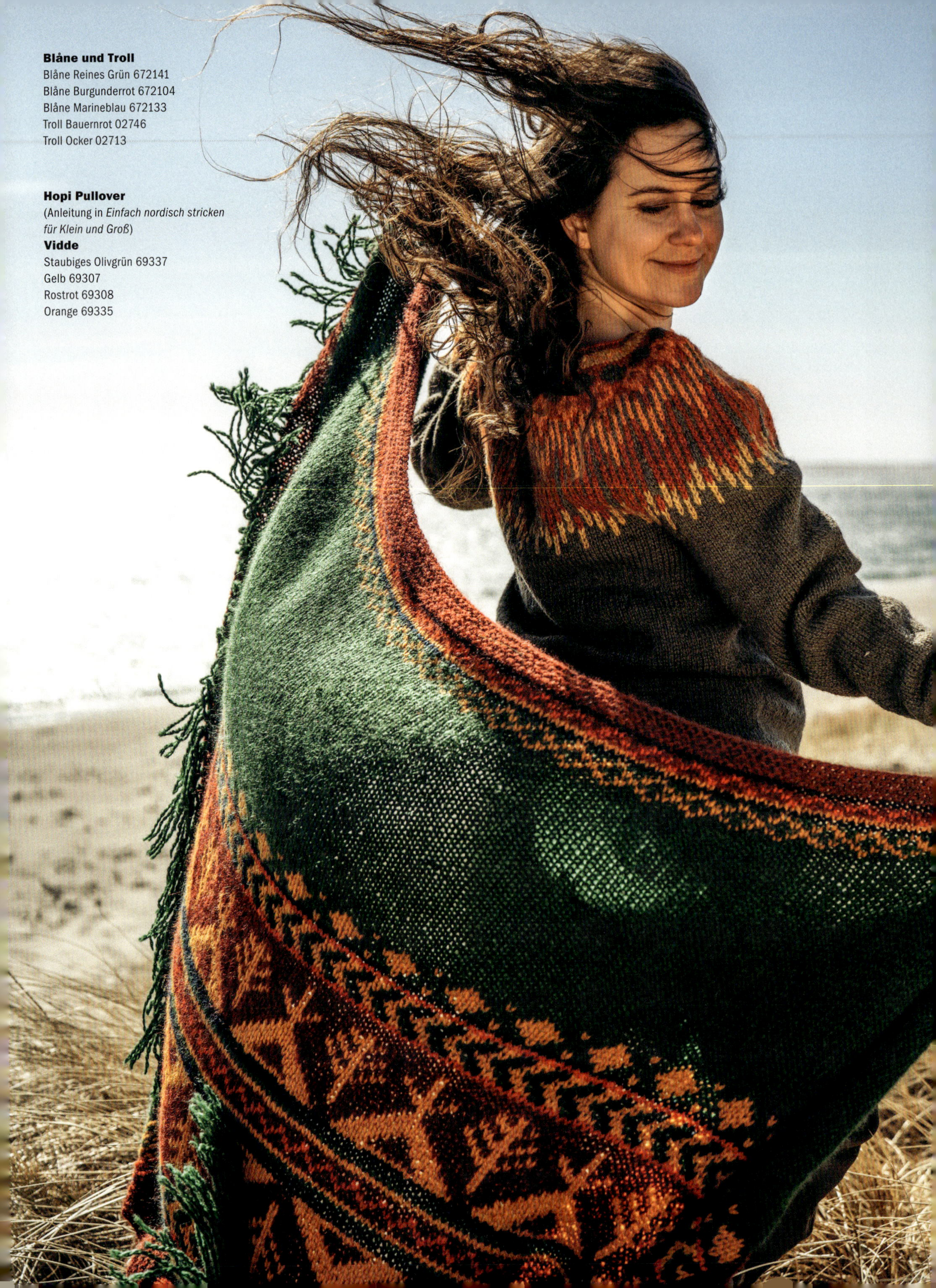

Blåne und Troll
Blåne Reines Grün 672141
Blåne Burgunderrot 672104
Blåne Marineblau 672133
Troll Bauernrot 02746
Troll Ocker 02713

Hopi Pullover
(Anleitung in *Einfach nordisch stricken für Klein und Groß*)
Vidde
Staubiges Olivgrün 69337
Gelb 69307
Rostrot 69308
Orange 69335

Tipi
Kissen und Plaid

Die Zelte auf dem Modell »Tipi« erinnern mich an meine Kindheit. Wir saßen nämlich bei Regenwetter oft im Zelt und sahen uns Bücher von den Mumins an. Ich liebte die Mumin-Welt und ganz besonders Schnupferich. Es wirkte immer so gemütlich, wenn er vor seinem Zelt saß und seine Pfeife rauchte.

Rauma Vams plus ein Faden Rauma Lammwollgarn
Grau meliert 13 plus Hellgrau meliert 01012
Waldgrün 87 plus Dunkelgrün 01094
Kupferrot 105 plus Dunkelrot 01035
Jadegrün 107 plus Jadegrün 01054
Dunkelbraun meliert 64 plus Braun 01034

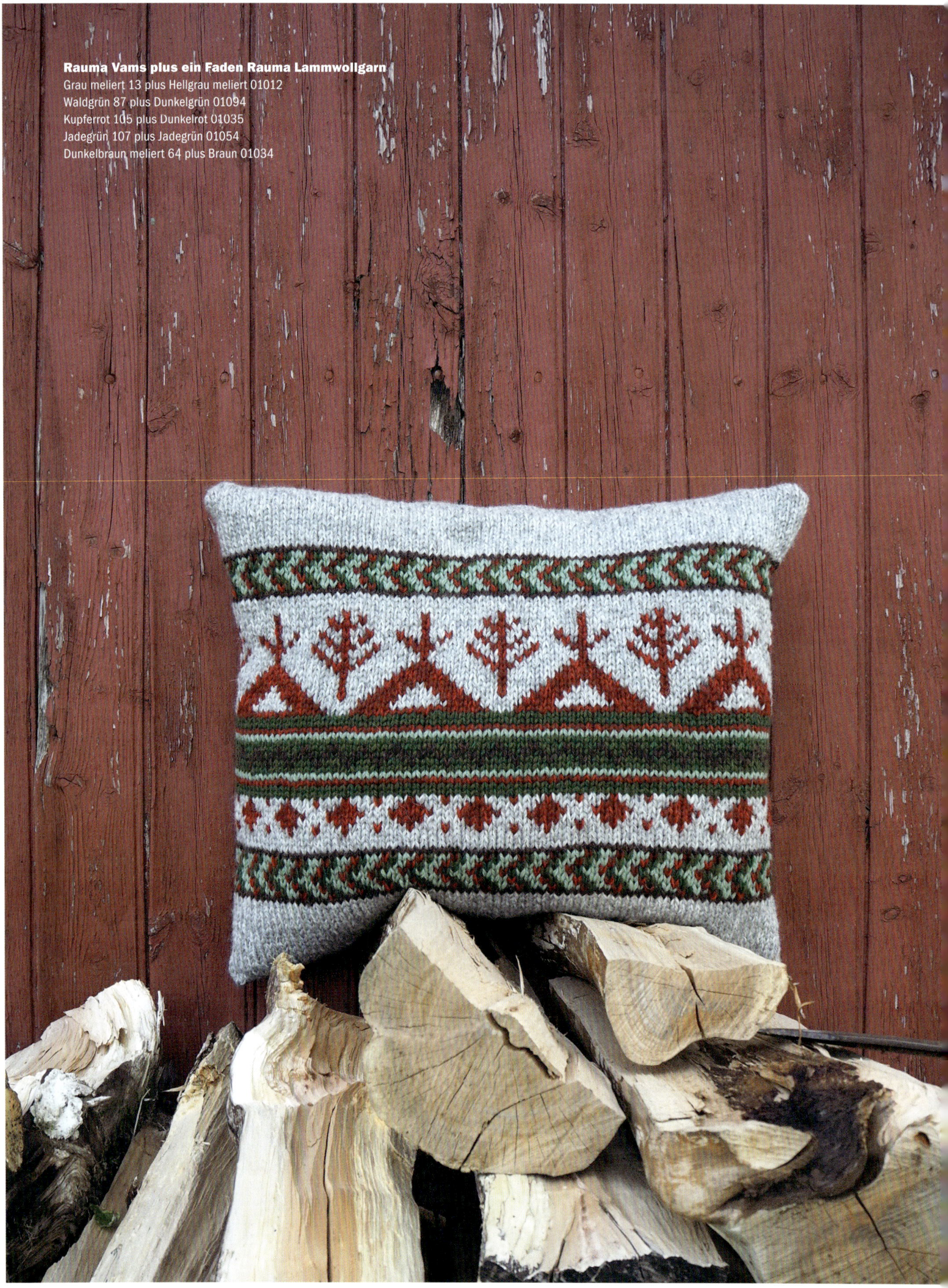

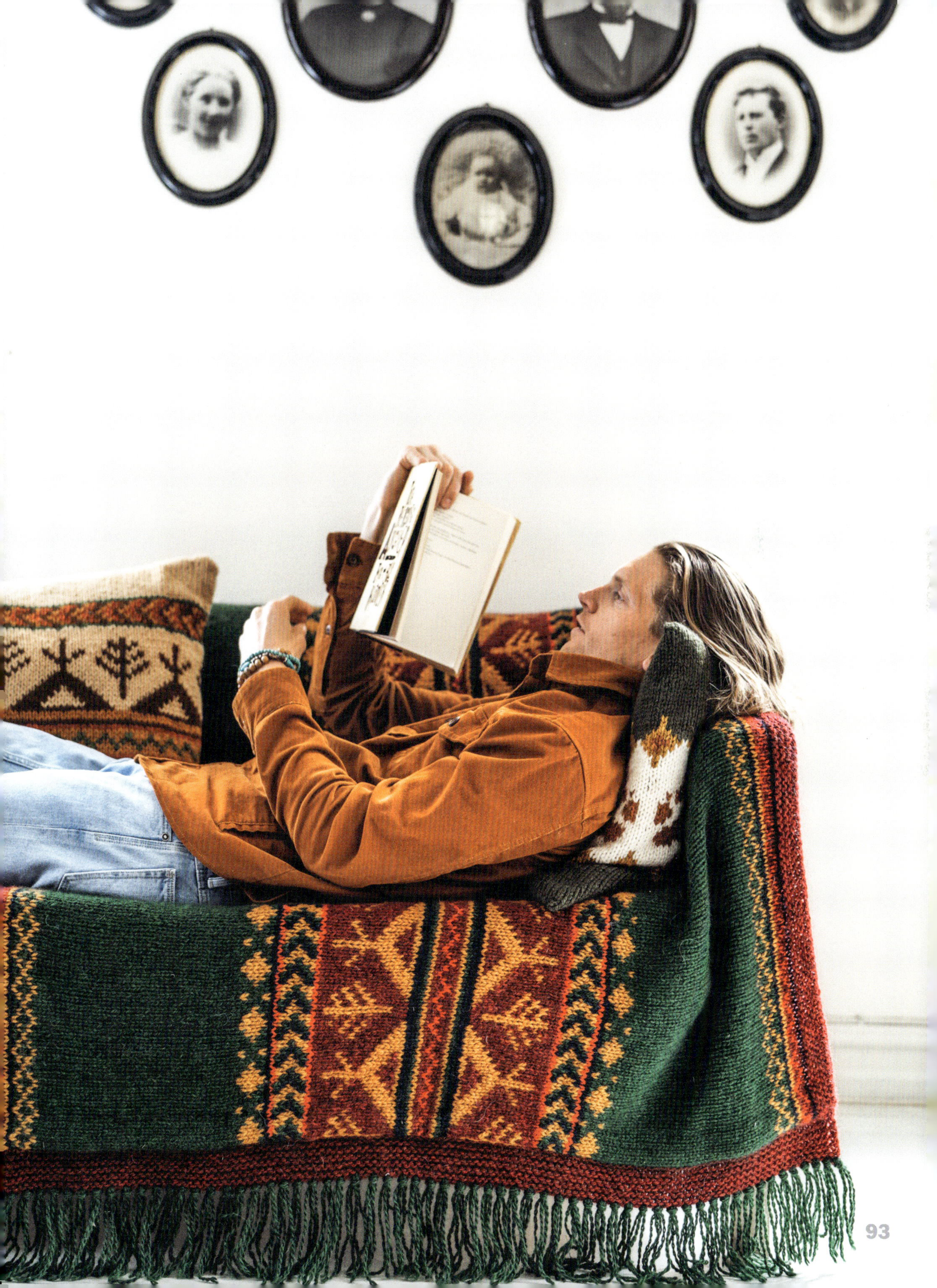

Troll
Hellgelb 02709
Blassrosa 02747
Hellblau 02725
Lilarosa 02721
Helles Blautürkis 02780

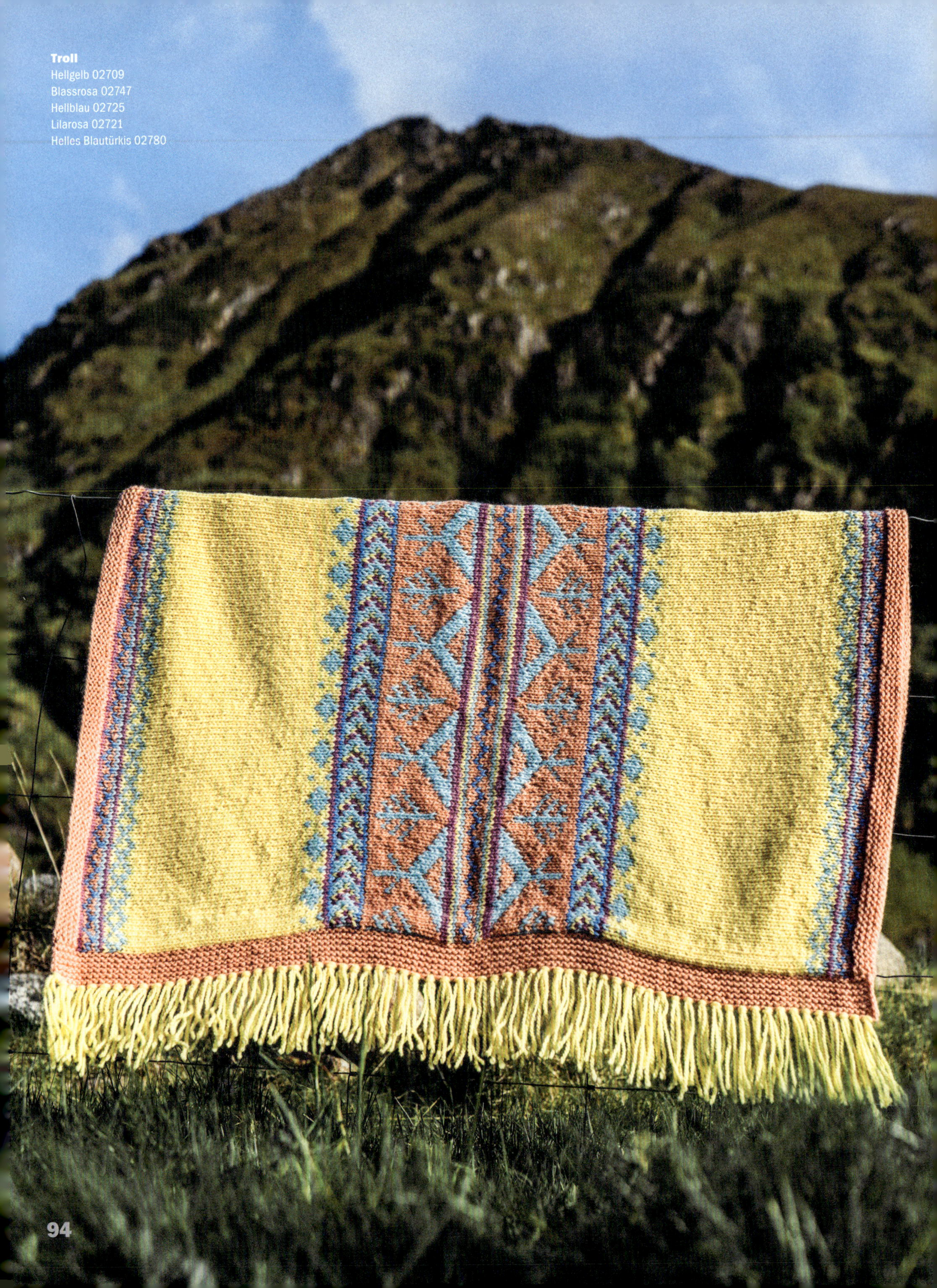

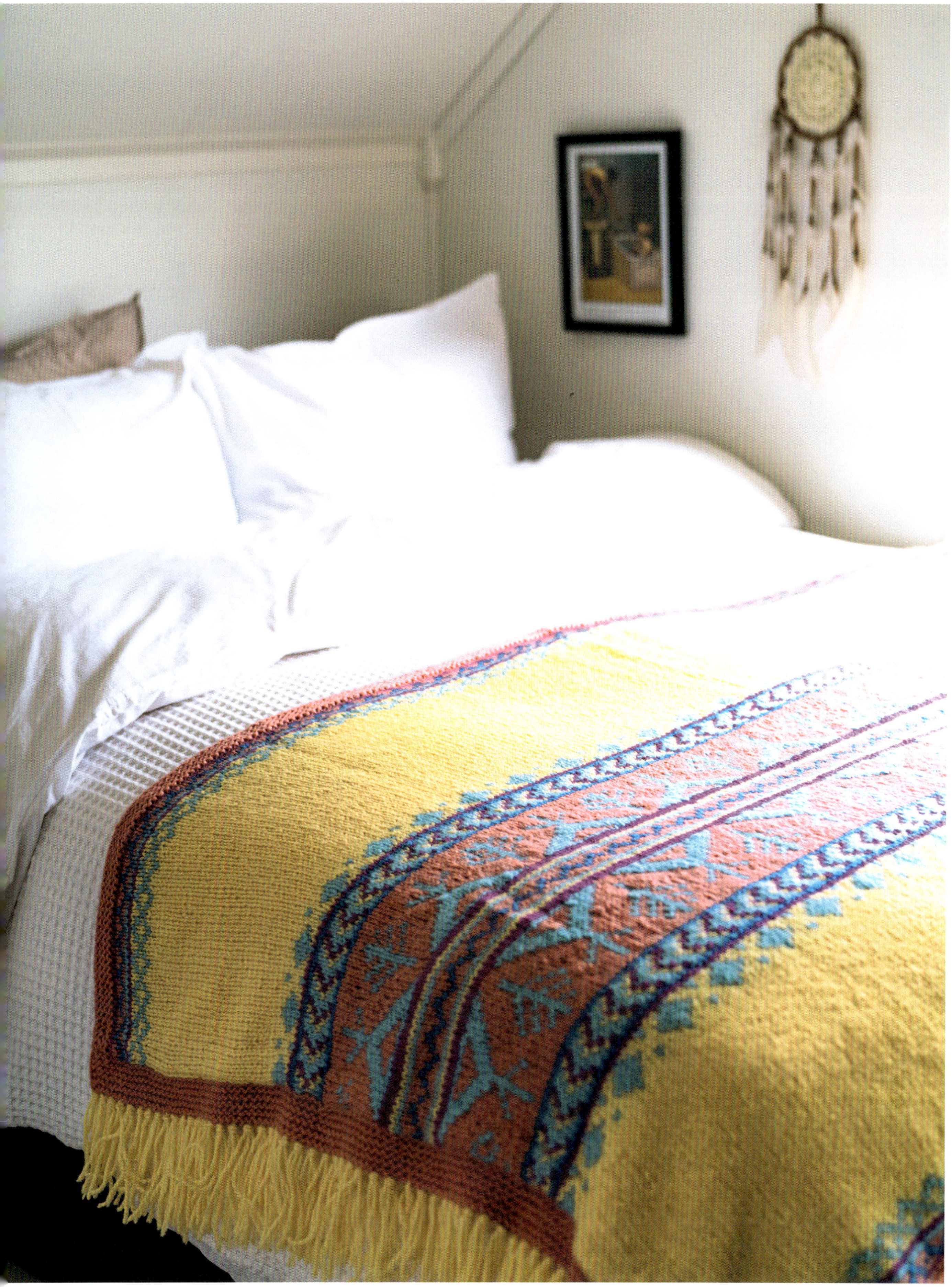

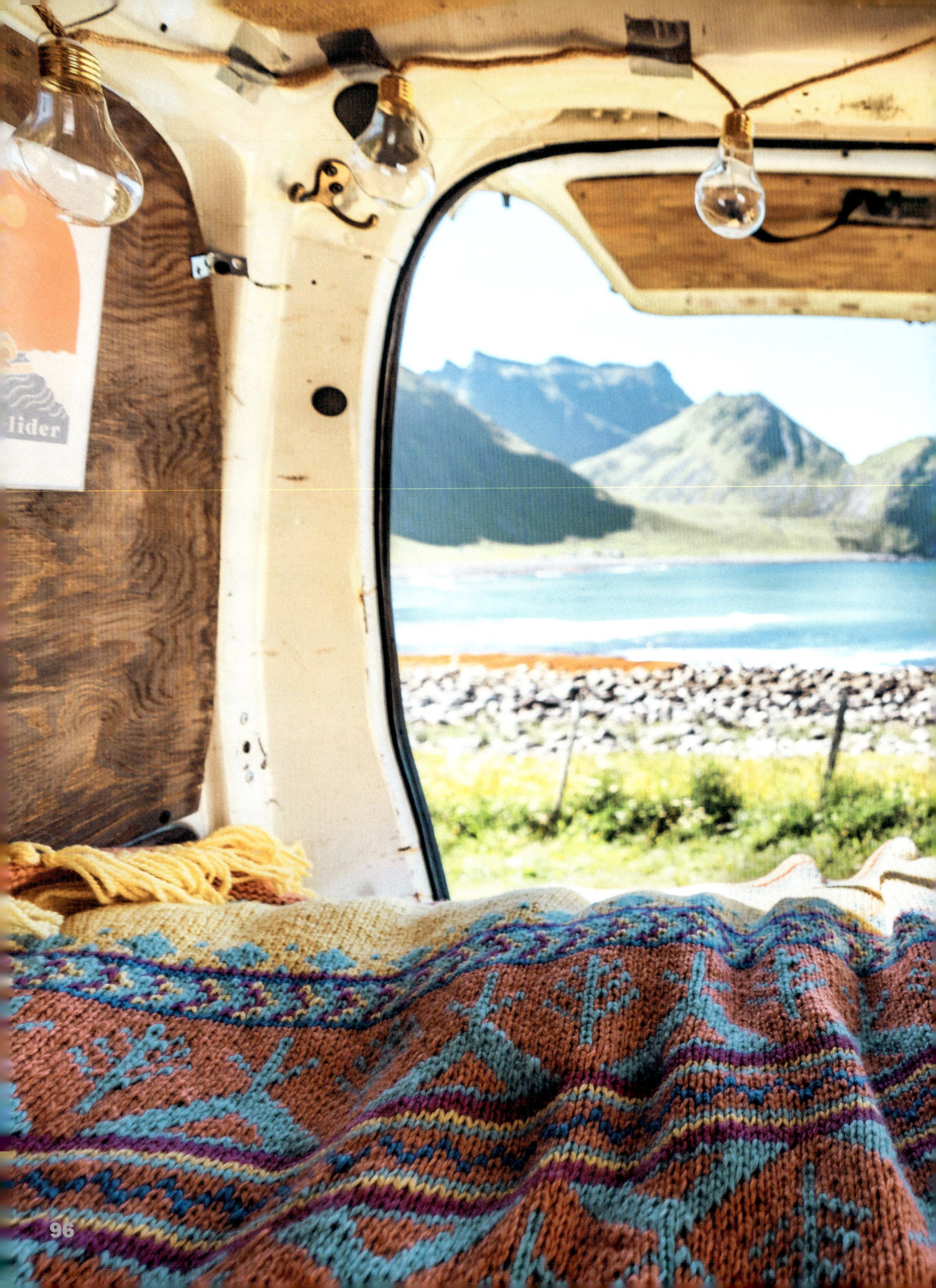
lider

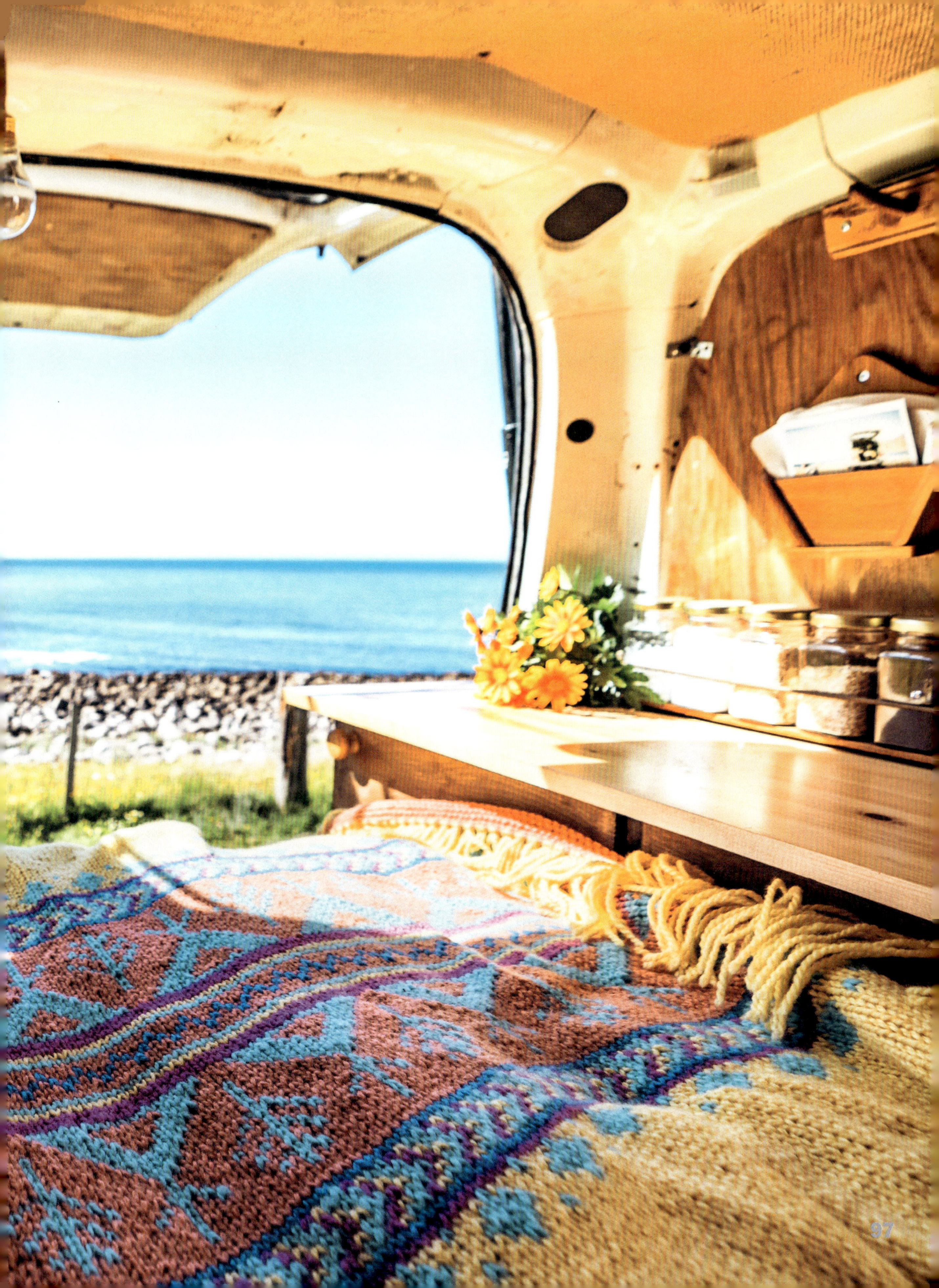

Troll
Dunkelkamel 02714
Moosgrün 02728
Braun 02715
Ocker 02713
Rostrot meliert 027308

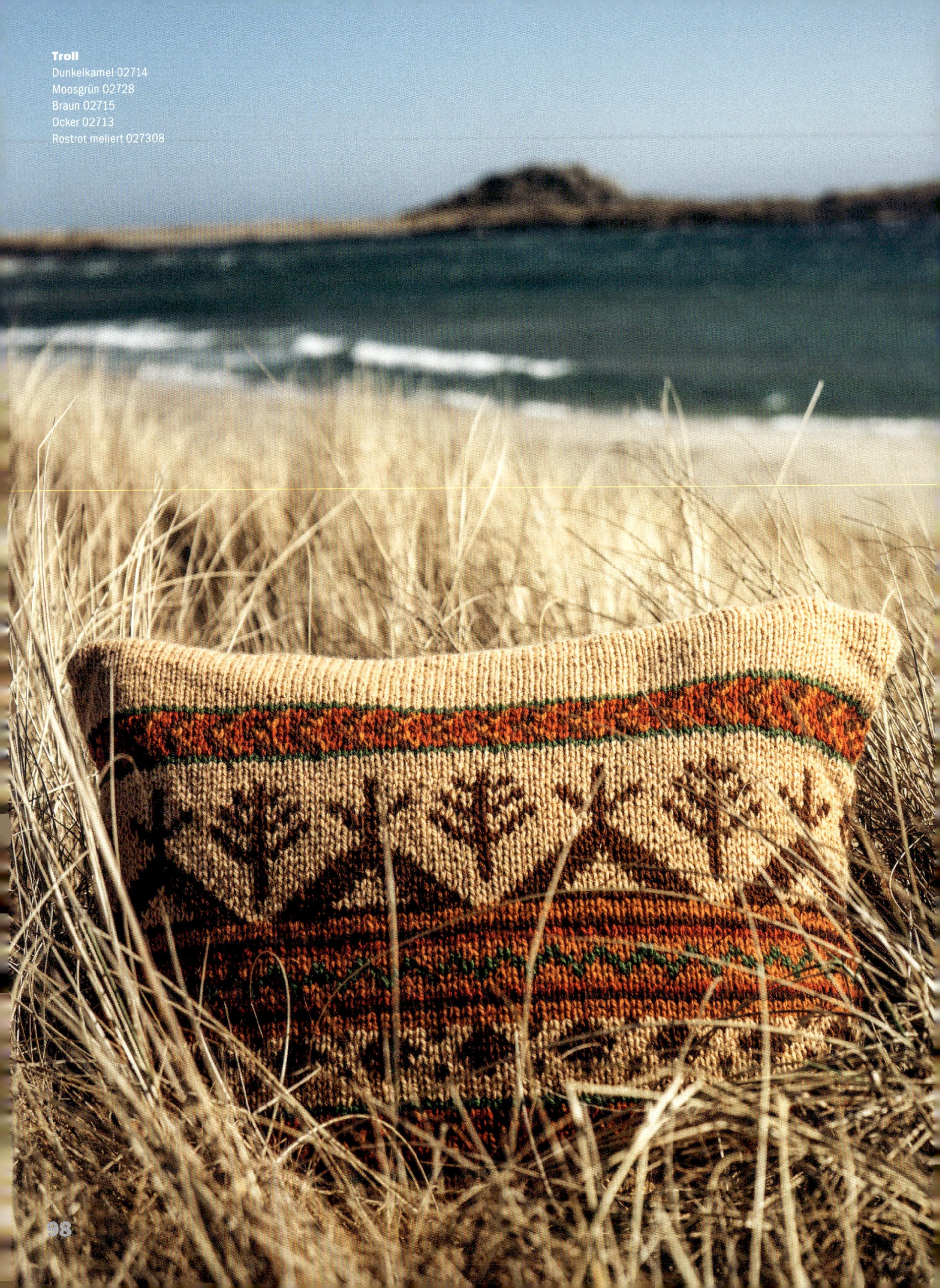

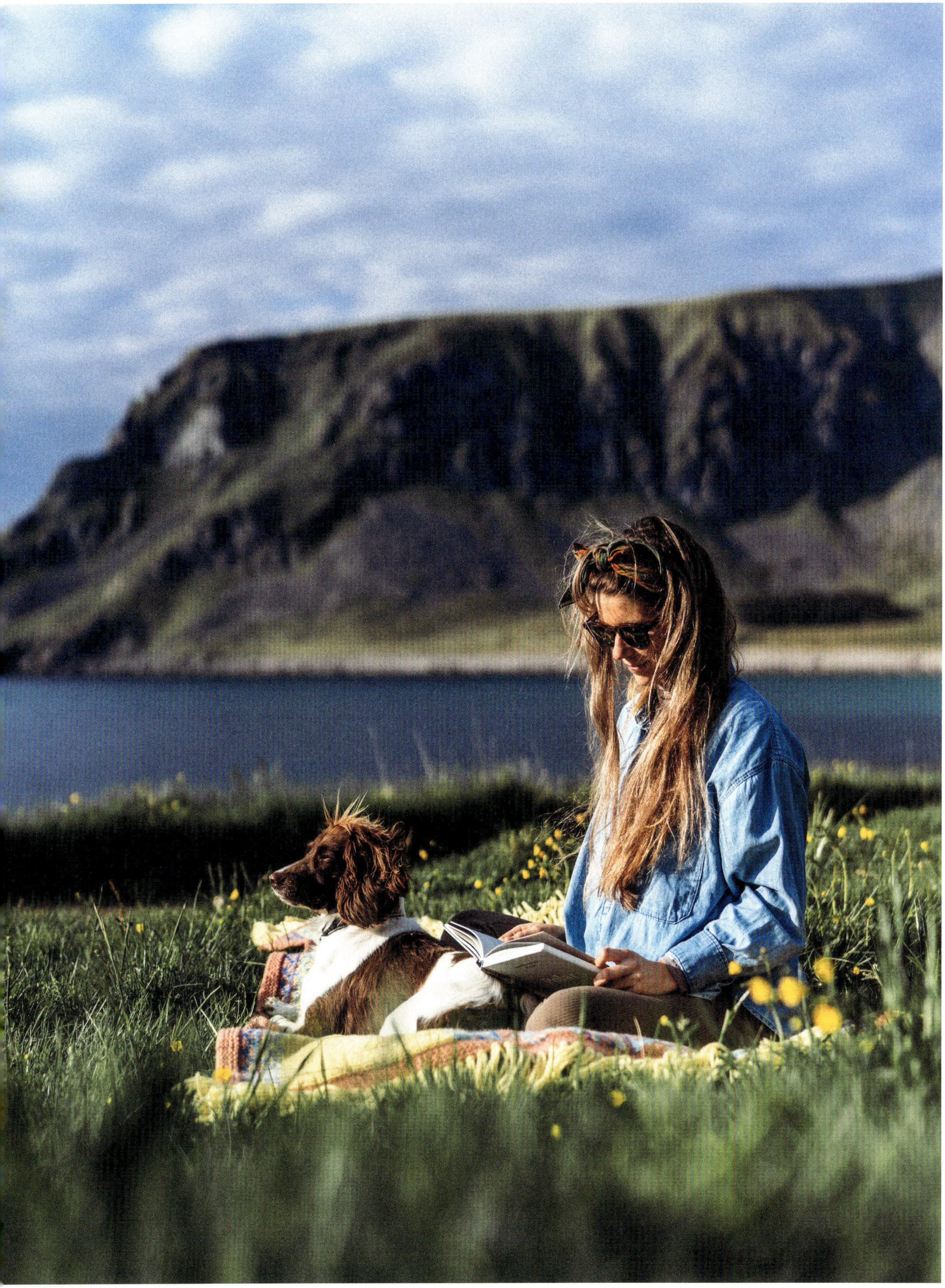

TIPI Plaid

Maße

Länge: ca. 165 cm ohne Fransen
Breite: ca. 120 cm

Maschenprobe

13 M mit Nadel Nr. 6 = 10 cm

Garn

Álafosslopi, Blåne oder Troll von Hillesvåg Ullvarefabrikk oder Rauma Vams plus ein Faden Rauma Lammwollgarn

Garnmenge

- Grundfarbe: 700 g
- Musterfarbe 1: 400 g
- Musterfarbe 2: 100 g
- Musterfarbe 3: 100 g
- Musterfarbe 4: 300 g

Stricknadeln und Zubehör

Rundstricknadel Nr. 5 und Nr. 6, 80 oder 100 cm lang
Nähmaschine
Häkelnadel für die Fransen

> Um lange Spannfäden zu vermeiden, die Fäden während des Strickens auf der Rückseite regelmäßig verkreuzen.

200 M mit Nadel Nr. 5 in Musterfarbe 1 anschlagen. 4 cm in R kraus rechts str. Für die Steek-M auf der rechten Nadel 5 M dazu anschlagen. (Diese M werden nicht mitgezählt und stets glatt links gestrickt.) Ab jetzt wird glatt rechts in Rd gestrickt. Zu Nadel Nr. 6 wechseln und nach Zählmuster A str. Danach in der Grundfarbe str, bis ab Anschlag 34 cm erreicht sind. Gemäß Zählmuster B str. In der Grundfarbe ca. 23 cm str. (Die beiden unifarbenen Streifen sollen gleich hoch sein. Am besten die Runden des ersten Streifens abzählen.) Zuletzt Zählmuster C str. Zu Nadel Nr. 5 wechseln, die Steek-M abk und 4 cm in R kraus rechts str. Alle M abk. Mit der Nähmaschine in einer großen Stichlänge zwei doppelte Nähte in die Steek-M nähen. Nun entweder zwischen den Nähten aufschneiden, bevor die M für die Ränder aufgefasst werden, oder erst die beiden Ränder arbeiten und dann aufschneiden. Aus der rechten Kante des Plaids mit Nadel Nr. 5 in Musterfarbe 1 wie folgt M auffassen: Aus 2 aufeinanderfolgenden M je 1 M herausstr, 1 M überspringen. Dies fortlaufend wiederholen. Sind alle M herausgestrickt, einen Faden in Kontrastfarbe durch die M ziehen. (So ist es einfacher, die M für die Belege herauszustr, die später die Schnittkante verdecken.) 4 cm in R kraus rechts str. Die M abk. An der linken Kante ebenso arbeiten.

Belege: Aus den M, in denen der Kontrastfaden liegt, wie folgt M auffassen: Aus 2 aufeinanderfolgenden M je 1 M herausstr, 1 M überspringen. Dies fortlaufend wiederholen, anschließend den Hilfsfaden entfernen. Mit Nadel Nr. 6 in Musterfarbe 1 nun 4 R glatt rechts str. Die M abk, den Beleg über die Schnittkante legen und mit lockeren Stichen festnähen. Auf der anderen Seite ebenso arbeiten. Alternative: Statt des Belegs ein breites Zierband über die Schnittkanten nähen.

Die Fransen in der Grundfarbe zurechtschneiden und einknüpfen (siehe Seite 168). Alle Fäden vernähen. Das Plaid ausspülen, in Form ziehen und liegend trocknen lassen.

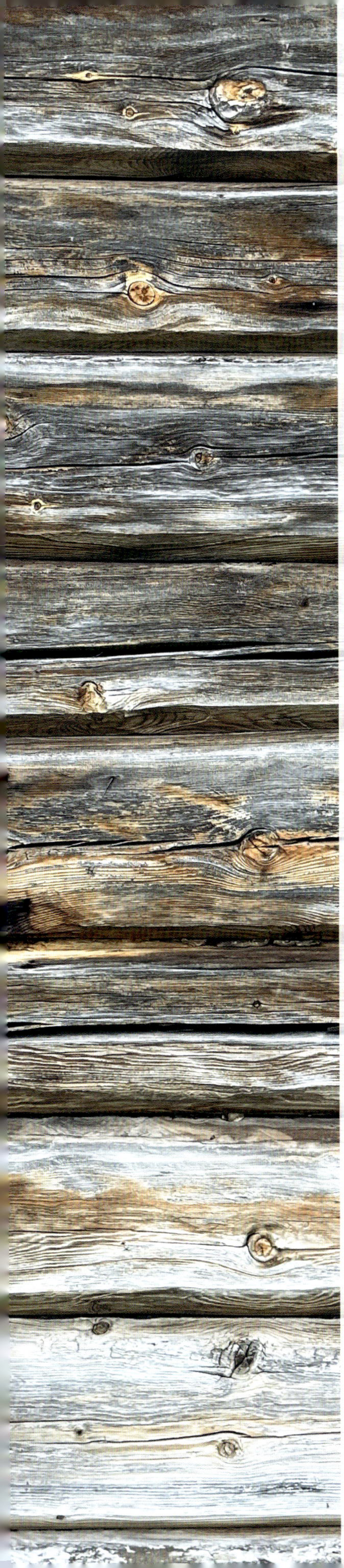

Zählmuster C

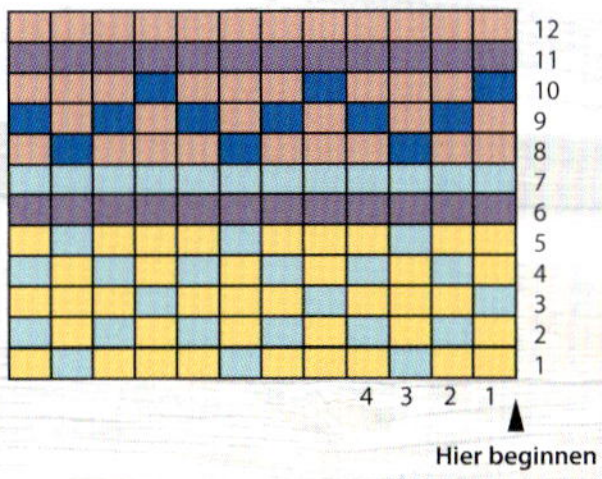

Zählmuster B

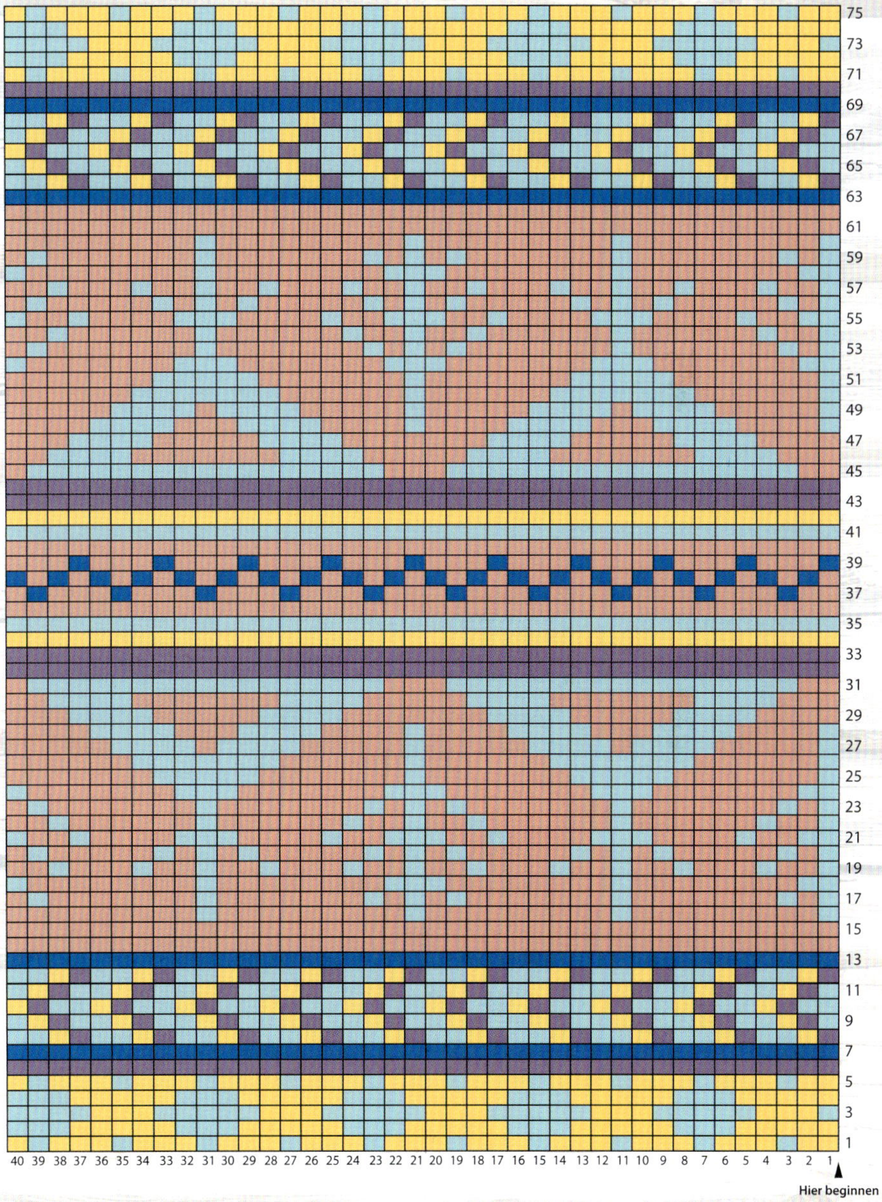

Zählmuster A

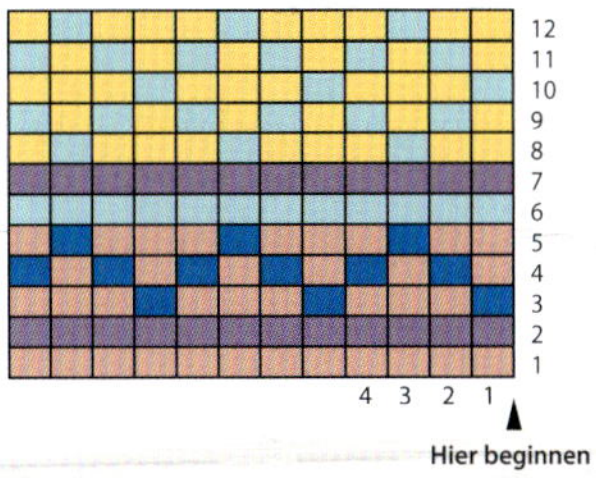

TIPI Kissen

Maße

60 x 50 cm

Maschenprobe

13 M mit Nadel Nr. 6 = 10 cm

Garn

Álafosslopi, Blåne oder Troll von Hillesvåg Ullvarefabrikk oder Rauma Vams plus ein Faden Rauma Lammwollgarn

Garnmenge

- Grundfarbe: 300 g
- Musterfarbe 1: 100 g
- Musterfarbe 2: 100 g
- Musterfarbe 3: 100 g
- Musterfarbe 4: 100 g

Stricknadeln

Rundstricknadel Nr. 6, 80 oder 100 cm lang
Rundstricknadel Nr. 5, 80 cm lang (für einen abnehmbaren Kissenbezug)

Knöpfe

(für einen abnehmbaren Kissenbezug)
7 Stück, 22 mm ø

Das Kissen wird in Rd glatt rechts gestrickt. 160 M mit Nadel Nr. 6 in der Grundfarbe anschlagen. Am Rd-Anfang und nach 80 M jeweils einen M-Markierer setzen (= Seitenkanten). Gemäß Zählmuster str. Nach Abschluss des Zählmusters die offene Kante im M-Stich schließen. Alle Fäden vernähen. Das Kissen ausspülen, in Form ziehen und liegend trocknen lassen. Das Kissen füllen (z. B. mit einem Inlett, 60 x 50 cm). Die offene Seite zunähen.

Abnehmbarer Kissenbezug: Für einen abnehmbaren Kissenbezug nach Abschluss des Zählmusters die ersten 80 M abk (= Rückseite). Zu Nadel Nr. 5 wechseln und über die restlichen 80 M in R 2 cm kraus rechts str. In der nächsten Reihe gleichmäßig verteilt 7 Knopflöcher einarbeiten (2 M rechts zusstr, 1 Umschlag). Weitere 2 cm kraus rechts str, dann alle M abk. Die Knöpfe annähen.

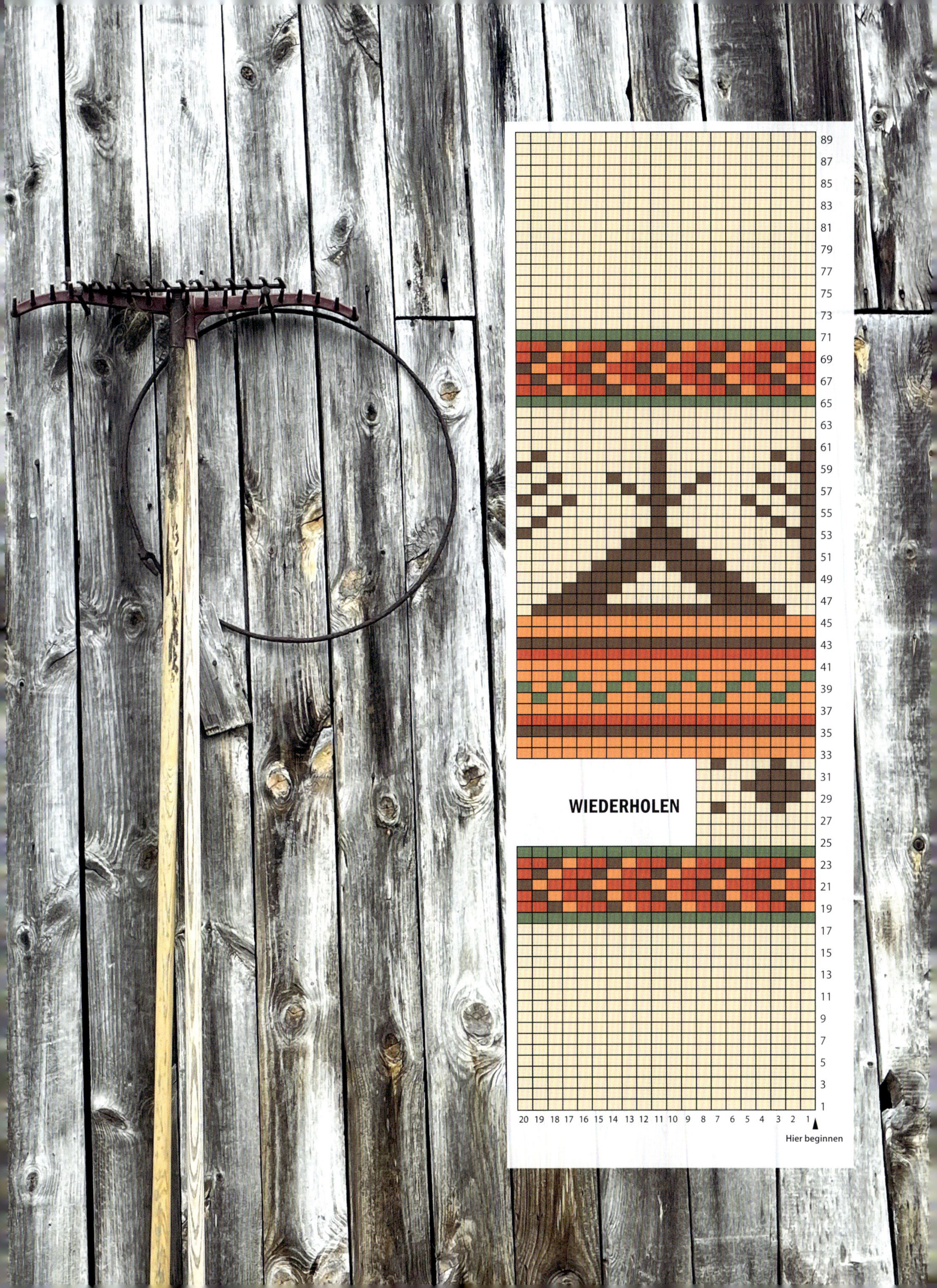
WIEDERHOLEN
Hier beginnen

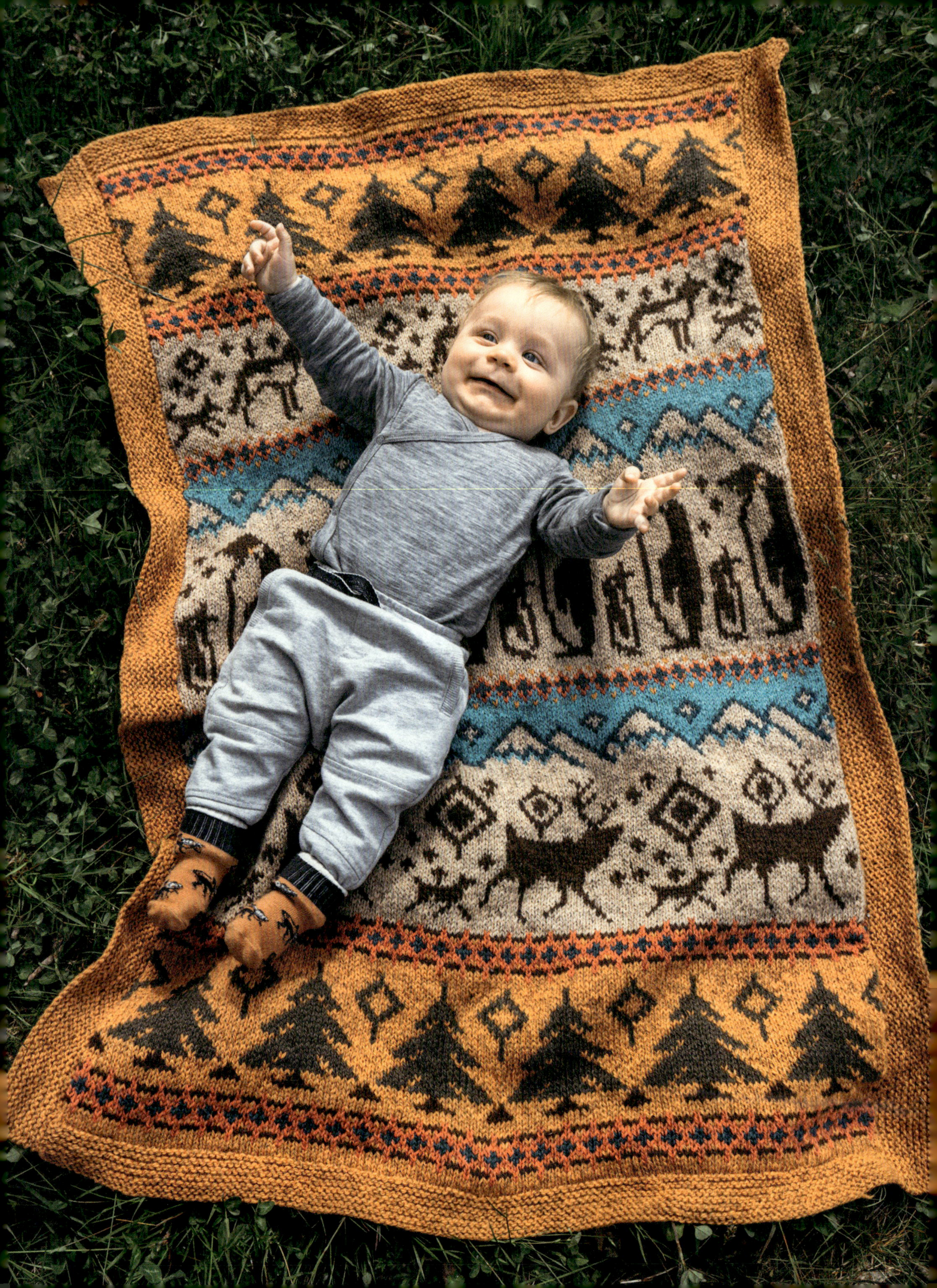

Polarkind
Plaid

Als ich schwanger war, bekam ich plötzlich Lust, eine Babydecke zu stricken. Ich wollte meiner Tochter etwas schenken, womit sie aufwachsen und gute Kindheitserinnerungen verbinden möge – und was sie vielleicht auch noch für ihre eigenen Kinder benutzen könnte.

Das Plaid ist dick (doppellagig) und recht groß, also ideal als Decke für unterwegs, im Kinderwagen als Überdecke, wenn es sehr kalt ist. Ich habe auch noch eine einlagige Variante mit weniger Farben designt.

POLARKIND Plaid

Maße

Breite: ca. 92 cm
Länge: ca. 121 cm

Maschenprobe

17 M mit Nadel Nr. 5 = 10 cm

Garn

Vidde Lammwollgarn von Hillesvåg Ullvarefabrikk (kann mit Varde Pelzwollgarn von Hillesvåg Ullvarefabrikk kombiniert werden)

Garnmenge

- Grundfarbe: 500 g
- Randfarbe/ Musterfarbe 1: 500 g
- Musterfarbe 2: 100 g
- Musterfarbe 3: 200 g
- Musterfarbe 4: 100 g
- Musterfarbe 5: 100 g
- Musterfarbe 6: 100 g

Stricknadeln

Rundstricknadel Nr. 4,5 und 5, 80 cm lang

132 M mit Nadel Nr. 4,5 in Randfarbe/Musterfarbe 1 anschlagen. 4 cm in R kraus rechts str. Zu Nadel Nr. 5 wechseln und 132 M dazu anschlagen = 264 M auf der Nadel. Ab jetzt wird glatt rechts in Rd gestrickt. Am Rd-Anfang und nach 132 M jeweils einen M-Markierer setzen. Gemäß Zählmuster A, B und C str. Nach Abschluss von Zählmuster C die letzten 132 M der Rd abk. Zu Nadel Nr. 4,5 wechseln und über die restlichen 132 M 4 cm in R kraus rechts str. Alle M abk.

Die M-Markierer auf beiden Seiten zeigen, aus welchen Maschen nun M für den Kraus-rechts-Rand aufgefasst werden müssen. Dazu am besten zuvor einen Faden in Kontrastfarbe durch diese M ziehen. Nun in der Randfarbe wie folgt arbeiten: Aus 2 aufeinanderfolgenden M je 1 M herausstr, 1 M überspringen. Dies fortlaufend wiederholen. Dann über diese M 7 cm kraus rechts in R str. Alle M abk. Auf der anderen Seite ebenso arbeiten.

Die Fäden auf der Innenseite vernähen und das Plaid oben und unten zusammennähen, sodass es nun doppellagig ist und von beiden Seiten gleich schön aussieht.

Diese Decke ist doppellagig und hat zwei rechte Seiten. Für eine einfachere Variante siehe die Anleitung auf Seite 110.

Um lange Spannfäden zu vermeiden, die Fäden während des Strickens auf der Rückseite regelmäßig verkreuzen.

Zählmuster A

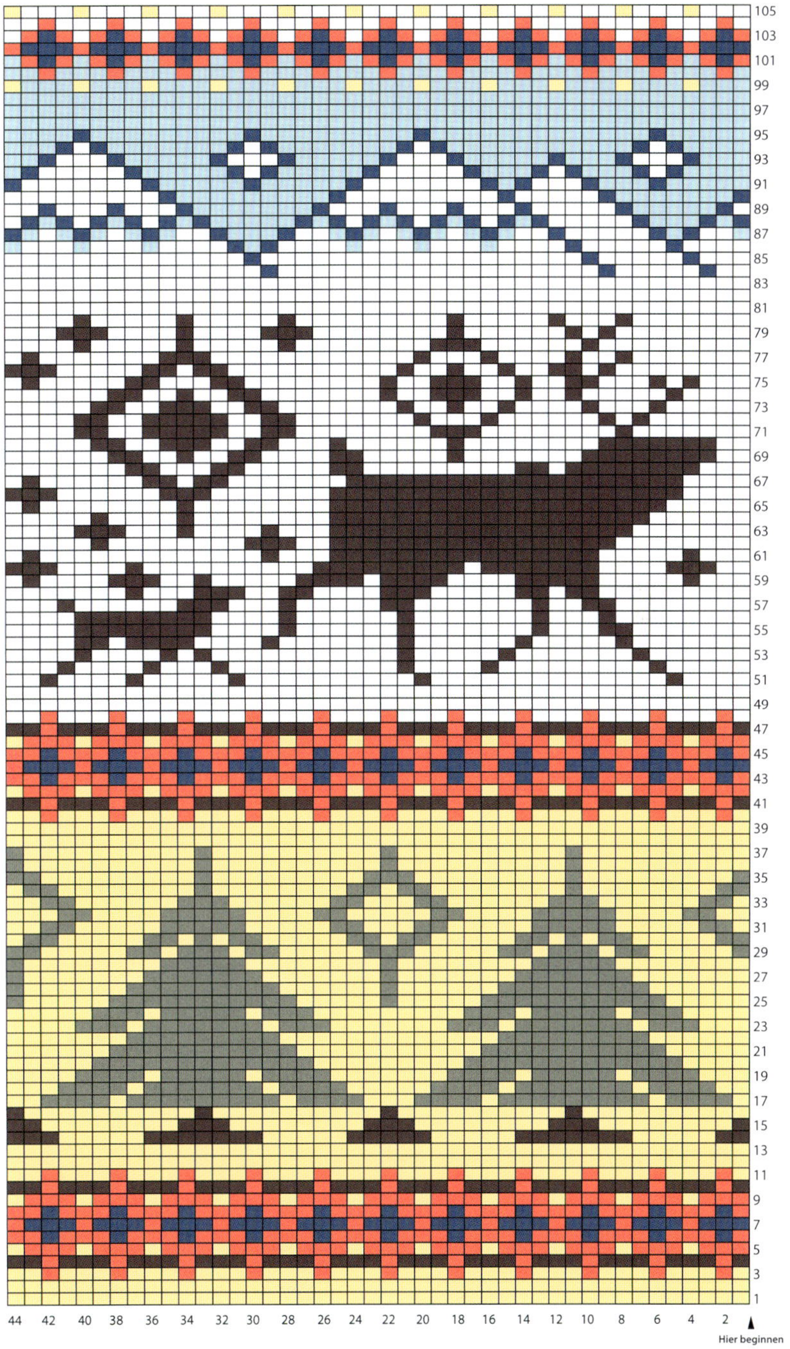

Zählmuster C

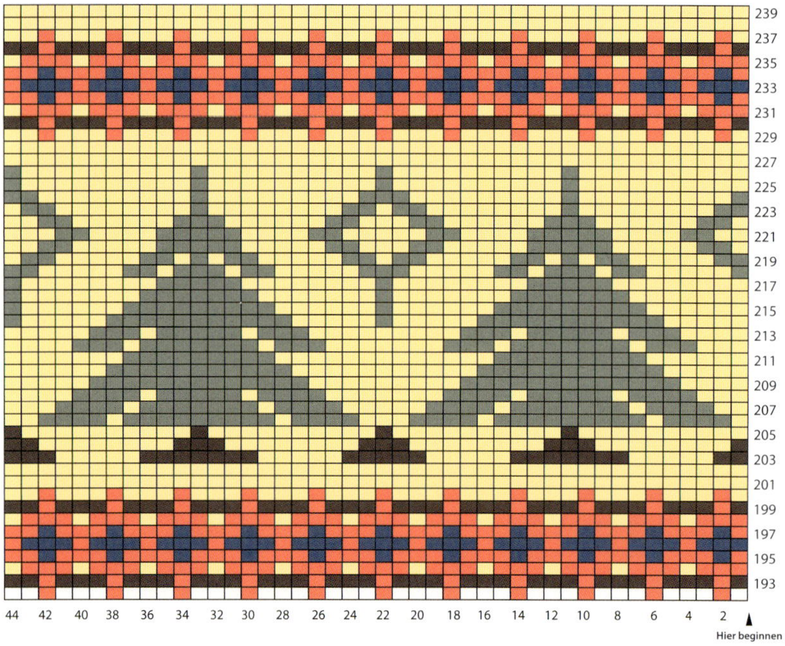

Zählmuster B

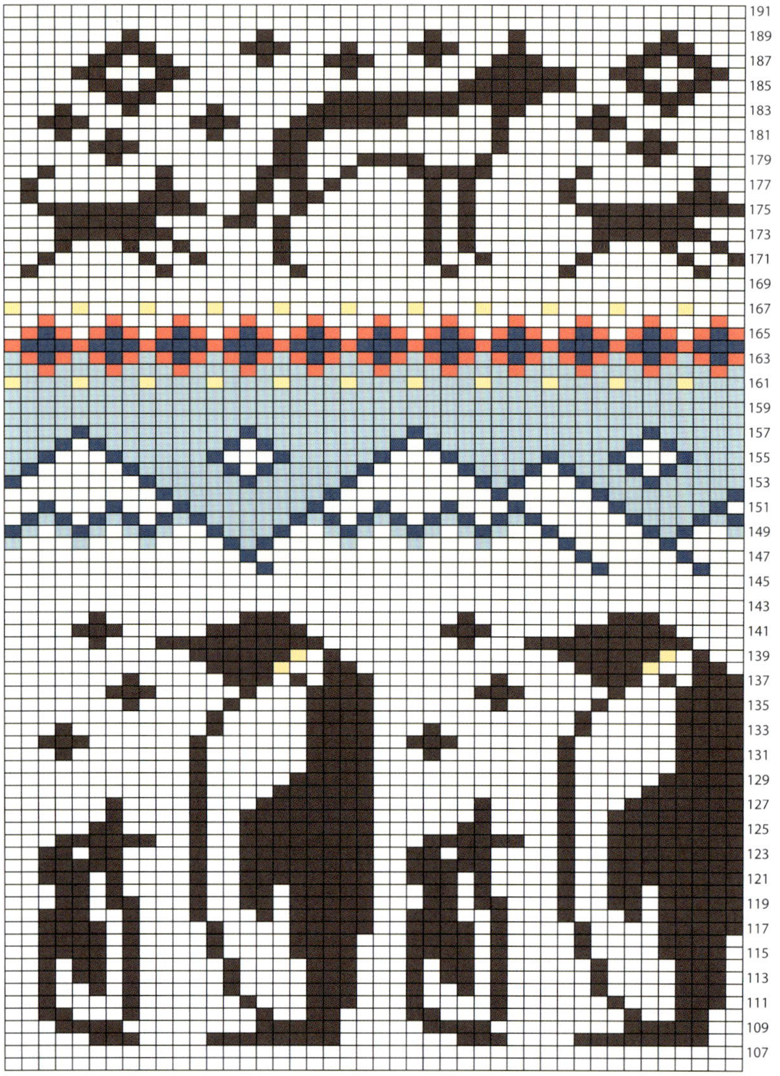

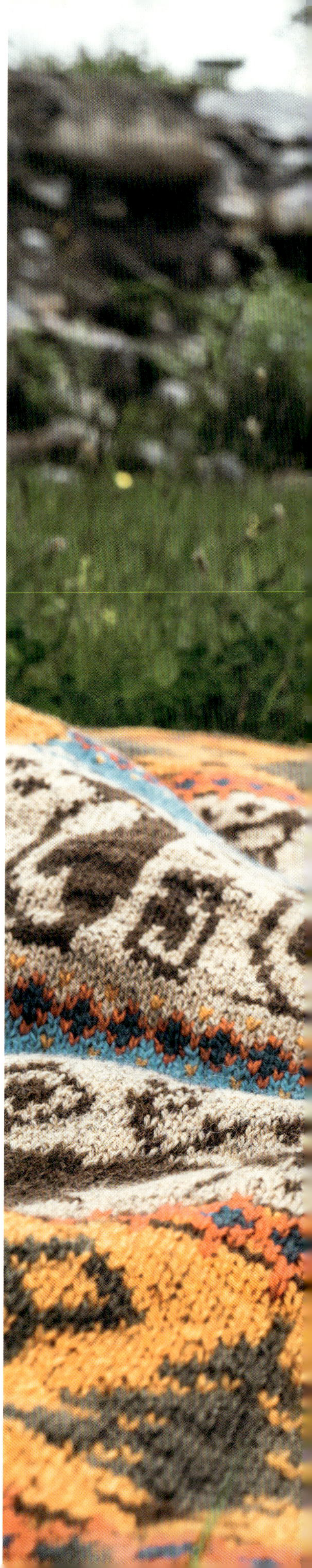

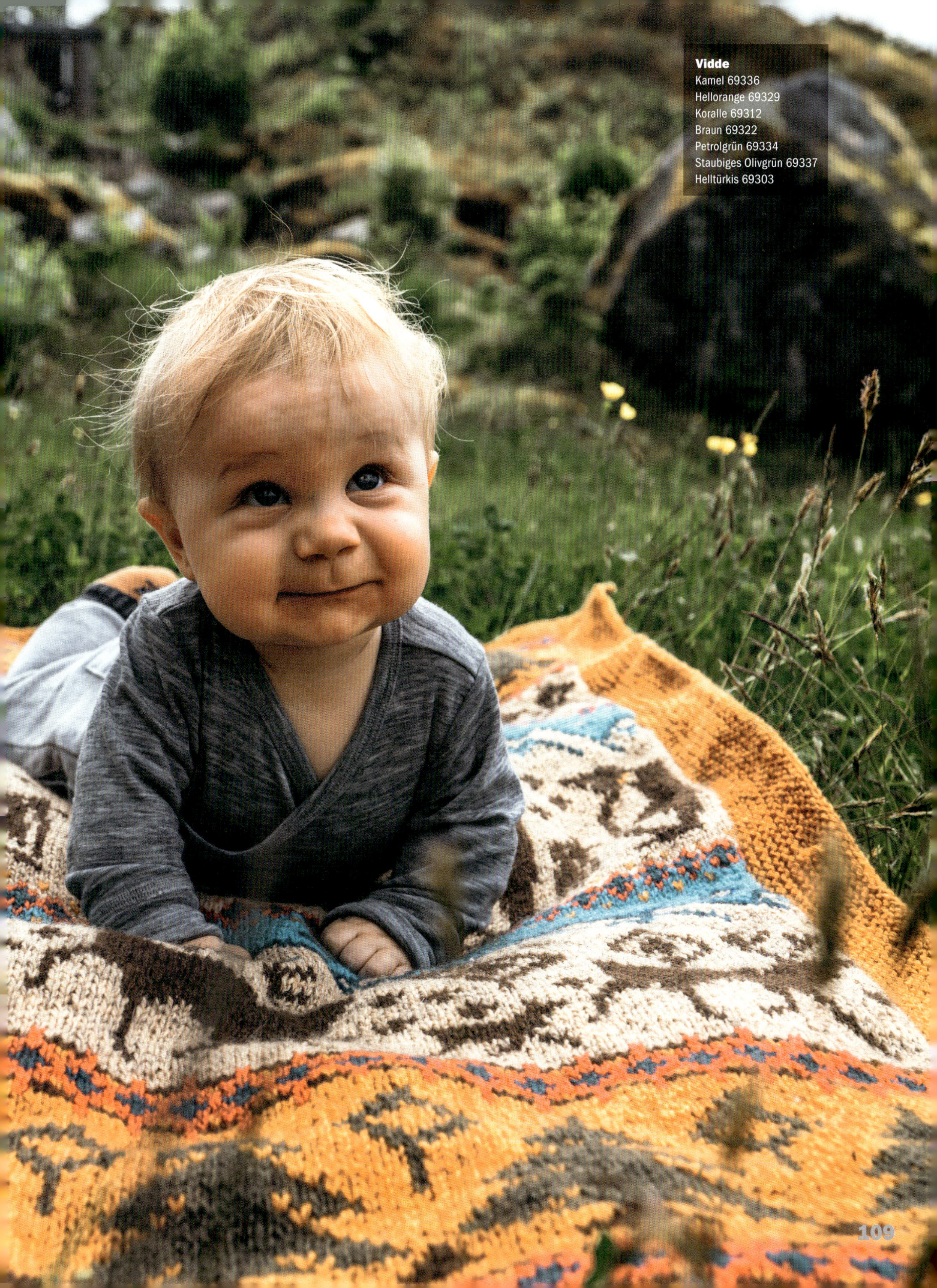

Vidde
Kamel 69336
Hellorange 69329
Koralle 69312
Braun 69322
Petrolgrün 69334
Staubiges Olivgrün 69337
Helltürkis 69303

POLARKIND Plaid einfach

Maße

Breite: ca. 92 cm
Länge: ca. 121 cm

Maschenprobe

17 M mit Nadeln Nr. 5 = 10 cm

Garn

Vidde Lammwollgarn von Hillesvåg Ullvarefabrikk (kann mit Varde Pelzwollgarn von Hillesvåg Ullvarefabrikk kombiniert werden)

Garnmenge

- Grundfarbe: 300 g
- Randfarbe/Musterfarbe 1: 300 g
- Musterfarbe 2: 100 g
- Musterfarbe 3: 100 g
- Musterfarbe 4: 100 g

Stricknadeln

Rundstricknadel Nr. 4,5 und Nr. 5, 80 cm lang

Um lange Spannfäden zu vermeiden, die Fäden während des Strickens auf der Rückseite regelmäßig verkreuzen.

132 M mit Nadel Nr. 4,5 in der Randfarbe/Musterfarbe 1 anschlagen. 4 cm in R kraus rechts str. Für die Steek-M auf der rechten Nadel 5 M dazu anschlagen. (Diese M werden nicht mitgezählt und stets glatt links gestrickt.) Ab jetzt wird glatt rechts in Rd gestrickt. Zu Nadel Nr. 5 wechseln und gemäß Zählmuster A, B und C str. Nach Abschluss von Zählmuster C noch 1 Rd in der Randfarbe str und dabei die Steek-M abk. Zu Nadel Nr. 4,5 wechseln und 4 cm in R kraus rechts str. Alle M abk.

Mit der Nähmaschine in einer großen Stichlänge zwei doppelte Nähte in die Steek-M nähen. Nun entweder zwischen den Nähten aufschneiden, bevor die M für die Ränder aufgefasst werden, oder erst die beiden Ränder arbeiten und dann erst aufschneiden. Aus der rechten Kante des Plaids mit Nadel Nr. 4,5 in Musterfarbe 1 wie folgt M auffassen: Aus 2 aufeinanderfolgenden M je 1 M herausstr, 1 M überspringen. Dies fortlaufend wiederholen. Sind alle M herausgestrickt, einen Faden in Kontrastfarbe durch diese M ziehen. (So ist es einfacher, M für die Belege herauszustr, die später die Schnittkante verdecken.) 7 cm in R kraus rechts str. Alle M abk. An der linken Kante ebenso arbeiten.

Belege: Aus den M, in denen der Kontrastfaden liegt, wie folgt M auffassen: Aus 2 aufeinanderfolgenden M je 1 M herausstr, 1 M überspringen. Dies fortlaufend wiederholen, anschließend den Faden entfernen. Mit Nadel Nr. 5 in der Grundfarbe 4 R glatt rechts str. Die M abk, den Beleg über die Schnittkante legen und mit lockeren Stichen festnähen. Auf der anderen Seite ebenso arbeiten. Alternative: Statt des Belegs ein breites Zierband über die Schnittkanten nähen.

Alle Fäden vernähen. Das Plaid ausspülen, in Form ziehen und liegend trocknen lassen.

Zählmuster A

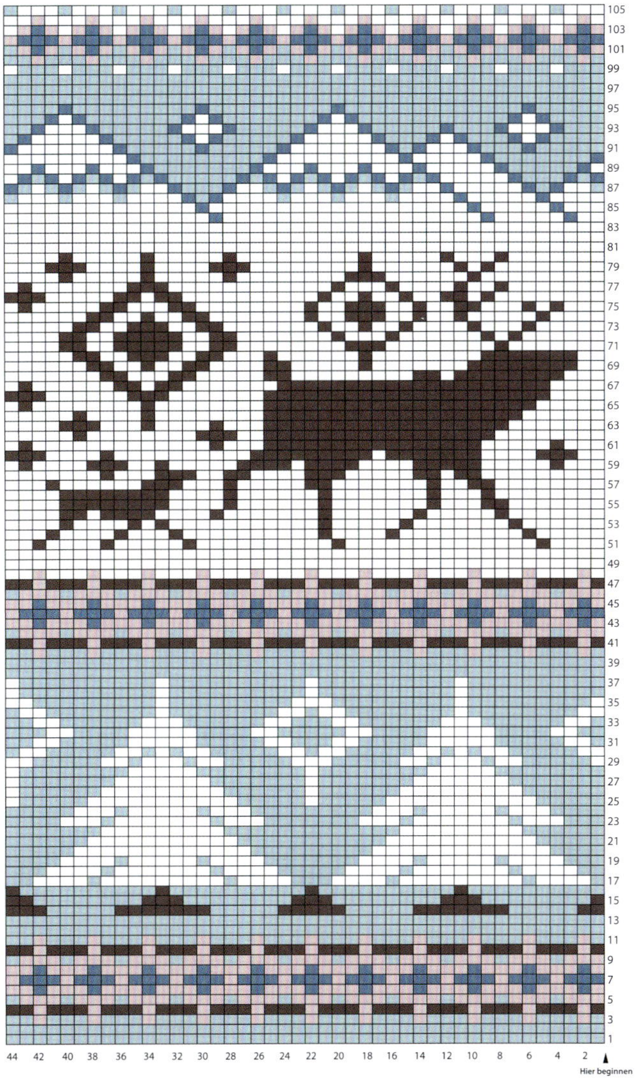

Zählmuster C

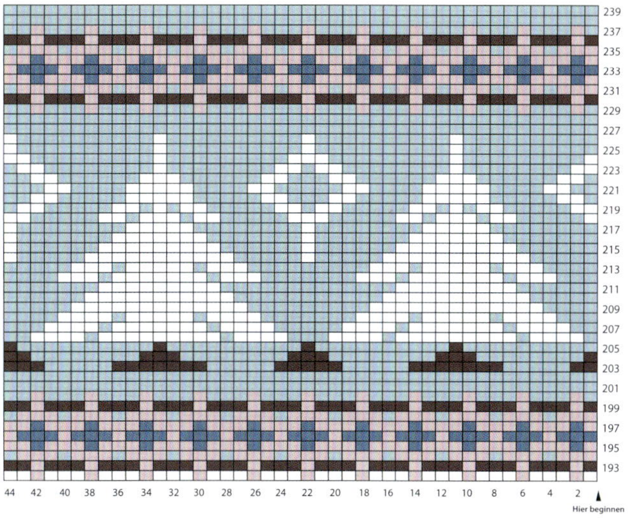

Zählmuster B

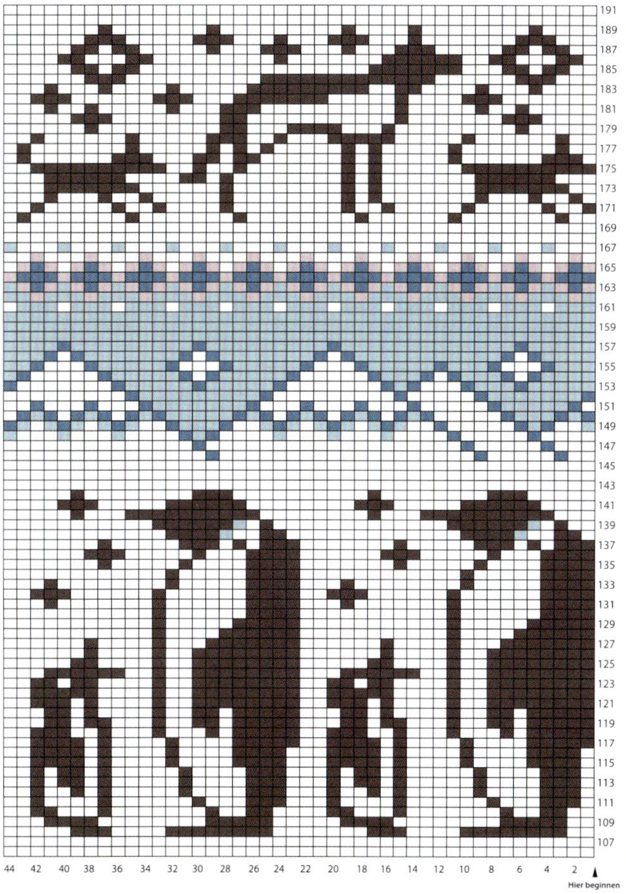

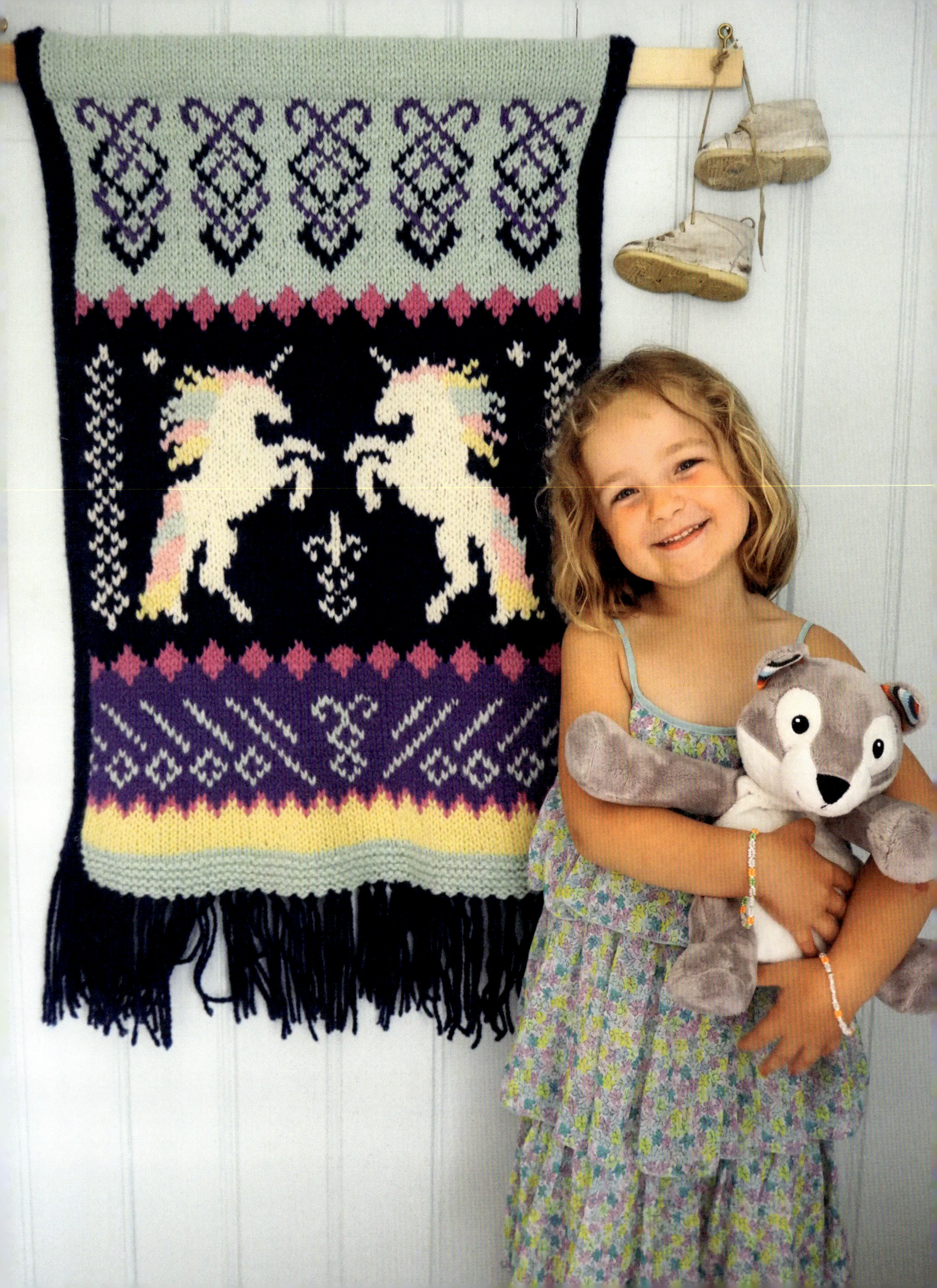

Elises
Wandbehang

Diesen Wandbehang habe ich zusammen mit meiner fünfjährigen Nichte Elise entworfen. Sie liebt Einhörner und Prinzessinnen. Elise wusste ganz genau, wie das Einhorn auszusehen hat. Es sollte sich aufbäumen und unbedingt eine mehrfarbige Mähne haben. Ich habe das Problem gelöst, indem ich das Einhorn zunächst einfarbig gestrickt habe und dann mit vielen Farben im Maschenstich darüber gestickt habe. Das Ergebnis wurde dann glücklicherweise von meiner strengen Nichte gutgeheißen. Nun hängt der Wandbehang in ihrem Zimmer.

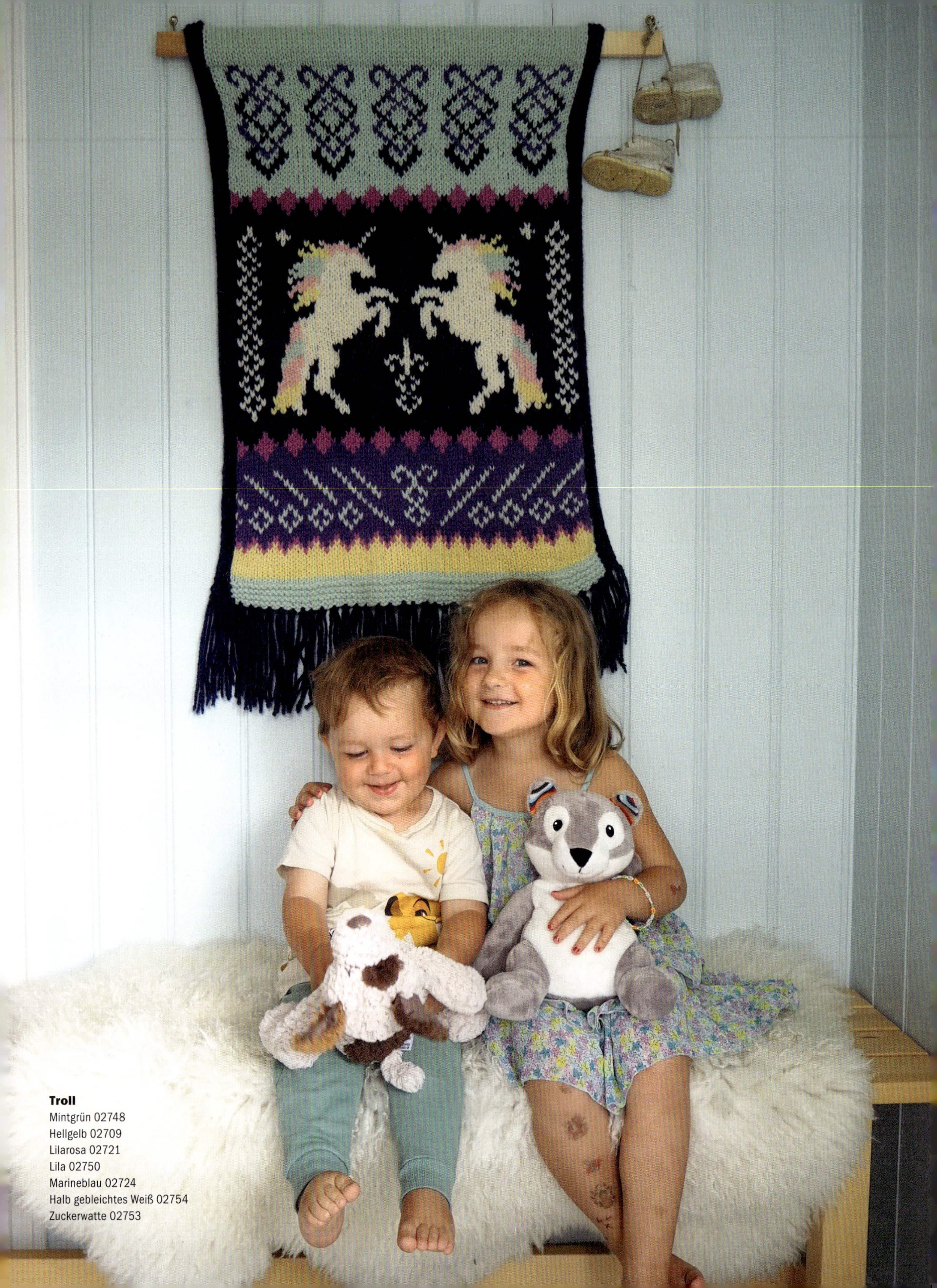

Troll
Mintgrün 02748
Hellgelb 02709
Lilarosa 02721
Lila 02750
Marineblau 02724
Halb gebleichtes Weiß 02754
Zuckerwatte 02753

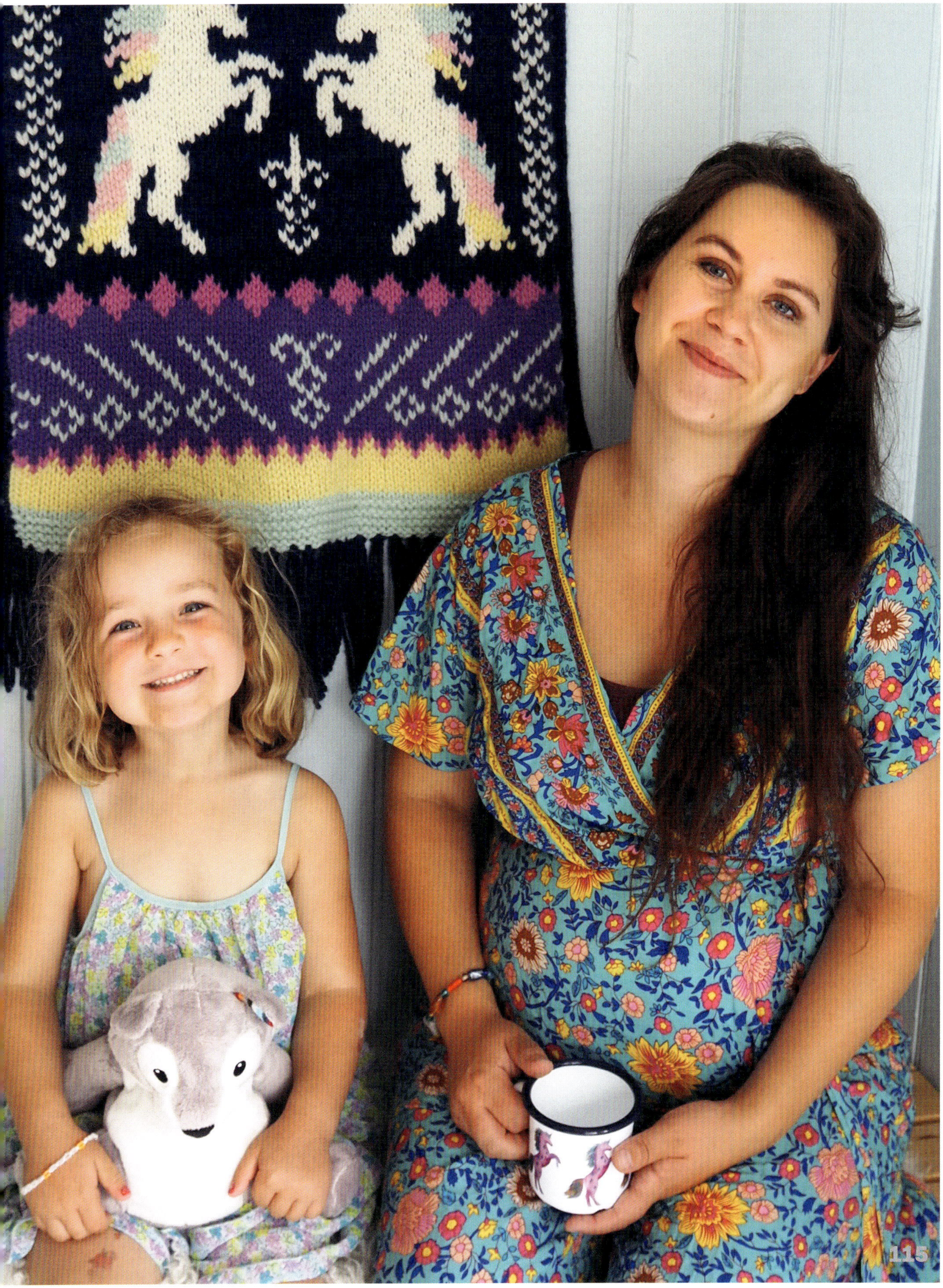

ELISES Wandbehang

Maße

Höhe: ca. 77 cm ohne Fransen
Breite: ca. 62 cm

Maschenprobe

13 M mit Nadel Nr. 6 = 10 cm

Garn

Álafosslopi, Blåne oder Troll von Hillesvåg Ullvarefabrikk oder Rauma Vams plus ein Faden Rauma Lammwollgarn

Garnmenge

- Musterfarbe 1: 200 g
- Musterfarbe 2: 100 g
- Musterfarbe 3: 100 g
- Musterfarbe 4: 100 g
- Musterfarbe 5: 200 g
- Musterfarbe 6: 100 g
- Zusätzliche Garnreste in Regenbogenfarben für die Stickerei im Maschenstich auf Mähne und Schwanz

Stricknadeln und Zubehör

Rundstricknadel Nr. 6, 60 cm lang
Nähmaschine
Häkelnadel für die Fransen
Wollnadel ohne Spitze für die Stickerei
Holzstab zum Aufhängen

73 M mit Nadel Nr. 6 in Musterfarbe 1 anschlagen. 4 cm in R kraus rechts str. Für die Steek-M auf der rechten Nadel 5 M dazu anschlagen. (Diese M werden nicht mitgezählt und stets glatt links gestrickt.) Ab jetzt wird glatt rechts in Rd gestrickt. Gemäß Zählmuster A str. Anschließend für den Tunnel 12 cm glatt rechts in Musterfarbe 1 str. Alle M abk.

Mit der Nähmaschine in einer großen Stichlänge zwei doppelte Nähte in die Steek-M nähen. Nun entweder zwischen den Nähten aufschneiden, bevor die M für die Ränder aufgefasst werden, oder erst die beiden Ränder arbeiten und dann erst aufschneiden. Aus der rechten Kante des Wandbehangs in Musterfarbe 5 wie folgt M auffassen: Aus 2 aufeinanderfolgenden M je 1 M herausstr, 1 M überspringen. Dies fortlaufend wiederholen. 3 cm in R kraus rechts str. Alle M abk. An der linken Kante ebenso arbeiten.

Die Schnittkanten zurückschneiden. Es werden keine Belege zum Verdecken der Schnittkanten gestrickt, da man die Rückseite ohnehin nicht sieht. Nach Belieben ein breites Zierband über die Schnittkanten nähen.

Für die farbenprächtige Mähne und den Schwanz im Maschenstich gemäß Zählmuster B (Seite 118) sticken. Die Fransen in Musterfarbe 5 zurechtschneiden und einknüpfen (siehe Seite 168).
Alle Fäden vernähen. Den Wandbehang ausspülen, in Form ziehen und liegend trocknen lassen.

Den Tunnel zur Rückseite umlegen und festnähen. Den Holzstab in den Tunnel schieben.

> Um lange Spannfäden zu vermeiden, die Fäden während des Strickens auf der Rückseite regelmäßig verkreuzen.

Zählmuster A

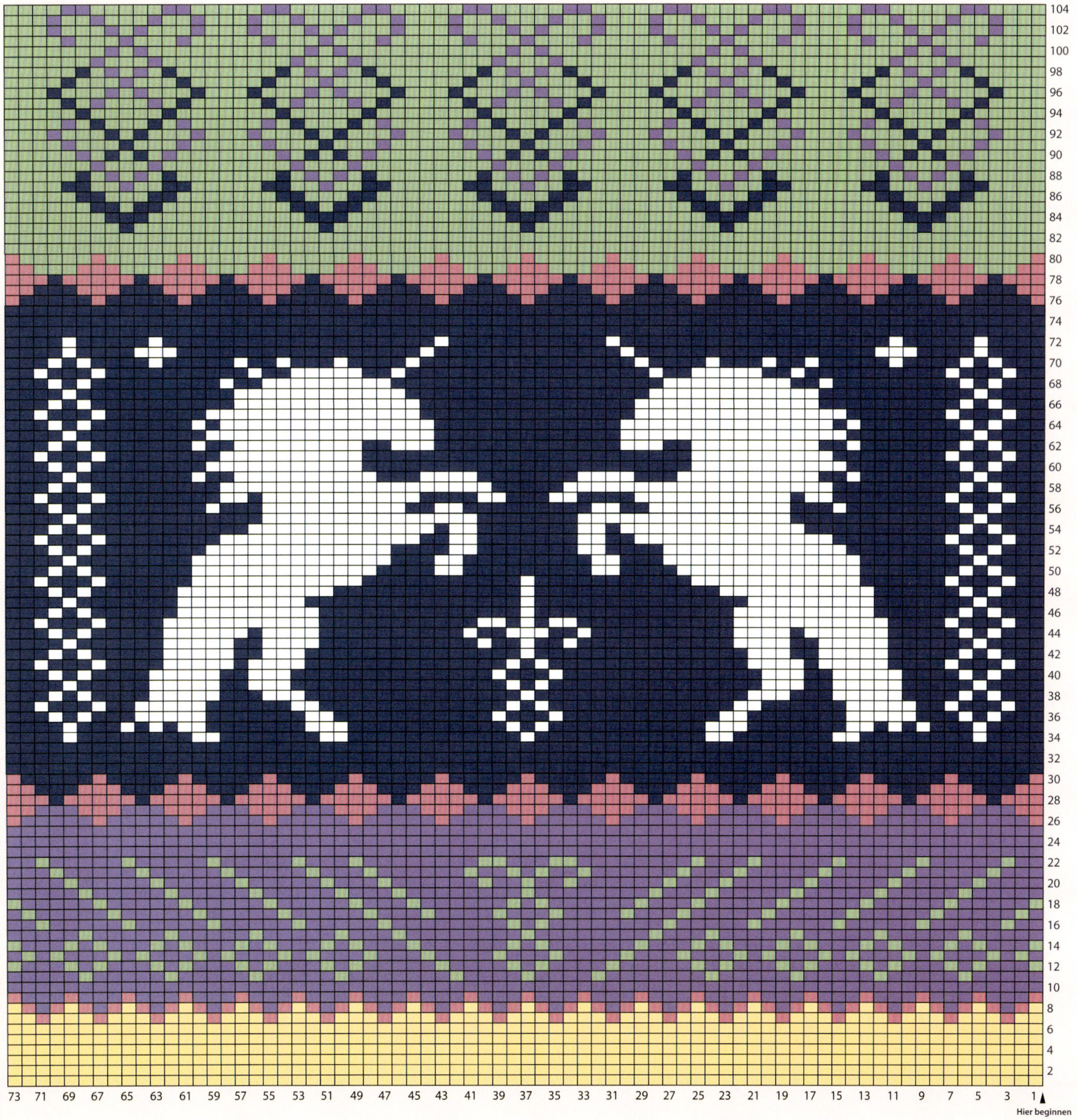

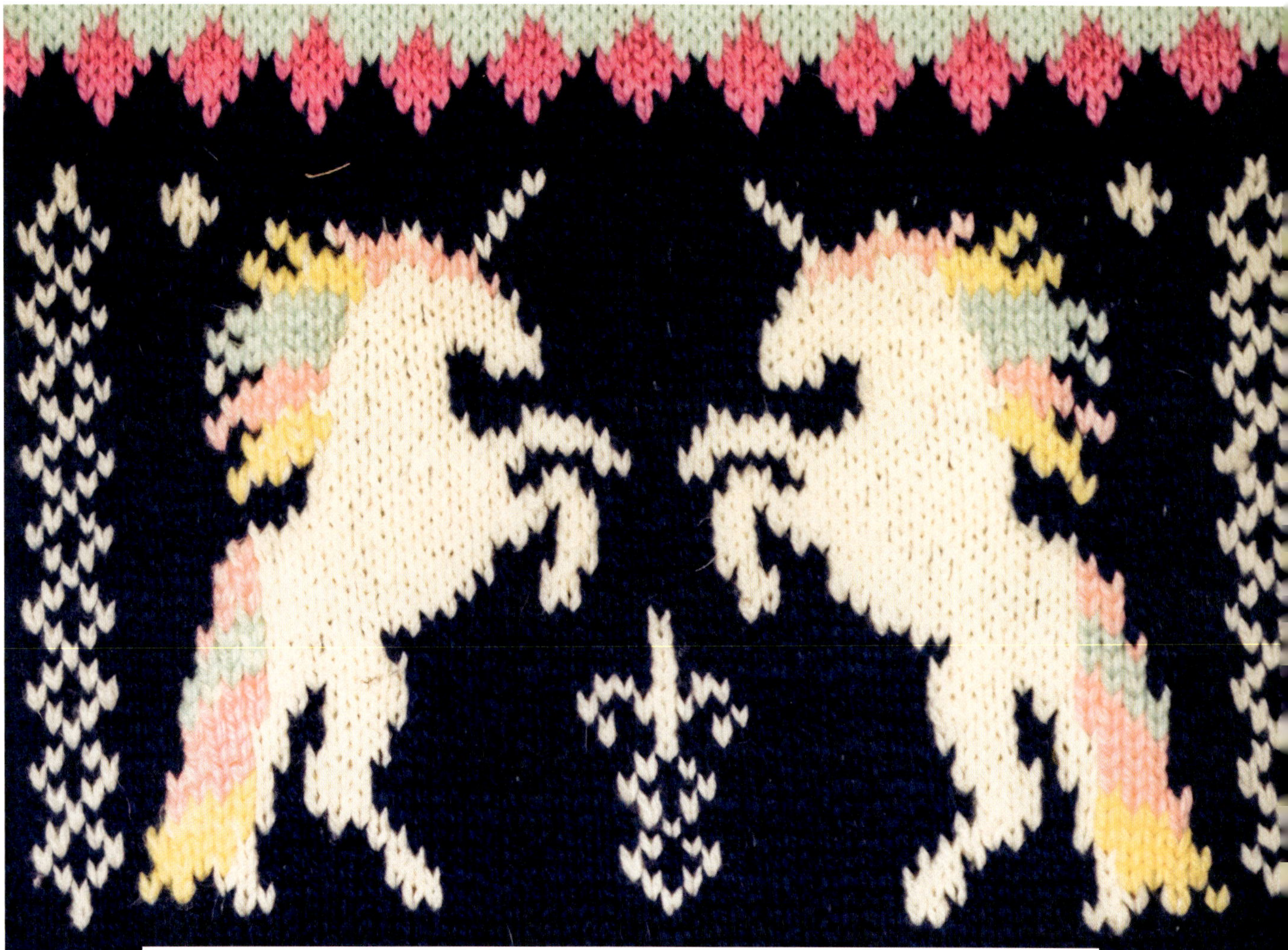

Zählmuster B

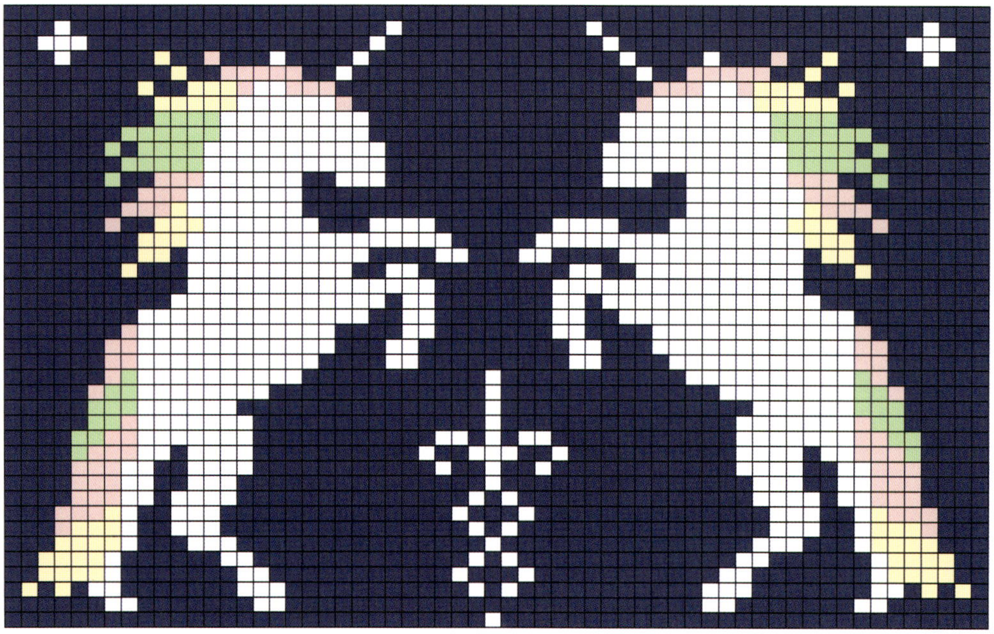

Mähne und Schwanz gemäß Zählmuster im Maschenstich mit verschiedenen Farben besticken. Zum Sticken im M-Stich suche z. B. auf YouTube nach »Strickteile besticken, Maschenstich«.

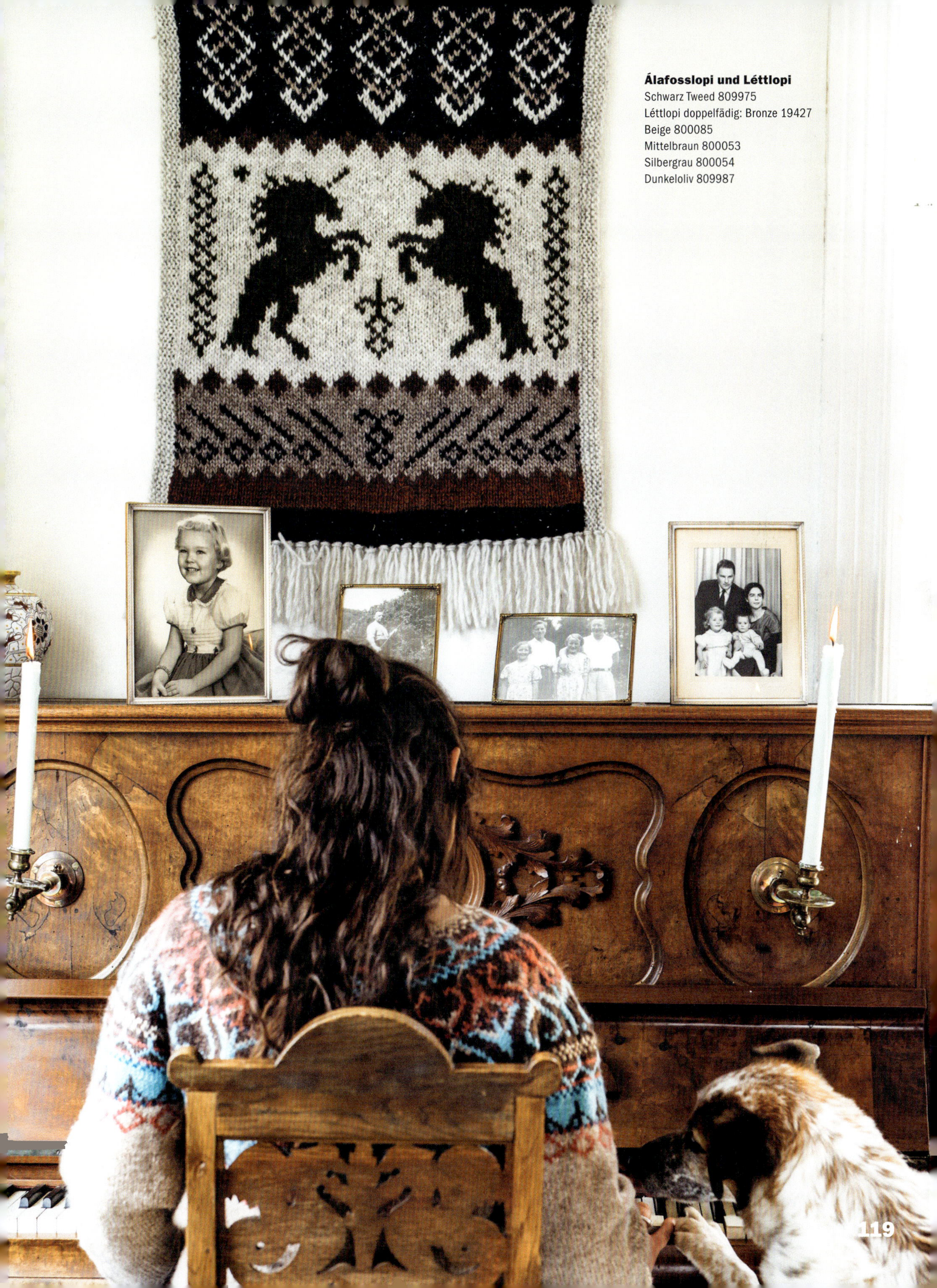

Álafosslopi und Léttlopi
Schwarz Tweed 809975
Léttlopi doppelfädig: Bronze 19427
Beige 800085
Mittelbraun 800053
Silbergrau 800054
Dunkeloliv 809987

ALASUQ PULLOVER
(Anleitung in *Einfach nordisch stricken*)

Álafosslopi
Schwarz Tweed 809975
Hochlandgrün 801230
Seegrün meliert 809967
Grau 800056
Léttlopi doppelfädig: Bronze 19427

Garn für Kissen siehe Seite 122

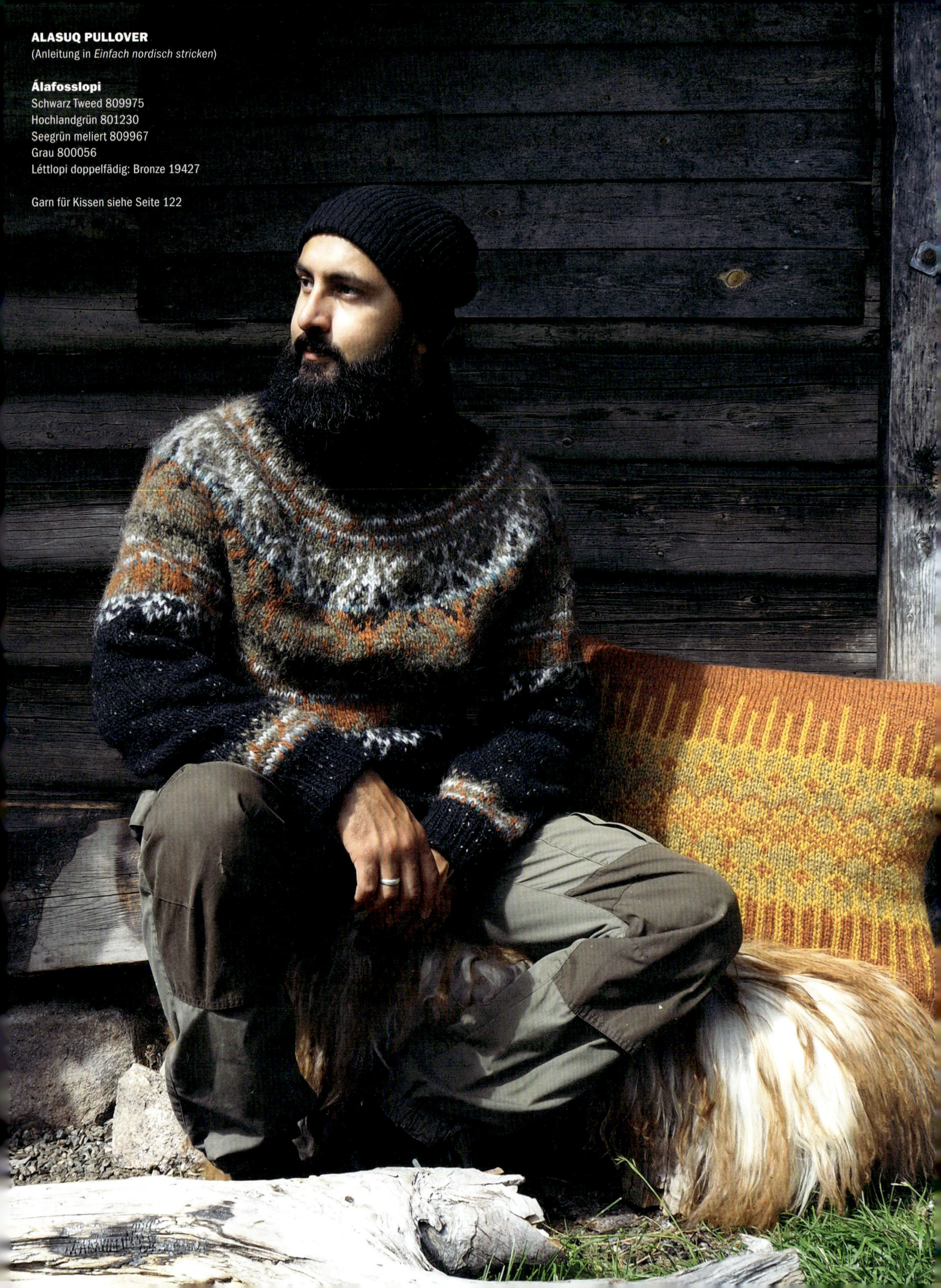

Føyka Kissen

Føyka bedeutet Schneegestöber. Das Muster kommt schon in meinem ersten Buch vor. Es wird wahrscheinlich von allen Designs in den meisten Farbkombinationen gestrickt. Für Inspiration schau auf Instagram unter #føykagenser.

Troll und Blåne
Blåne Cognac 672103
Troll Orange meliert 027011
Blåne Rotgelb 672122

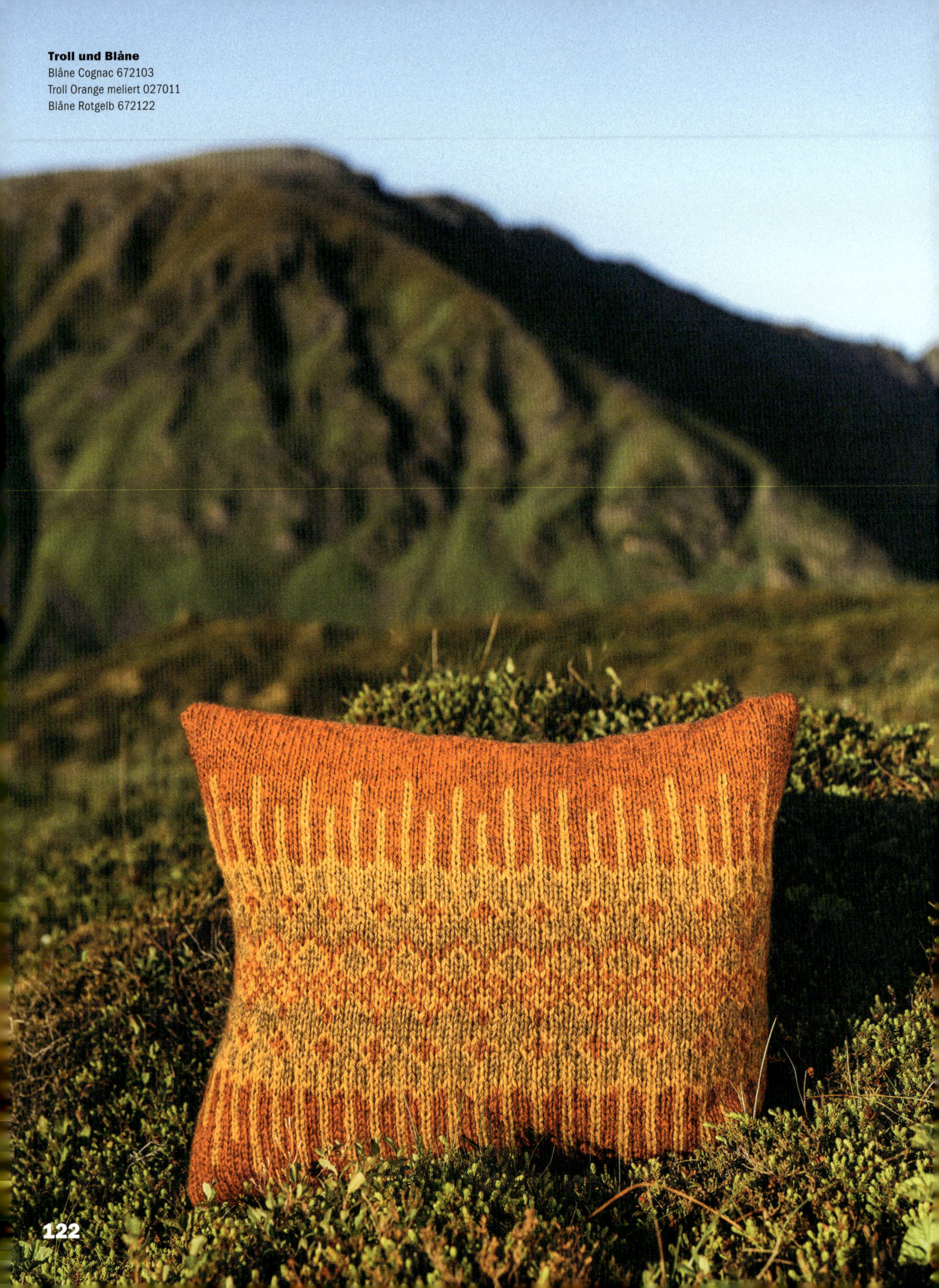

Für dieses Kissen habe ich Garnreste vom Føyka-Pullover aus meinem ersten Buch verwendet. Es hat jedoch nicht für das ganze Kissen gereicht, sodass ich noch ein bisschen tiefer im Restekorb graben musste. Es lief darauf hinaus, dass ich Álafosslopi einfädig und Létt-lopi, Vidde und Plötulopi jeweils doppelfädig verwendet habe.

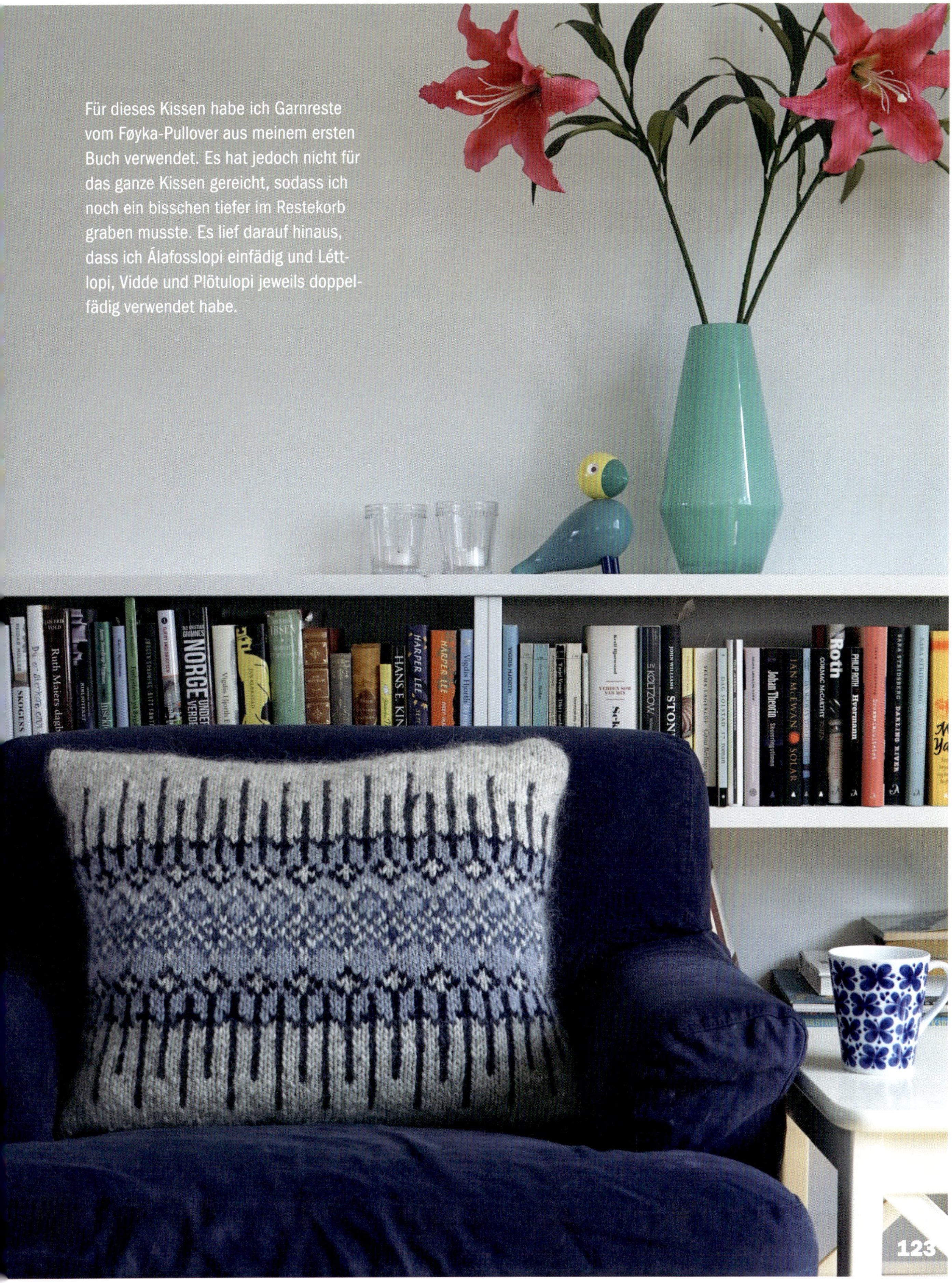

FØYKA Kissen

Maße
60 x 50 cm

Maschenprobe
13 M mit Nadel Nr. 6 = 10 cm

Garn
Álafosslopi, Blåne oder Troll von Hillesvåg Ullvarefabrikk oder Rauma Vams plus ein Faden Rauma Lammwollgarn

Garnmenge

- Grundfarbe 1: 300 g
- Musterfarbe 1: 200 g
- Musterfarbe 2: 100 g

Stricknadeln
Rundstricknadel Nr. 6, 80 oder 100 cm lang
Rundstricknadel Nr. 5, 80 cm lang (für einen abnehmbaren Kissenbezug)

Knöpfe
(für einen abnehmbaren Kissenbezug)
7 Stück, 22 mm ø

Das Kissen wird in Rd glatt rechts gestrickt. 156 M mit Nadel Nr. 6 in der Grundfarbe anschlagen. Am Rd-Anfang und nach 78 M jeweils einen M-Markierer setzen (= Seitenkanten). Gemäß Zählmuster str. Nach Abschluss des Zählmusters die offene Kante im M-Stich schließen. Alle Fäden vernähen. Das Kissen ausspülen, in Form ziehen und liegend trocknen lassen. Das Kissen füllen (z. B. mit einem Inlett, 60 x 50 cm). Die offene Seite zunähen.

Abnehmbarer Kissenbezug: Für einen abnehmbaren Kissenbezug nach Abschluss des Zählmusters die ersten 78 M abk (= Rückseite). Zu Nadel Nr. 5 wechseln und über die restlichen 78 M in R 2 cm kraus rechts str. In der nächsten Reihe gleichmäßig verteilt 7 Knopflöcher einarbeiten (2 M rechts zusstr, 1 Umschlag). Weitere 2 cm kraus rechts str, dann alle M abk. Die Knöpfe annähen.

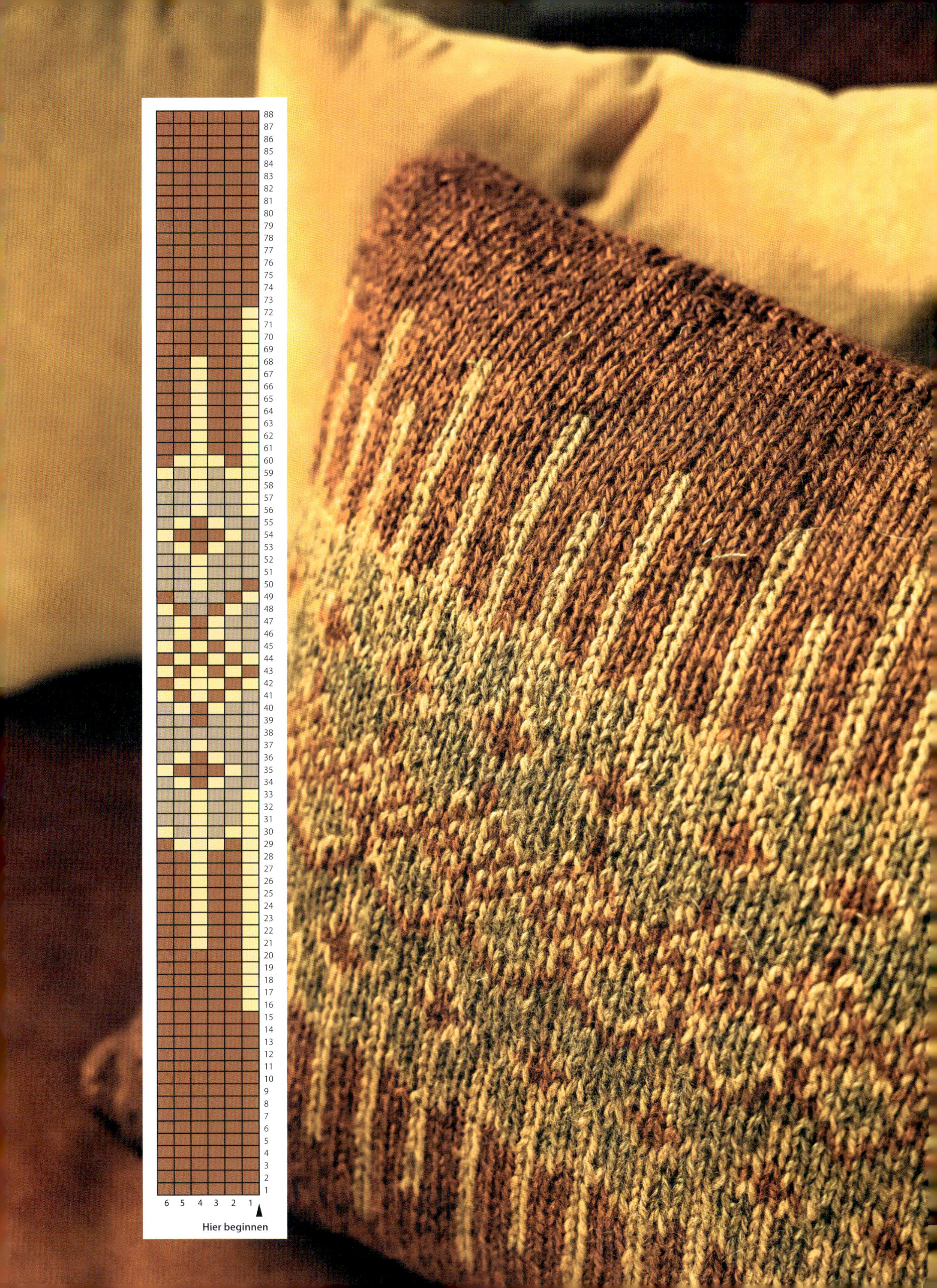
6 5 4 3 2 1
Hier beginnen

Troll und Blåne

Troll Puderrosa meliert 027331
Troll Helles Blautürkis meliert 027060
Blåne Petrol 672105
Troll Ungebleichtes Weiß 02702
Troll Dunkelkamel 02714

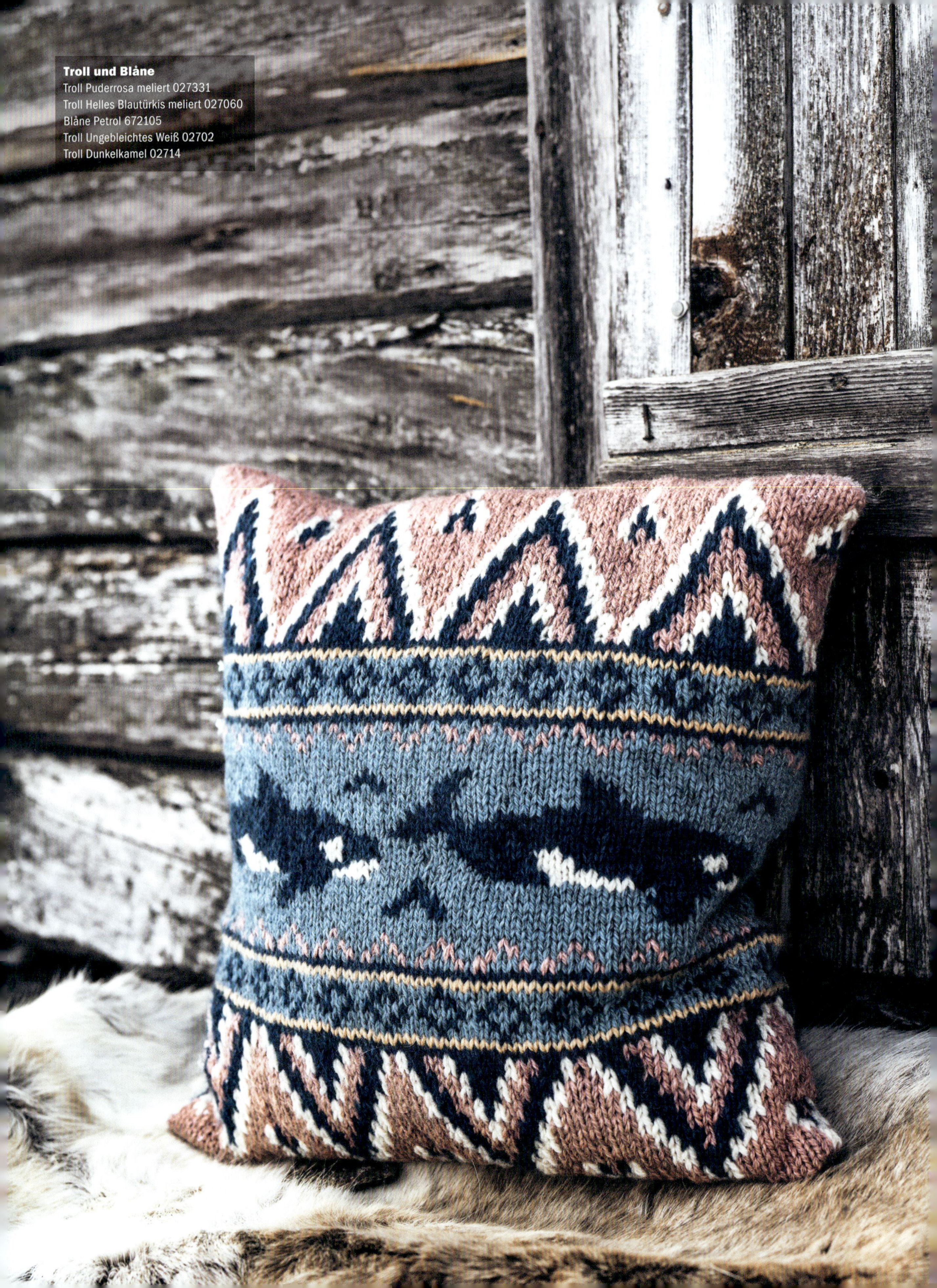

Keiko Kissen

Ich war schon immer fasziniert von Schwertwalen. Als ich meine Schwester und meine Mutter fragte, ob sie etwas für das Buch teststricken wollten, wählten beide dieses Kissen. Nun hat jede von uns eins bei sich zu Hause und eins befindet sich auf unserem Familiensitz in Lisat (Region in Südnorwegen).

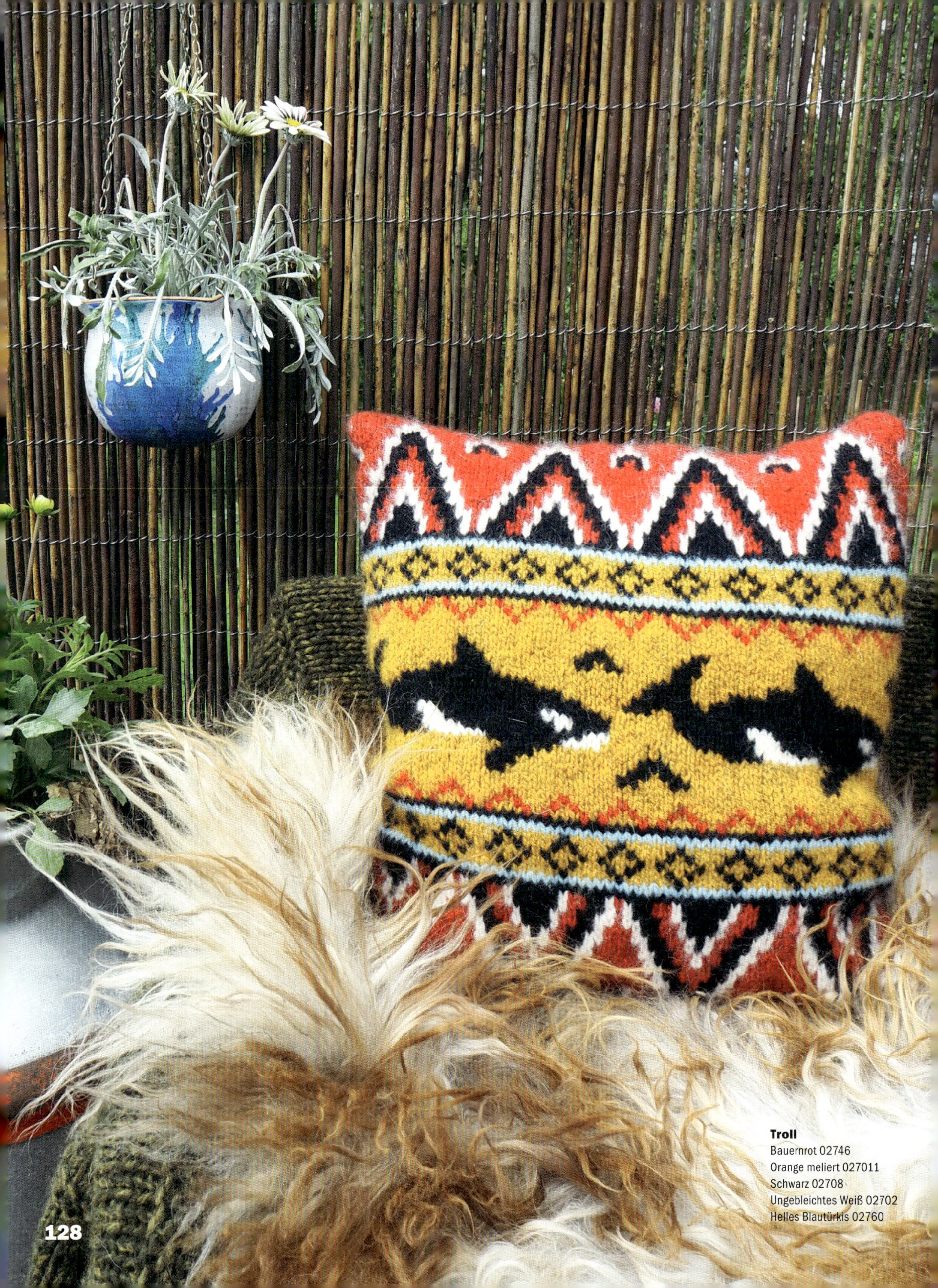

Troll
Bauernrot 02746
Orange meliert 027011
Schwarz 02708
Ungebleichtes Weiß 02702
Helles Blautürkis 02760

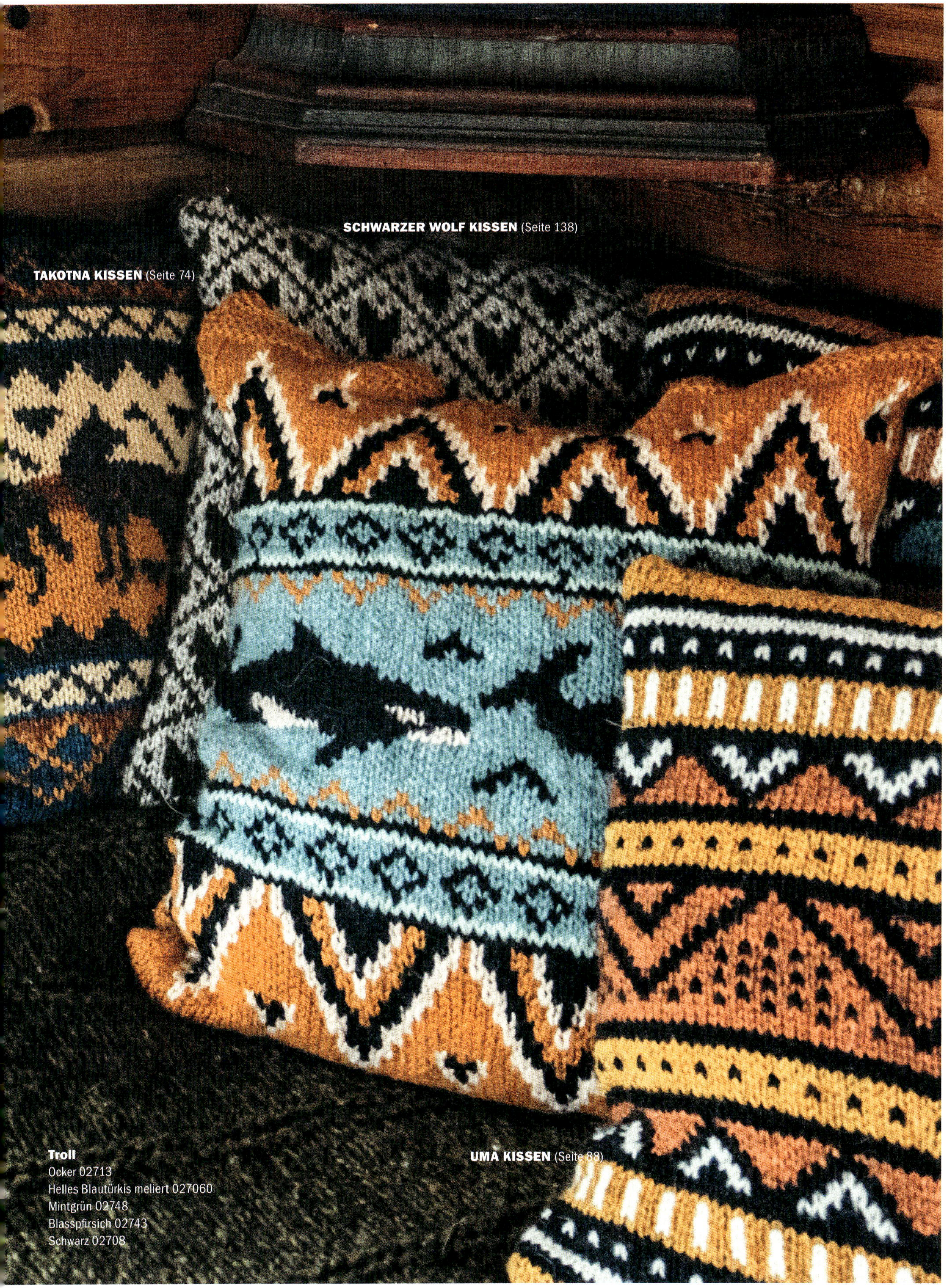

SCHWARZER WOLF KISSEN (Seite 138)

TAKOTNA KISSEN (Seite 74)

Troll
Ocker 02713
Helles Blautürkis meliert 027060
Mintgrün 02748
Blasspfirsich 02743
Schwarz 02708

UMA KISSEN (Seite 88)

KEIKO Kissen

Maße

50 x 50 cm

Maschenprobe

14 M mit Nadel Nr. 5,5 = 10 cm

Garn

Álafosslopi, Blåne oder Troll von Hillesvåg Ullvarefabrikk oder Rauma Vams plus ein Faden Rauma Lammwollgarn

Garnmenge

- Grundfarbe 1: 200 g
- Grundfarbe 2: 200 g
- Musterfarbe 1: 200 g
- Musterfarbe 2: 100 g
- Musterfarbe 3: 100 g

Stricknadeln

Rundstricknadel Nr. 5,5, 80 cm lang
Rundstricknadel Nr. 4,5, 80 cm lang
(für einen abnehmbaren Kissenbezug)

Knöpfe

(für einen abnehmbaren Kissenbezug)
6 Stück, 22 mm ø

Das Kissen wird in Rd glatt rechts gestrickt. 144 M mit Nadel Nr. 5,5 in Grundfarbe 1 anschlagen. Am Rd-Anfang und nach 72 M jeweils einen M-Markierer setzen (= Seitenkanten). Gemäß Zählmuster str. Nach Abschluss des Zählmusters die offene Kante im M-Stich schließen. Alle Fäden vernähen. Das Kissen ausspülen, in Form ziehen und liegend trocknen lassen. Das Kissen füllen (z. B. mit einem Inlett, 50 x 50 cm). Die offene Seite zunähen.

Abnehmbarer Kissenbezug: Für einen abnehmbaren Kissenbezug nach Abschluss des Zählmusters die ersten 72 M abk (= Rückseite). Zu Nadel Nr. 4,5 wechseln und über die restlichen 72 M in R 2 cm kraus rechts str. In der nächsten Reihe gleichmäßig verteilt 6 Knopflöcher einarbeiten (2 M rechts zusstr, 1 Umschlag). Weitere 2 cm kraus rechts str, dann alle M abk. Die Knöpfe annähen.

Um lange Spannfäden zu vermeiden, die Fäden während des Strickens auf der Rückseite regelmäßig verkreuzen.

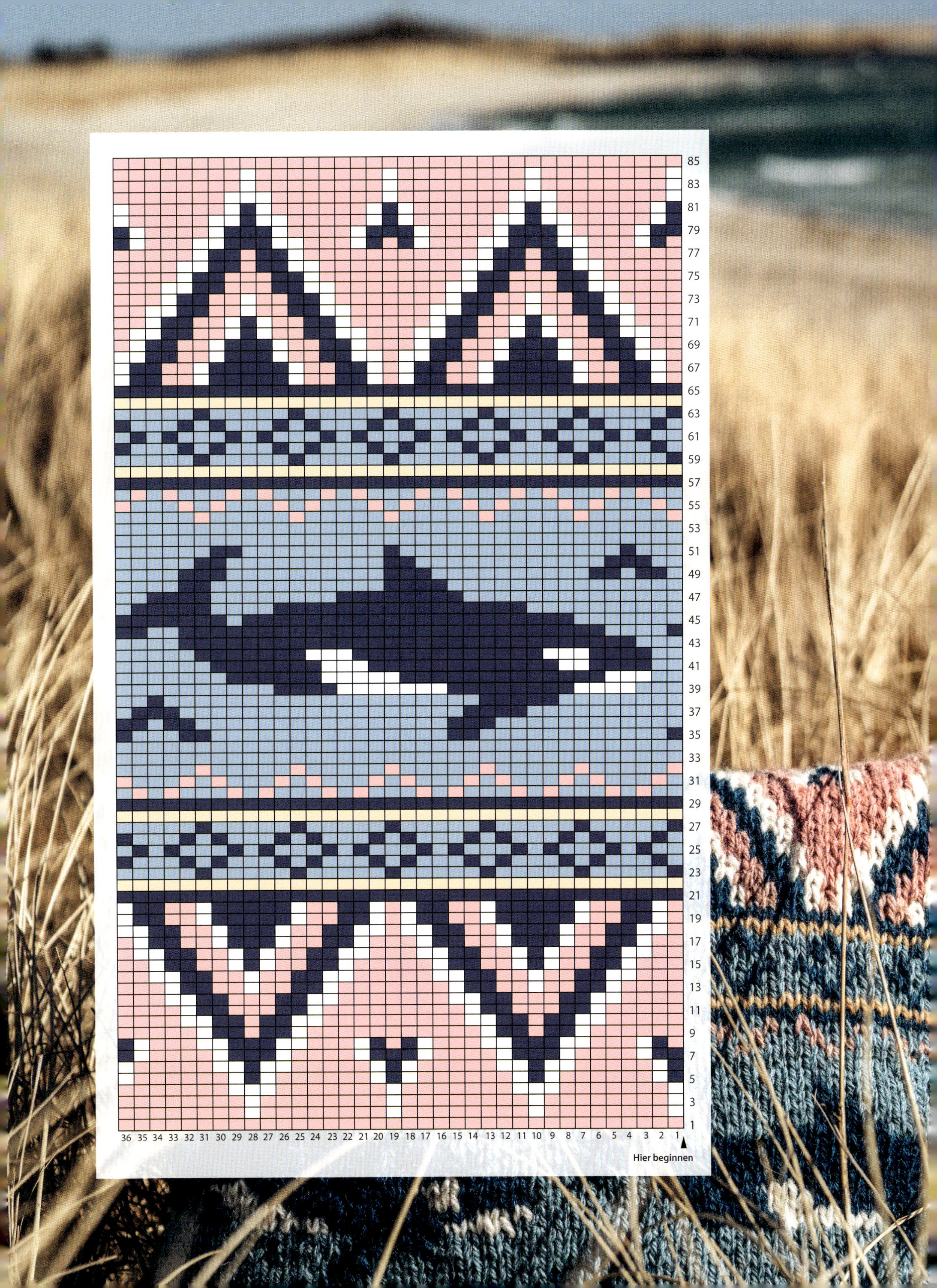
85 83 81 79 77 75 73 71 69 67 65 63 61 59 57 55 53 51 49 47 45 43 41 39 37 35 33 31 29 27 25 23 21 19 17 15 13 11 9 7 5 3 1
36 35 34 33 32 31 30 29 28 27 26 25 24 23 22 21 20 19 18 17 16 15 14 13 12 11 10 9 8 7 6 5 4 3 2 1
Hier beginnen

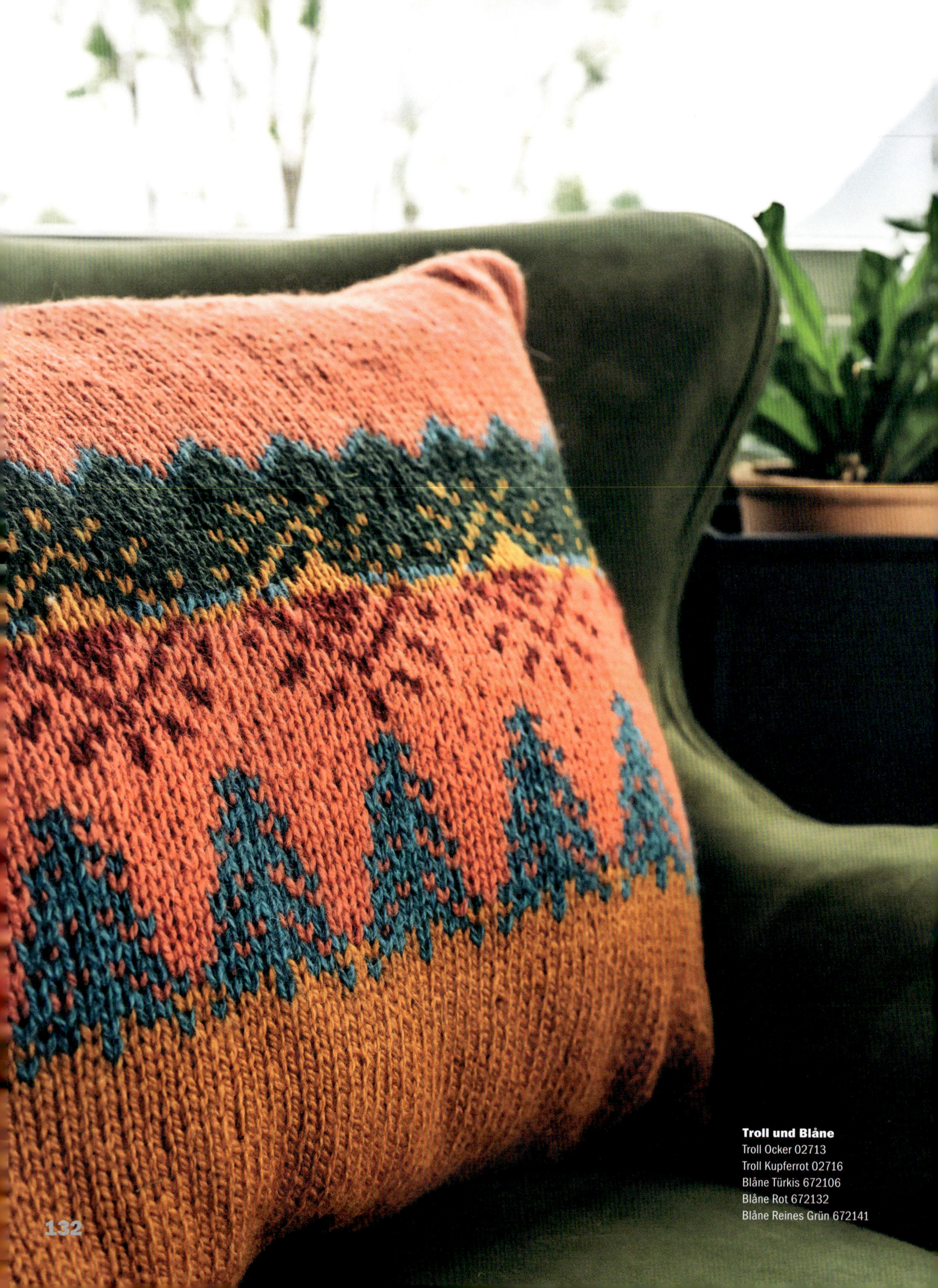

Troll und Blåne
Troll Ocker 02713
Troll Kupferrot 02716
Blåne Türkis 672106
Blåne Rot 672132
Blåne Reines Grün 672141

Sonnenwald
Kissen

Es war noch tiefer Winter, und ich sehnte mich nach langen, hellen Sommernächten. So wurde ich zu diesem Kissen inspiriert.

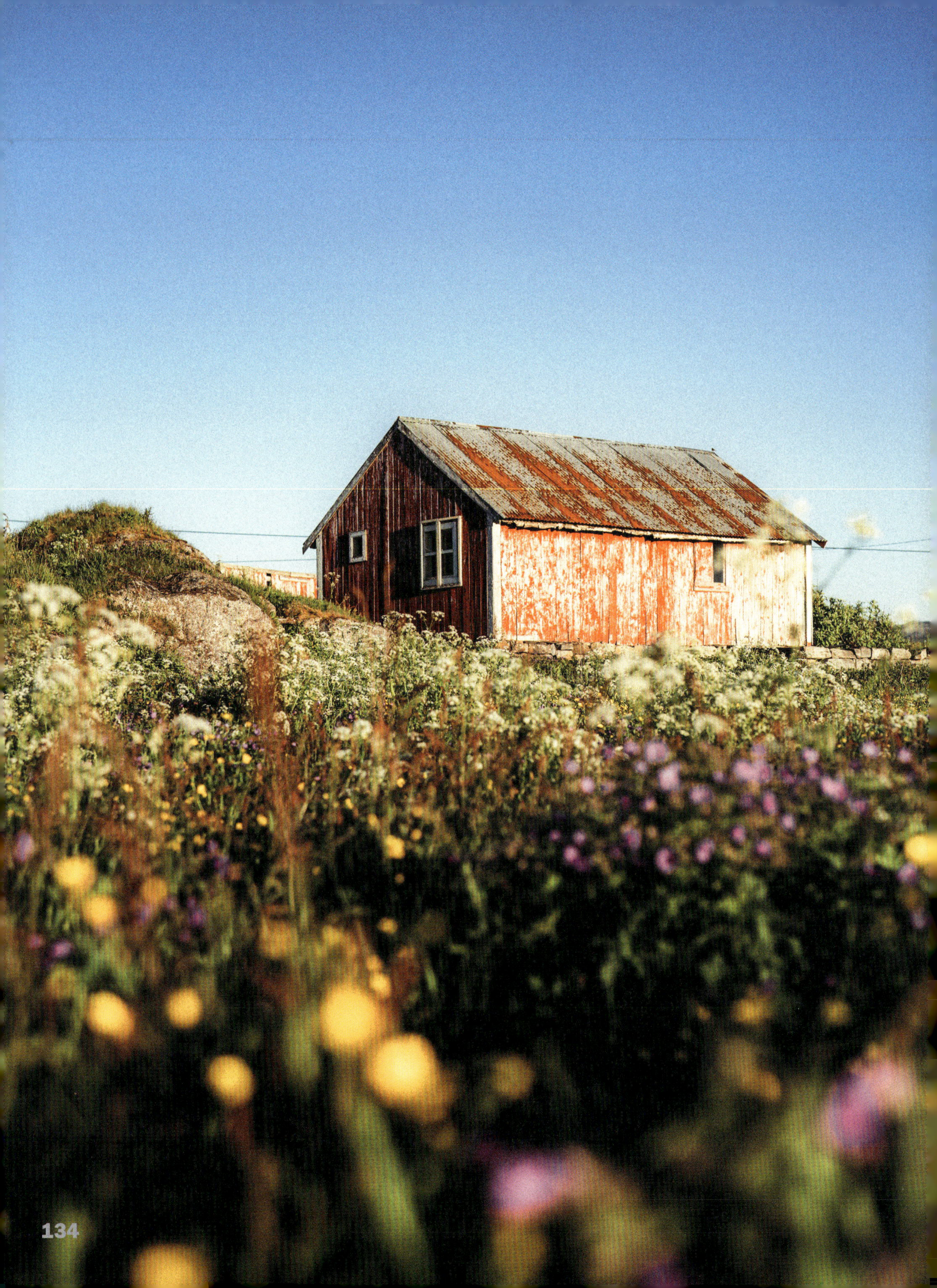

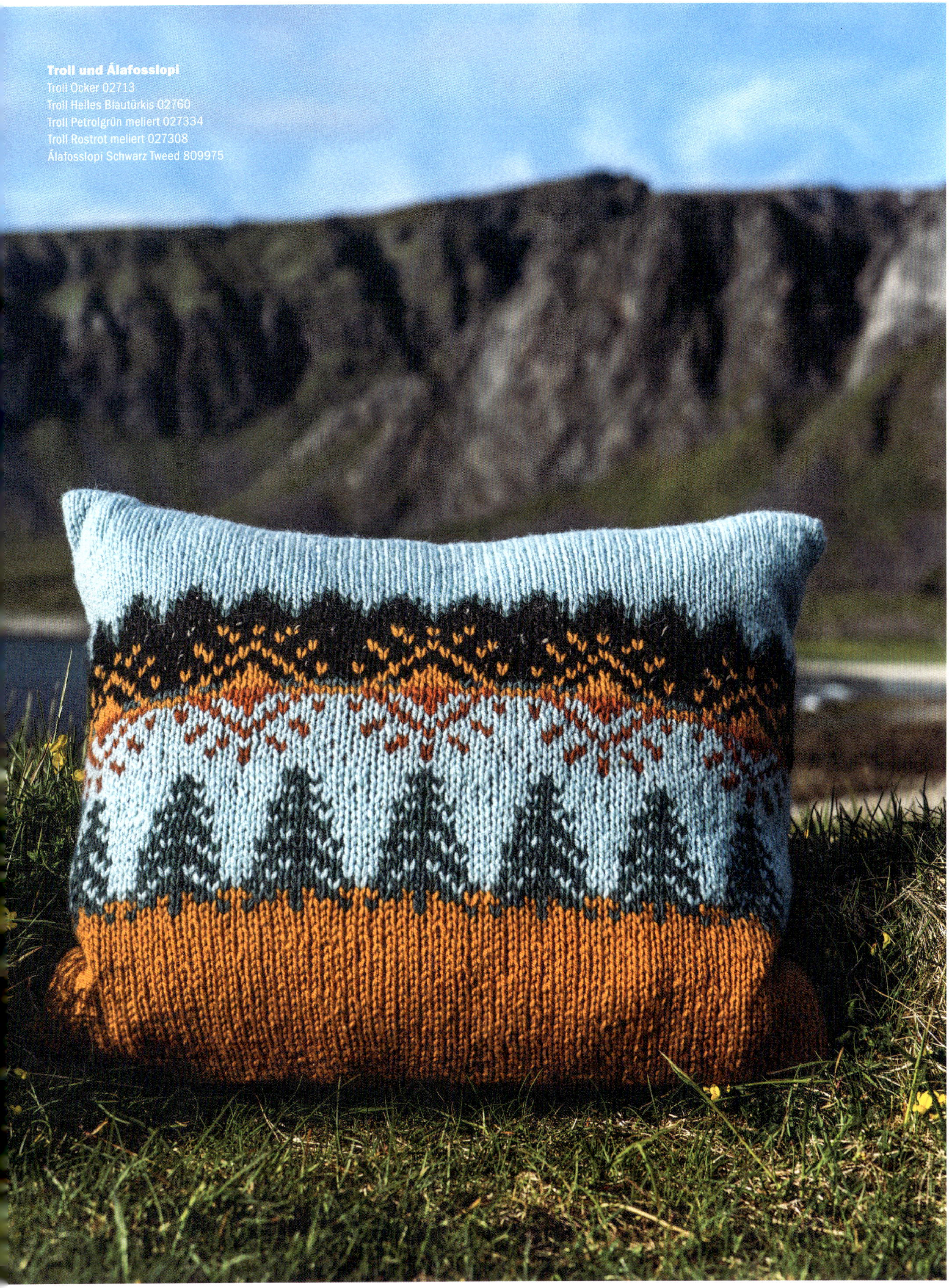

Troll und Álafosslopi
Troll Ocker 02713
Troll Helles Blautürkis 02760
Troll Petrolgrün meliert 027334
Troll Rostrot meliert 027308
Álafosslopi Schwarz Tweed 809975

SONNENWALD Kissen

Maße

60 x 50 cm

Maschenprobe

13 M mit Nadel Nr. 6 = 10 cm

Garn

Álafosslopi, Blåne oder Troll von Hillesvåg Ullvarefabrikk oder Rauma Vams plus ein Faden Rauma Lammwollgarn

Garnmenge

- Grundfarbe 1: 200 g
- Grundfarbe 2: 200 g
- Musterfarbe 1: 100 g
- Musterfarbe 2: 100 g
- Musterfarbe 3: 100 g

Stricknadeln

Rundstricknadel Nr. 6, 80 oder 100 cm lang
Rundstricknadel Nr. 5, 80 cm lang (für einen abnehmbaren Kissenbezug)

Knöpfe

(für einen abnehmbaren Kissenbezug)
7 Stück, 22 mm ø

Das Kissen wird in Rd glatt rechts gestrickt. 150 M mit Nadel Nr. 6 in Grundfarbe 1 anschlagen. Am Rd-Anfang und nach 75 M jeweils einen M-Markierer setzen (= Seitenkanten). Gemäß Zählmuster str. Nach Abschluss des Zählmusters die offene Kante im M-Stich schließen. Alle Fäden vernähen. Das Kissen ausspülen, in Form ziehen und liegend trocknen lassen. Das Kissen füllen (z. B. mit einem Inlett, 60 x 50 cm). Die offene Seite zunähen.

Abnehmbarer Kissenbezug: Für einen abnehmbaren Kissenbezug nach Abschluss des Zählmusters die ersten 75 M abk (= Rückseite). Zu Nadel Nr. 5 wechseln und über die restlichen 75 M in R 2 cm kraus rechts str. In der nächsten Reihe gleichmäßig verteilt 7 Knopflöcher einarbeiten (2 M rechts zusstr, 1 Umschlag). Weitere 2 cm kraus rechts str, dann alle M abk. Die Knöpfe annähen.

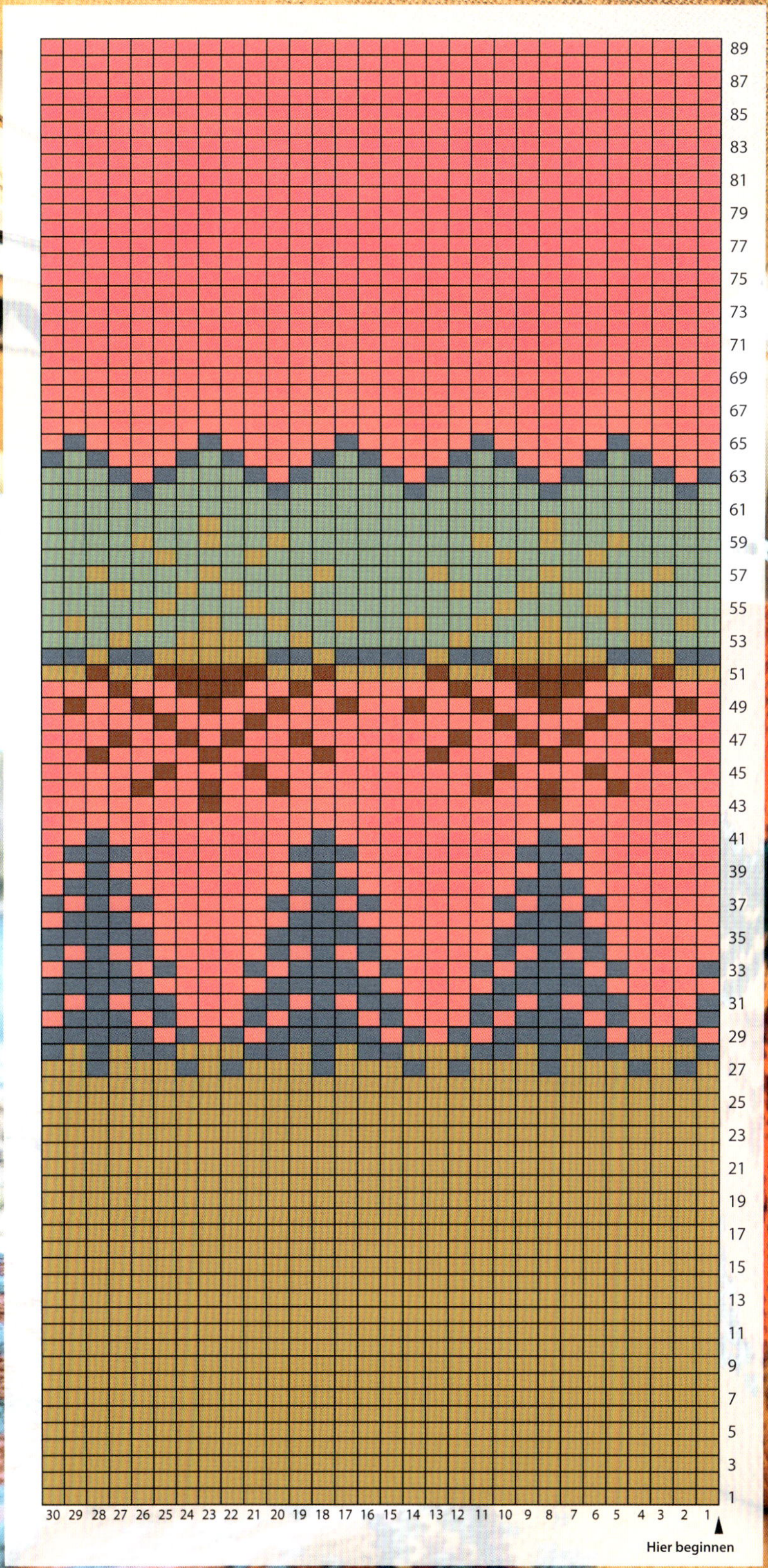
89 87 85 83 81 79 77 75 73 71 69 67 65 63 61 59 57 55 53 51 49 47 45 43 41 39 37 35 33 31 29 27 25 23 21 19 17 15 13 11 9 7 5 3 1
30 29 28 27 26 25 24 23 22 21 20 19 18 17 16 15 14 13 12 11 10 9 8 7 6 5 4 3 2 1
Hier beginnen

SCHWARZER WOLF Kissen

Maße

50 x 50 cm

Maschenprobe

14 M mit Nadel Nr. 5,5 = 10 cm

Garn

Álafosslopi, Blåne oder Troll von Hillesvåg Ullvarefabrikk oder Rauma Vams plus ein Faden Rauma Lammwollgarn

Garnmenge

☐ Grundfarbe: 300 g

■ Musterfarbe: 200 g

Stricknadeln

Rundstricknadel Nr. 5,5, 80 cm lang
Rundstricknadel Nr. 4,5, 80 cm lang
(für einen abnehmbaren Kissenbezug)

Knöpfe

(für einen abnehmbaren Kissenbezug)
6 Stück, 22 mm ø

Das Kissen wird in Rd glatt rechts gestrickt. 140 M mit Nadel Nr. 5,5 in der Grundfarbe anschlagen. Am Rd-Anfang und nach 70 M jeweils einen M-Markierer setzen (= Seitenkanten). Gemäß Zählmuster str. Nach Abschluss des Zählmusters die offene Kante im M-Stich schließen.

Alle Fäden vernähen. Das Kissen ausspülen, in Form ziehen und liegend trocknen lassen. Das Kissen füllen (z. B. mit einem Inlett, 50 x 50 cm). Die offene Seite zunähen.

Abnehmbarer Kissenbezug: Für einen abnehmbaren Kissenbezug nach Abschluss des Zählmusters die ersten 70 M abk (= Rückseite). Zu Nadel Nr. 4,5 wechseln und über die restlichen 70 M in R 2 cm kraus rechts str. In der nächsten Reihe gleichmäßig verteilt 6 Knopflöcher einarbeiten (2 M rechts zusstr, 1 Umschlag). Weitere 2 cm kraus rechts str, dann alle M abk. Die Knöpfe annähen.

Um lange Spannfäden zu vermeiden, die Fäden während des Strickens auf der Rückseite regelmäßig verkreuzen.

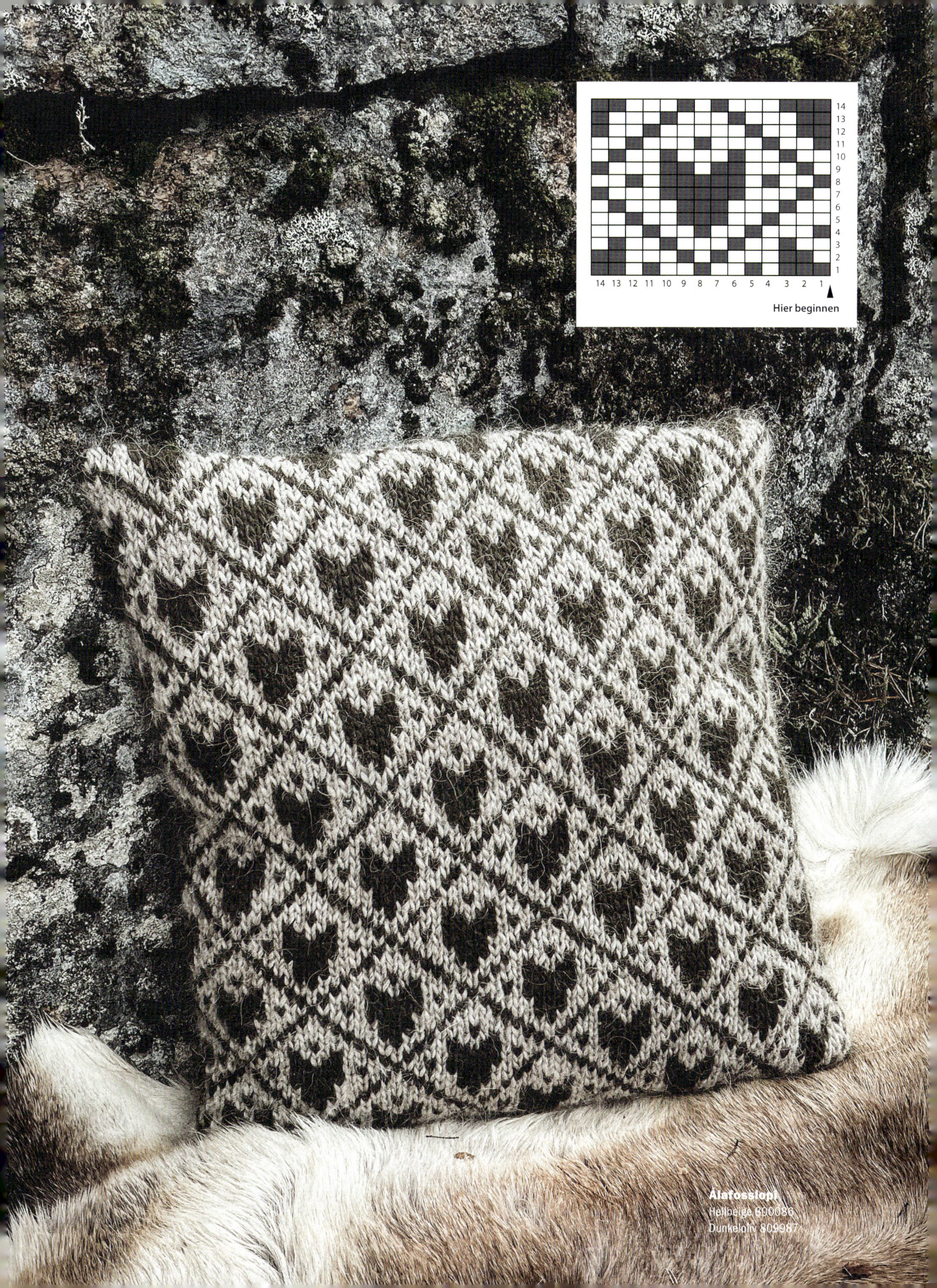

Ålafosslopi
Hellbeige 800086
Dunkeloliv 809987

Troll
Hellbraun meliert 02705
Braun 02715
Bauernrot 02746
Helles Blautürkis 02760
Schwarz 02708
Orange meliert 027011

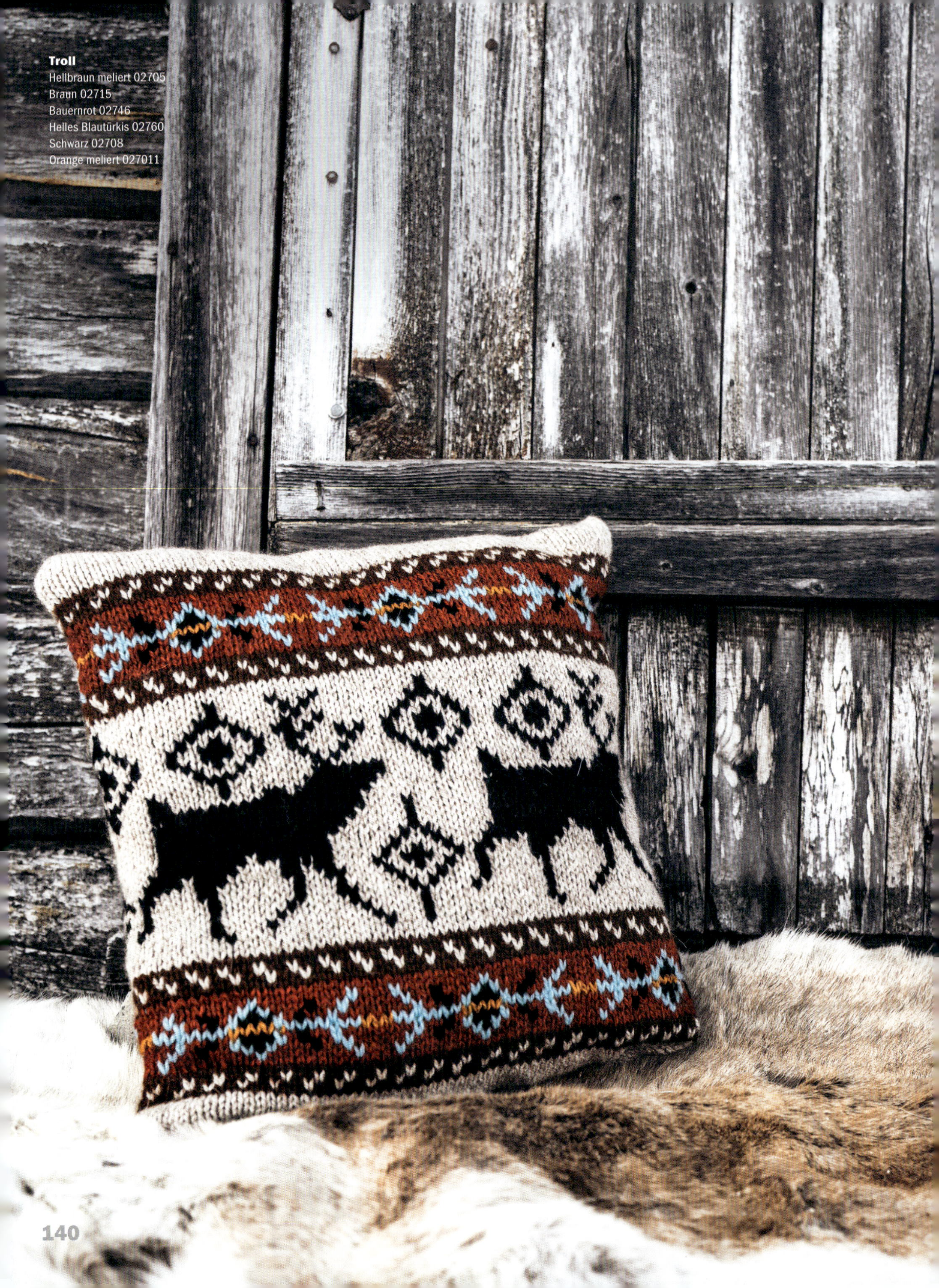

Tundra Kissen

Beim Gestalten suche ich immer nach Kontrasten und Zusammenhängen und lasse mich von den Dingen um mich herum inspirieren. Für die Musterbordüren auf diesem Kissen stand ein Gürtel Pate, den ich von meinem Vater bekam. Er hatte ihn als Kind getragen. Ich finde den Gürtel so dekorativ, dass ich ihn in unser Esszimmer gehängt habe.

Troll und Blåne
Troll Hellbraun meliert 02705
Blåne Olivgrün 672118
Blåne Altrosa 672137
Troll Orange meliert 027011
Blåne Petrol 672105
Troll Eisblau 02745

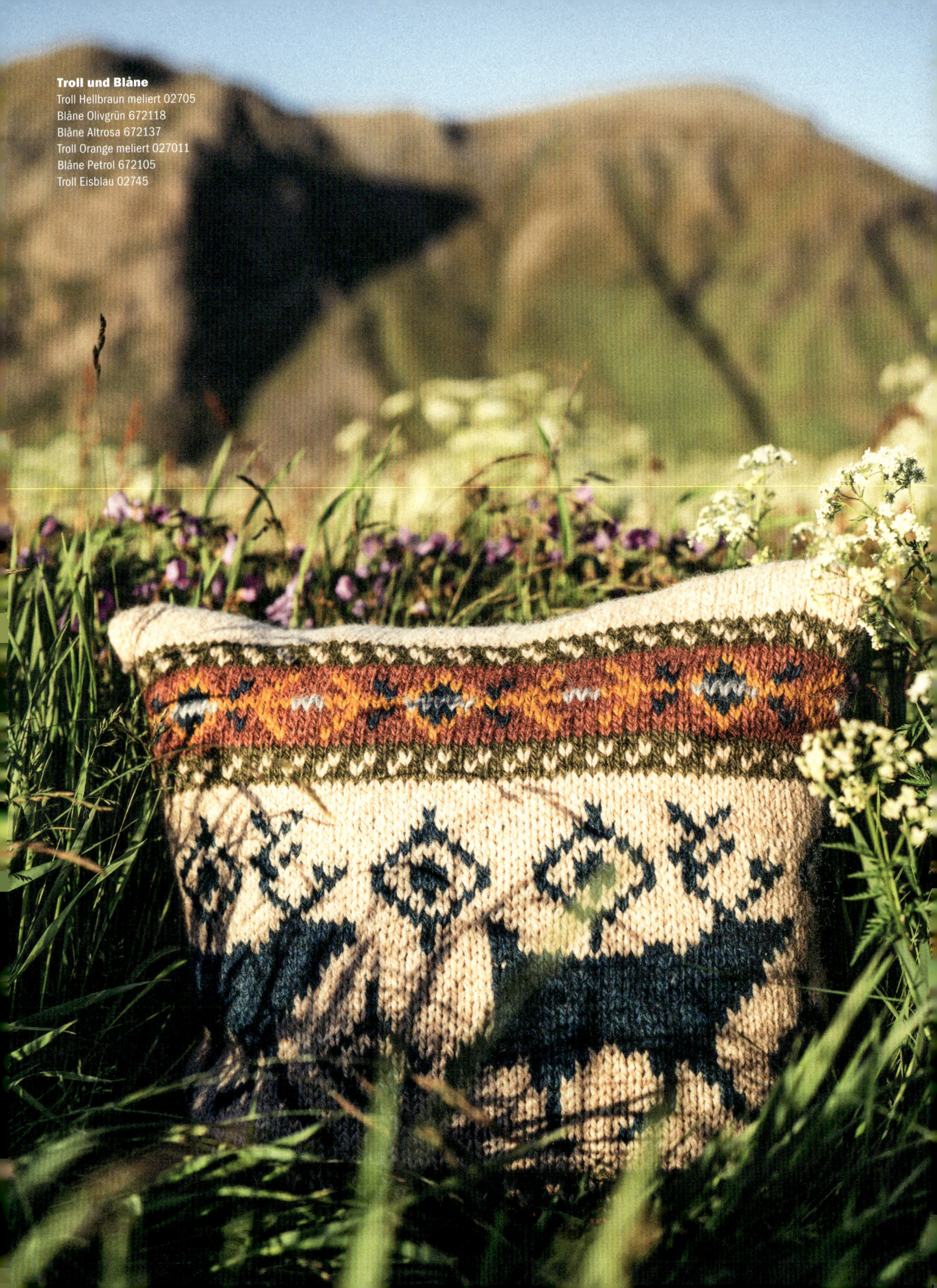

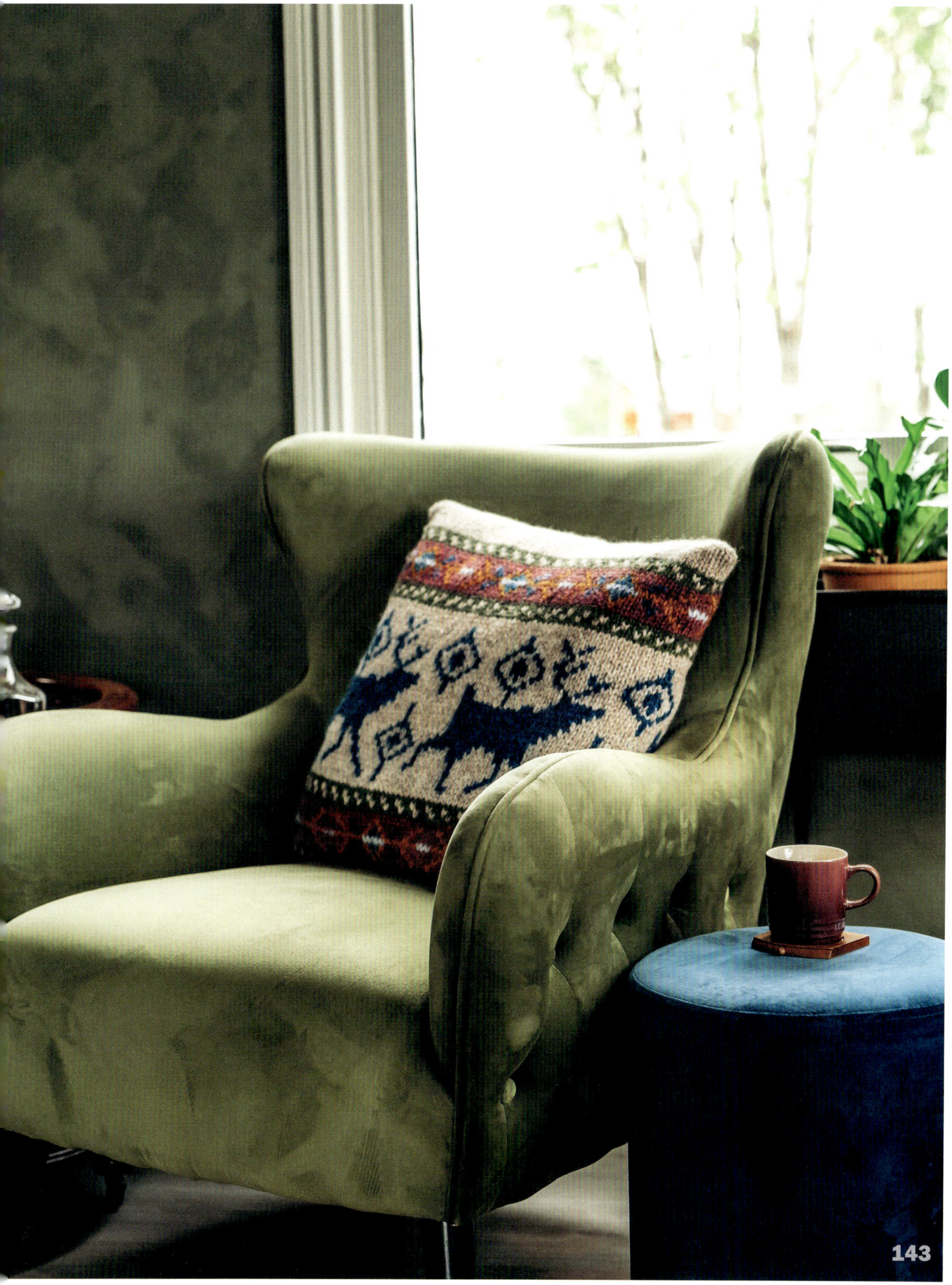

TUNDRA Kissen

Maße

50 x 50 cm

Maschenprobe

13 M mit Nadel Nr. 6 = 10 cm

Garn

Álafosslopi, Blåne oder Troll von Hillesvåg Ullvarefabrikk oder Rauma Vams plus ein Faden Rauma Lammwollgarn

Garnmenge

- Grundfarbe: 200 g
- Musterfarbe 1: 100 g
- Musterfarbe 2: 100 g
- Musterfarbe 3: 100 g
- Musterfarbe 4: 100 g
- Musterfarbe 5: 100 g

Von Musterfarbe 3, 4 und 5 sind nur kleine Mengen nötig, dafür können Reste verwendet werden.

Stricknadeln

Rundstricknadel Nr. 6, 80 cm lang
Rundstricknadel Nr. 5, 80 cm lang
(für einen abnehmbaren Kissenbezug)

Knöpfe

(für einen abnehmbaren Kissenbezug)
6 Stück, 22 mm ø

Das Kissen wird in Rd glatt rechts gestrickt. 132 M mit Nadel Nr. 6 in der Grundfarbe anschlagen. Am Rd-Anfang und nach 66 M jeweils einen M-Markierer setzen (= Seitenkanten). Gemäß Zählmuster str. Nach Abschluss des Zählmusters die offene Kante im M-Stich schließen. Alle Fäden vernähen. Das Kissen ausspülen, in Form ziehen und liegend trocknen lassen. Das Kissen füllen (z. B. mit einem Inlett, 50 x 50 cm). Die offene Seite zunähen.

Abnehmbarer Kissenbezug: Für einen abnehmbaren Kissenbezug nach Abschluss des Zählmusters die ersten 66 M abk (= Rückseite). Zu Nadel Nr. 5 wechseln und über die restlichen 66 M in R 2 cm kraus rechts str. In der nächsten Reihe gleichmäßig verteilt 6 Knopflöcher einarbeiten (2 M rechts zusstr, 1 Umschlag). Weitere 2 cm kraus rechts str, dann alle M abk. Die Knöpfe annähen.

Um lange Spannfäden zu vermeiden, die Fäden während des Strickens auf der Rückseite regelmäßig verkreuzen.

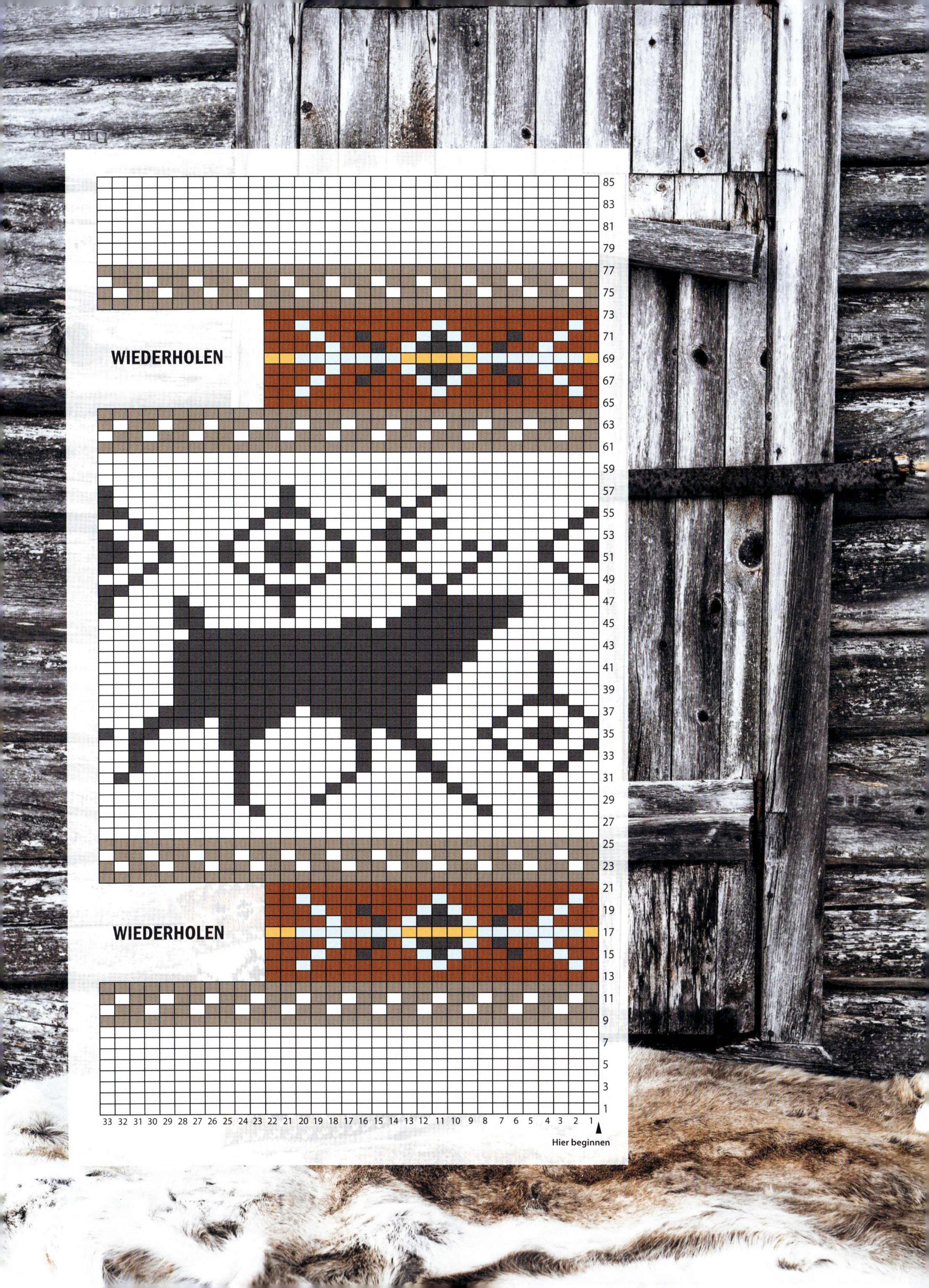
85
83
81
79
77
75
73
71
WIEDERHOLEN
69
67
65
63
61
59
57
55
53
51
49
47
45
43
41
39
37
35
33
31
29
27
25
23
21
19
WIEDERHOLEN
17
15
13
11
9
7
5
3
1
33 32 31 30 29 28 27 26 25 24 23 22 21 20 19 18 17 16 15 14 13 12 11 10 9 8 7 6 5 4 3 2 1
Hier beginnen

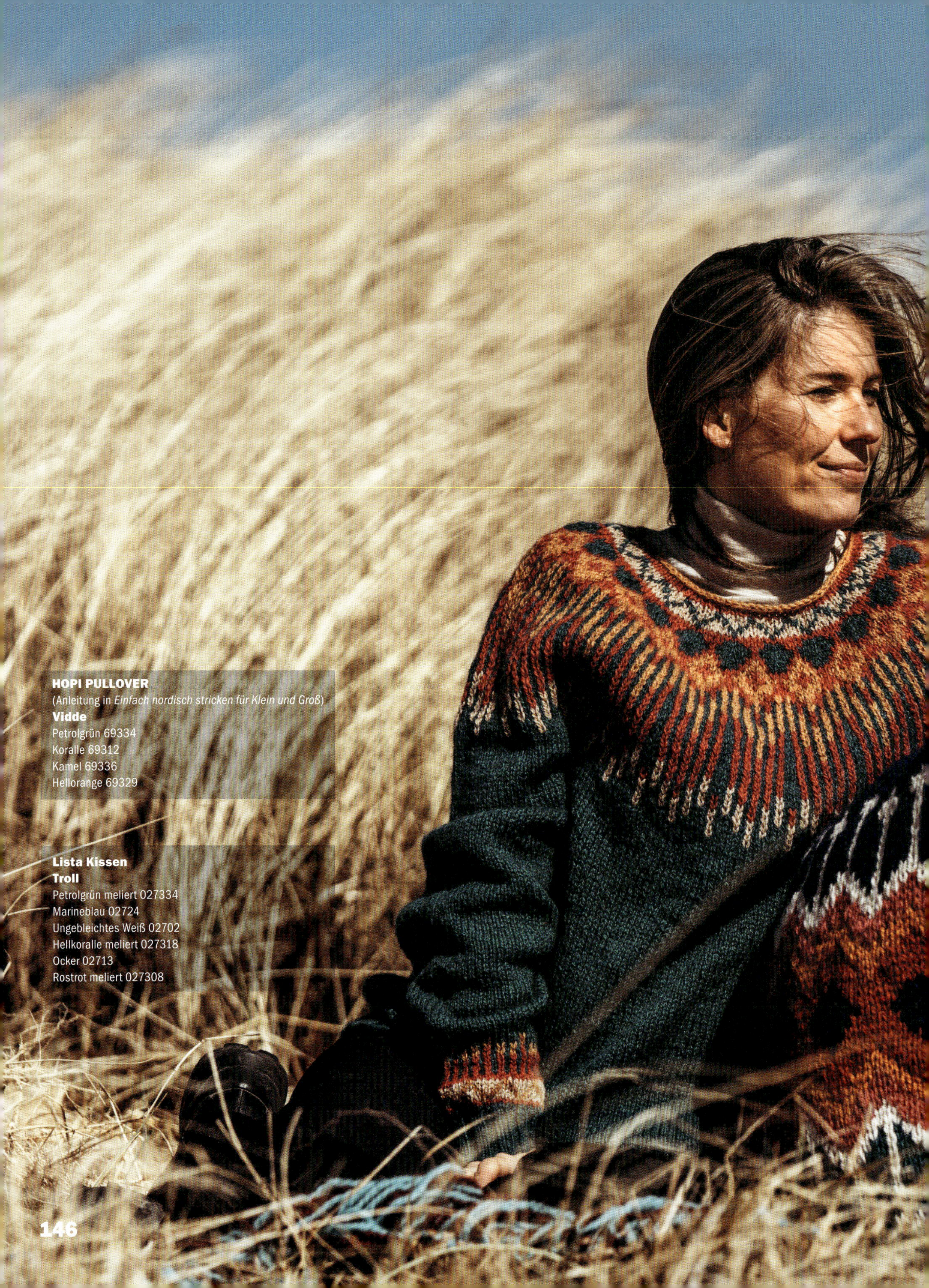

HOPI PULLOVER
(Anleitung in *Einfach nordisch stricken für Klein und Groß*)
Vidde
Petrolgrün 69334
Koralle 69312
Kamel 69336
Hellorange 69329

Lista Kissen
Troll
Petrolgrün meliert 027334
Marineblau 02724
Ungebleichtes Weiß 02702
Hellkoralle meliert 027318
Ocker 02713
Rostrot meliert 027308

Lista Kissen

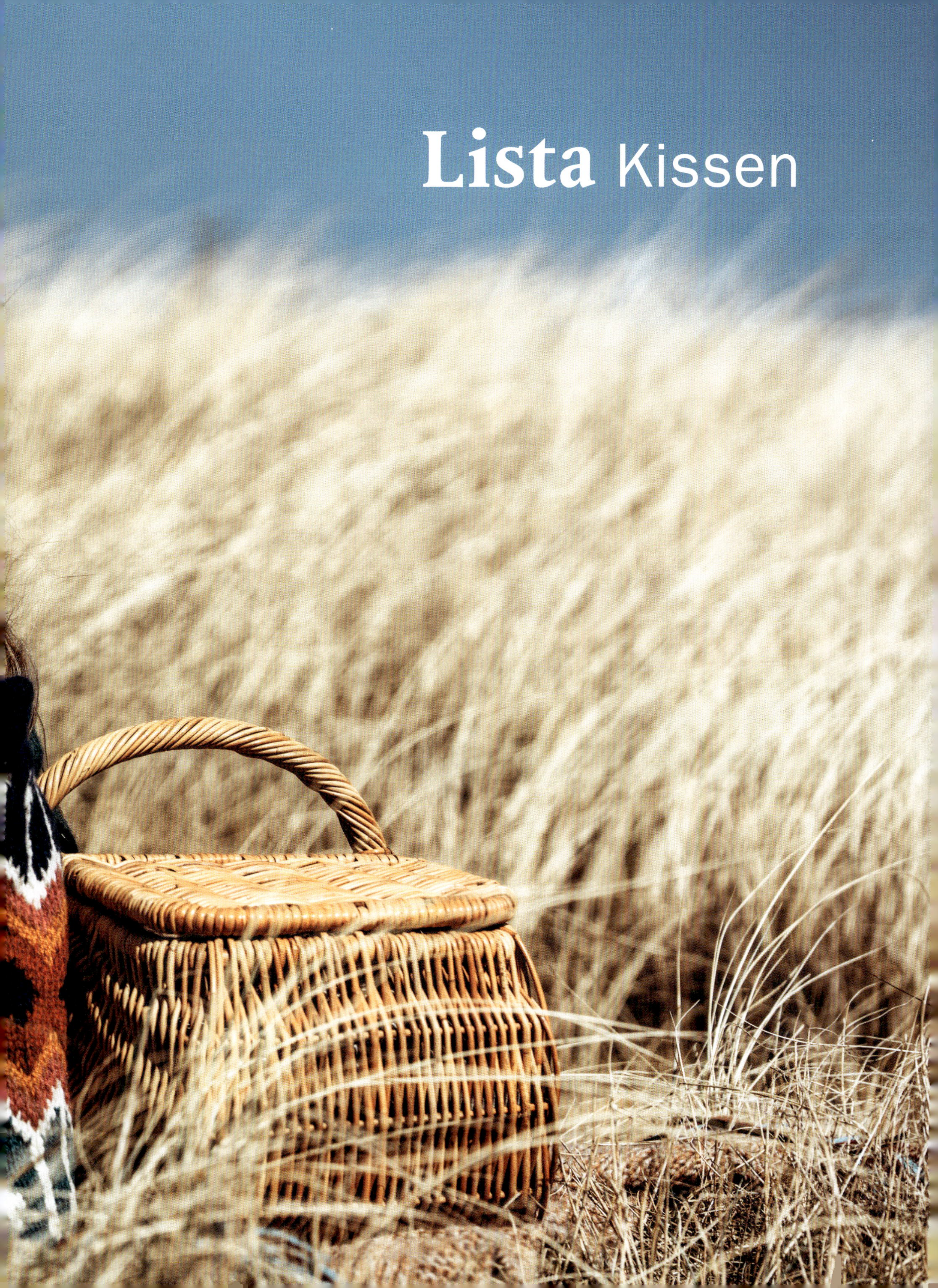

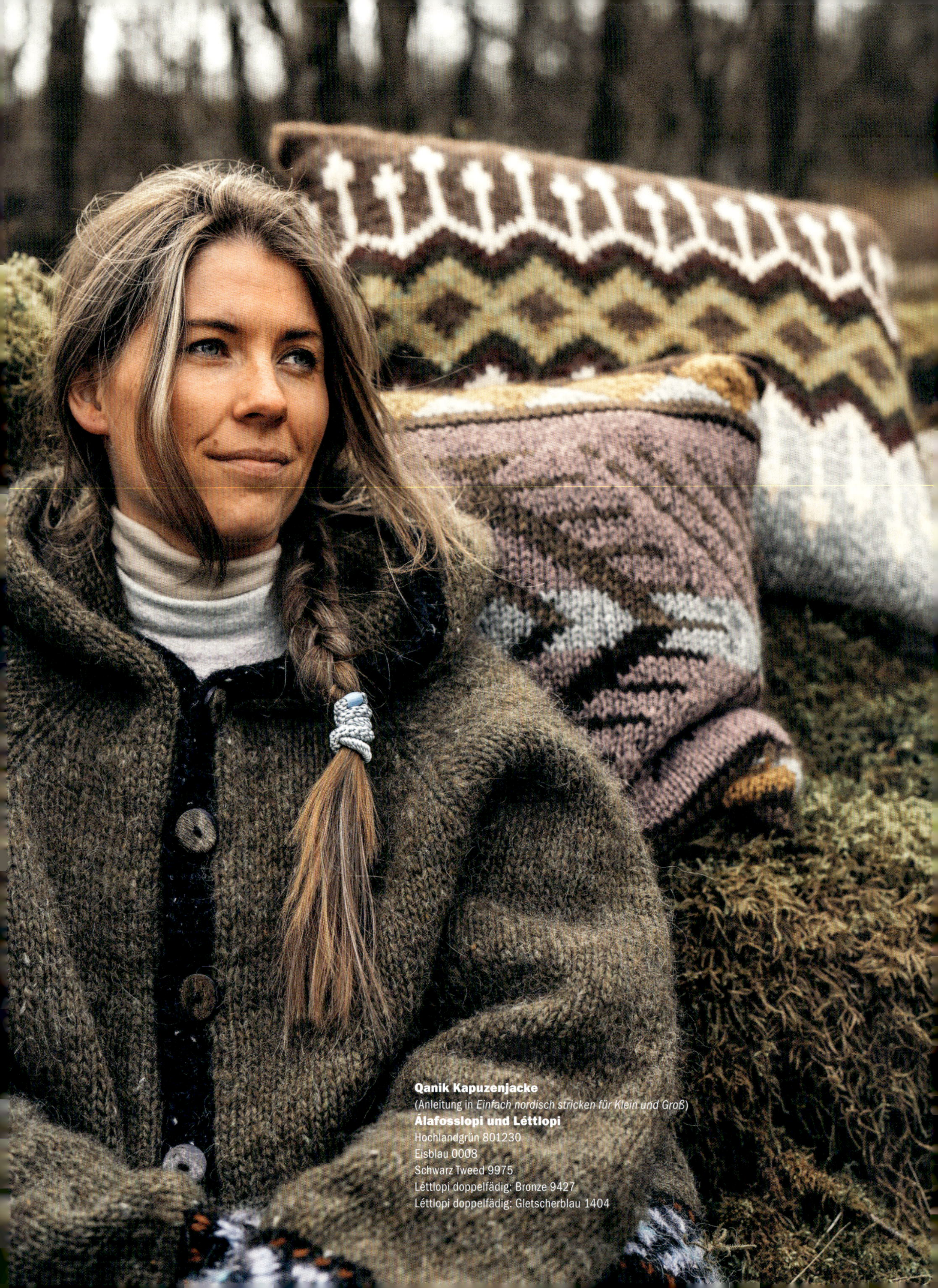

Qanik Kapuzenjacke
(Anleitung in *Einfach nordisch stricken für Klein und Groß*)
Álafosslopi und Léttlopi
Hochlandgrün 801230
Eisblau 0008
Schwarz Tweed 9975
Léttlopi doppelfädig: Bronze 9427
Léttlopi doppelfädig: Gletscherblau 1404

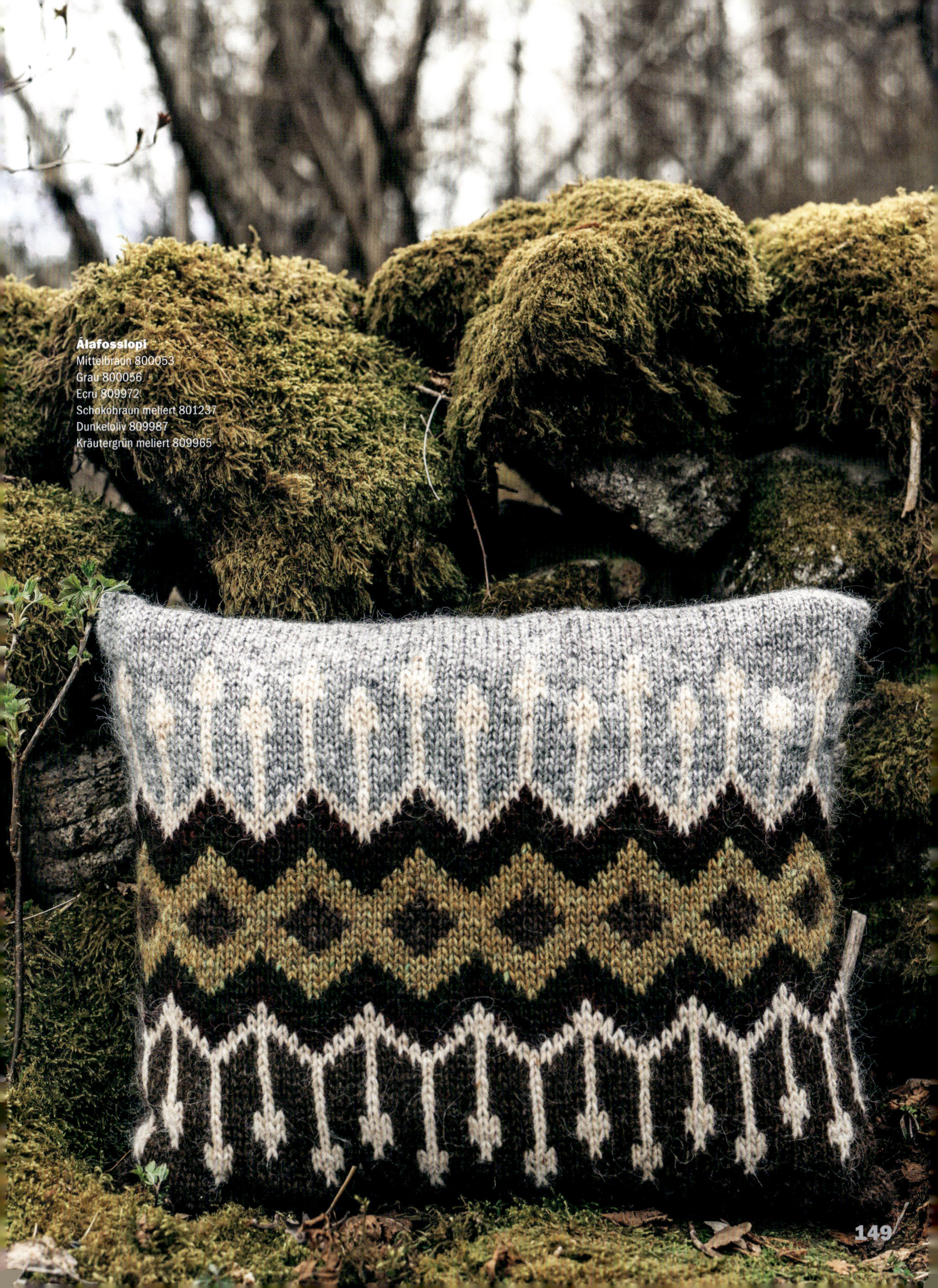

Álafosslopi
Mittelbraun 800053
Grau 800056
Ecru 809972
Schokobraun meliert 801237
Dunkeloliv 809987
Kräutergrün meliert 809965

LISTA Kissen

Maße

60 x 50 cm

Maschenprobe

13 M mit Nadel Nr. 6 = 10 cm

Garn

Álafosslopi, Blåne oder Troll von Hillesvåg Ullvarefabrikk oder Rauma Vams plus ein Faden Rauma Lammwollgarn

Garnmenge

- Grundfarbe 1: Troll oder Blåne: 100 g/ Álafosslopi: 200 g
- Grundfarbe 2: Troll oder Blåne: 100 g/ Álafosslopi: 200 g
- Musterfarbe 1: 100 g
- Musterfarbe 2: 100 g
- Musterfarbe 3: 100 g
- Musterfarbe 4: 100 g

Stricknadeln

Rundstricknadel Nr. 6, 80 oder 100 cm lang
Rundstricknadel Nr. 5, 80 cm lang (für einen abnehmbaren Kissenbezug)

Knöpfe

(für einen abnehmbaren Kissenbezug)
7 Stück, 22 mm ø

Das Kissen wird in Rd glatt rechts gestrickt. 160 M mit Nadel Nr. 6 in Grundfarbe 1 anschlagen. Am Rd-Anfang und nach 80 M jeweils einen M-Markierer setzen (= Seitenkanten). Gemäß Zählmuster str. Nach Abschluss des Zählmusters die offene Kante im M-Stich schließen. Alle Fäden vernähen. Das Kissen ausspülen, in Form ziehen und liegend trocknen lassen. Das Kissen füllen (z. B. mit einem Inlett, 60 x 50 cm). Die offene Seite zunähen.

Abnehmbarer Kissenbezug: Für einen abnehmbaren Kissenbezug nach Abschluss des Zählmusters die ersten 80 M abk (= Rückseite). Zu Nadel Nr. 5 wechseln und über die restlichen 80 M in R 2 cm kraus rechts str. In der nächsten Reihe gleichmäßig verteilt 7 Knopflöcher einarbeiten (2 M rechts zusstr, 1 Umschlag). Weitere 2 cm kraus rechts str, dann alle M abk. Die Knöpfe annähen.

Troll
Petrolgrün meliert 027334
Marineblau 02724
Ungebleichtes Weiß 02702
Hellkoralle meliert 027318
Ocker 02713
Rostrot meliert 027308

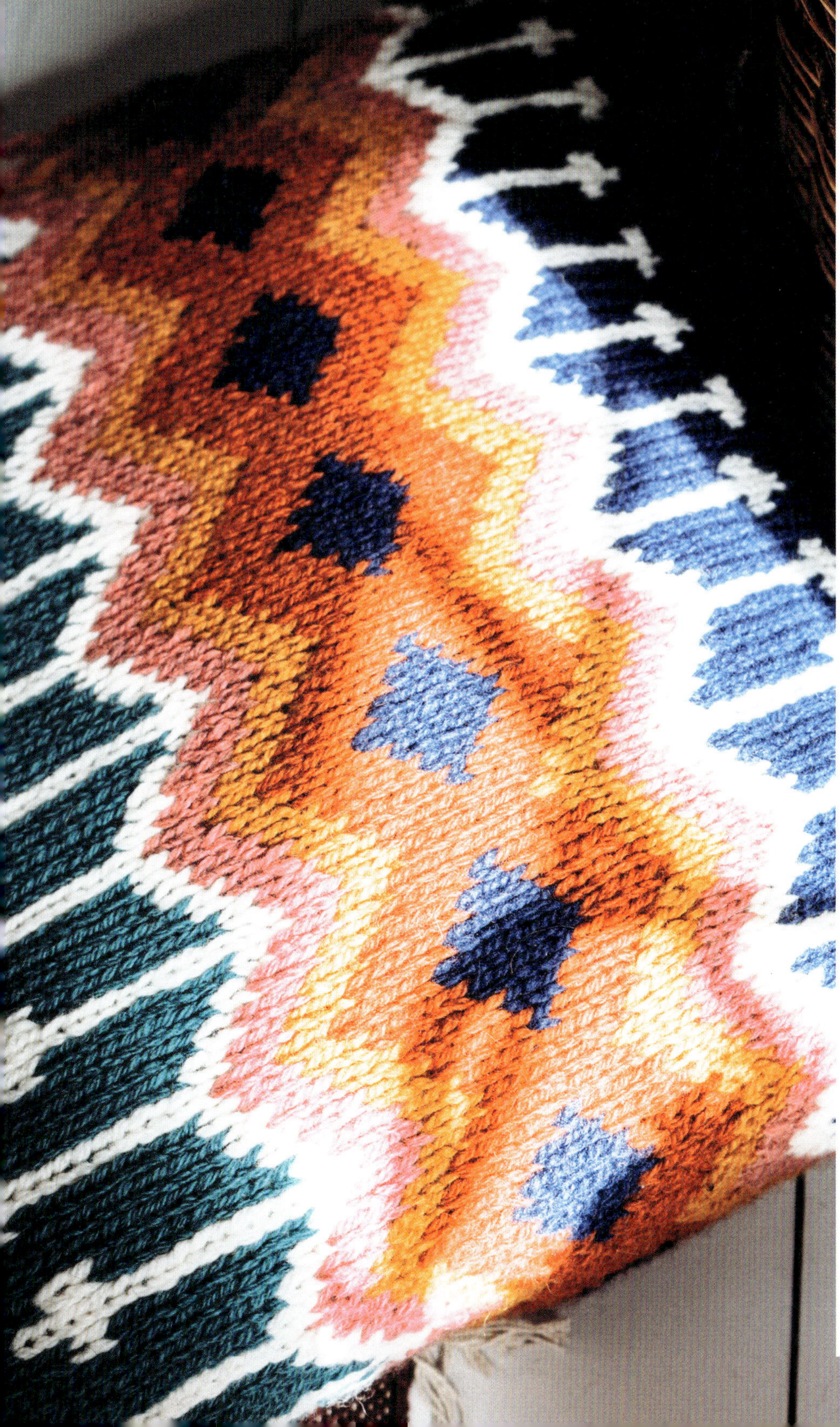

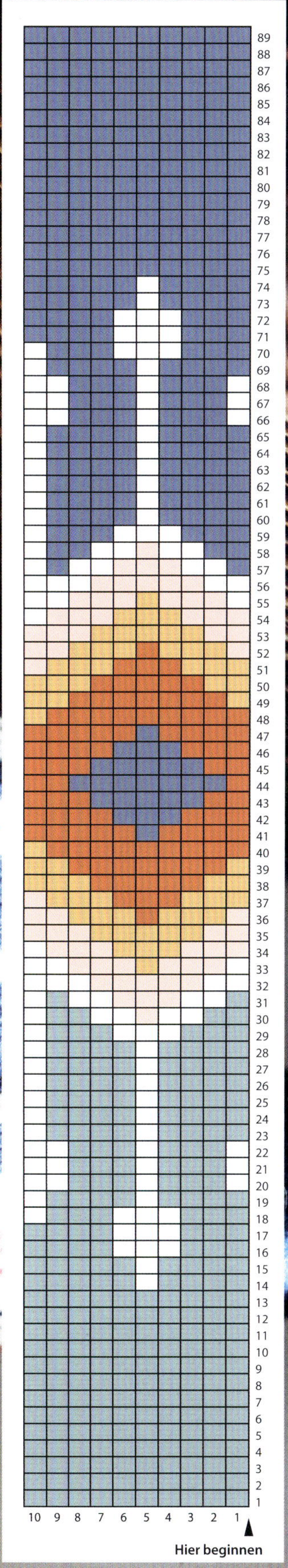

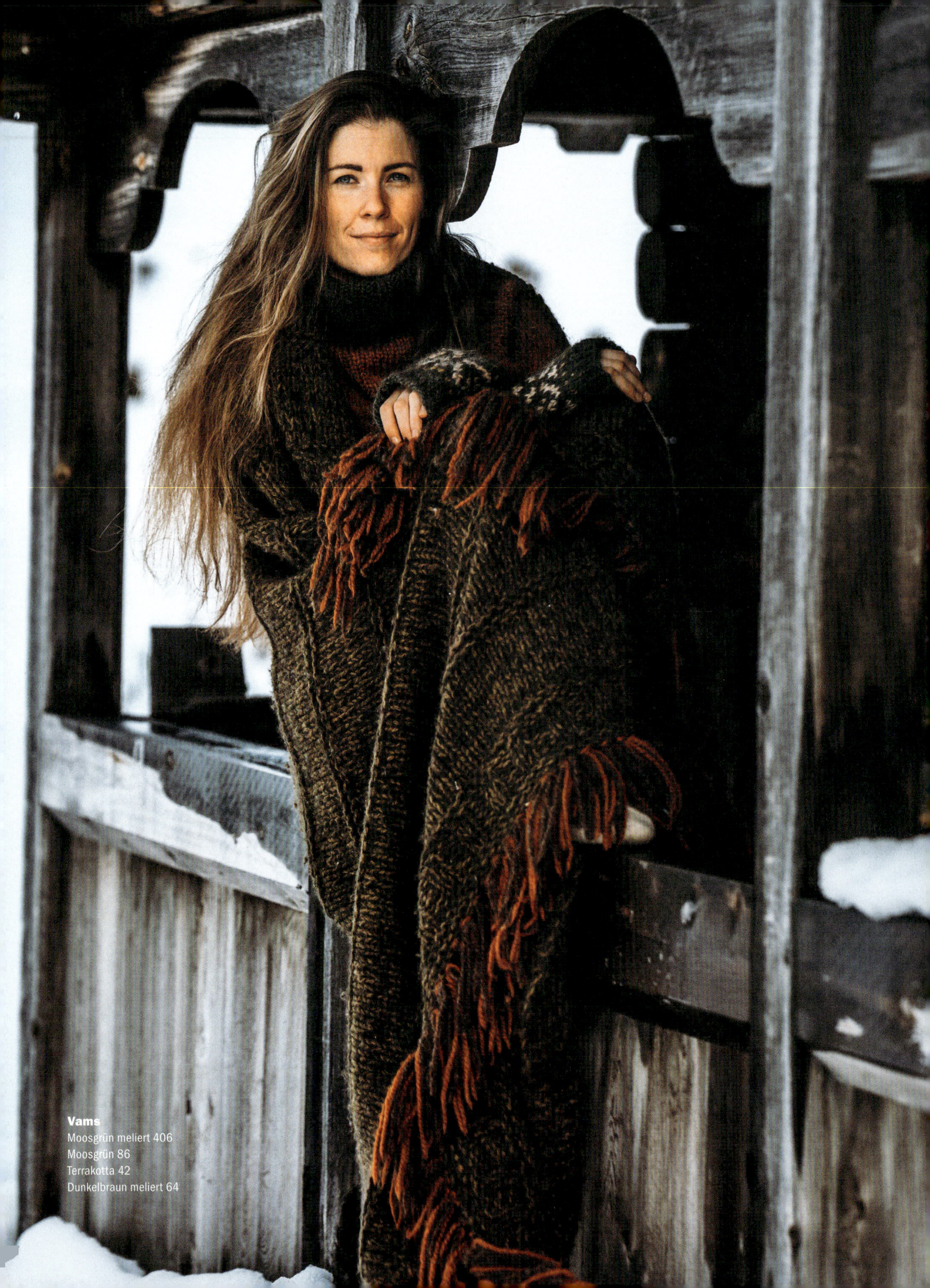

Vams
Moosgrün meliert 406
Moosgrün 86
Terrakotta 42
Dunkelbraun meliert 64

Åsgreina Plaid

Das Plaid Åsgreina ist nach meinem Wohnort benannt. Es war mein erster Entwurf in unserem neuen Haus. Ich begann die Decke auf einer langen Autofahrt zu den Lofoten. Einfarbig zu stricken, empfinde ich schnell als langweilig, deshalb habe ich doppelfädig mit zwei unterschiedlichen Nuancen der gleichen Farbe gearbeitet, um es lebendiger zu gestalten. Ich strickte und strickte und strickte. Es war ein echtes Work-out, ein so großes Plaid zu stricken, aber irgendwann wurde ich tatsächlich fertig! Und es war definitiv der Mühe wert. Die Decke ist groß und schön – und wir benutzen sie ständig.

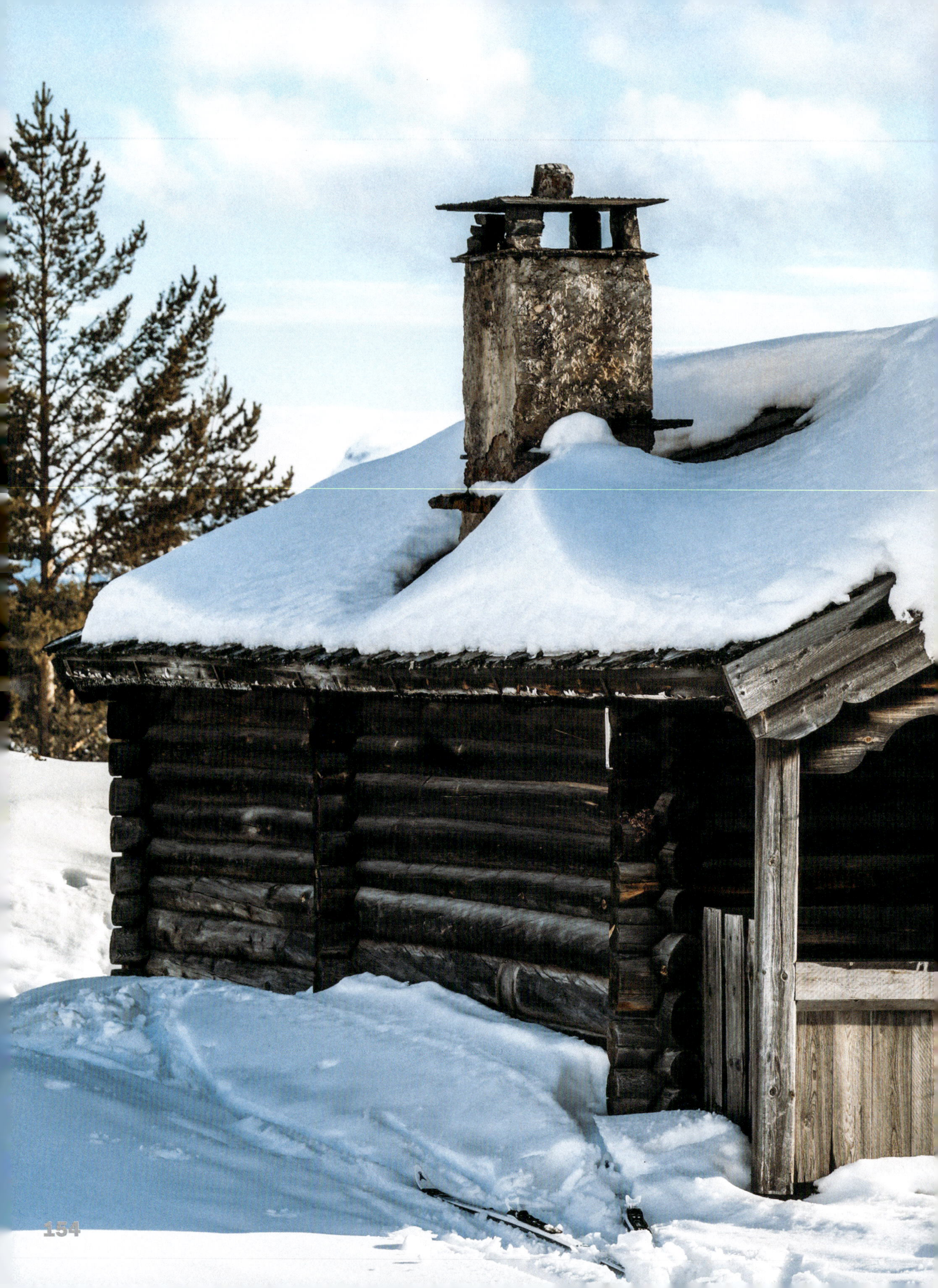

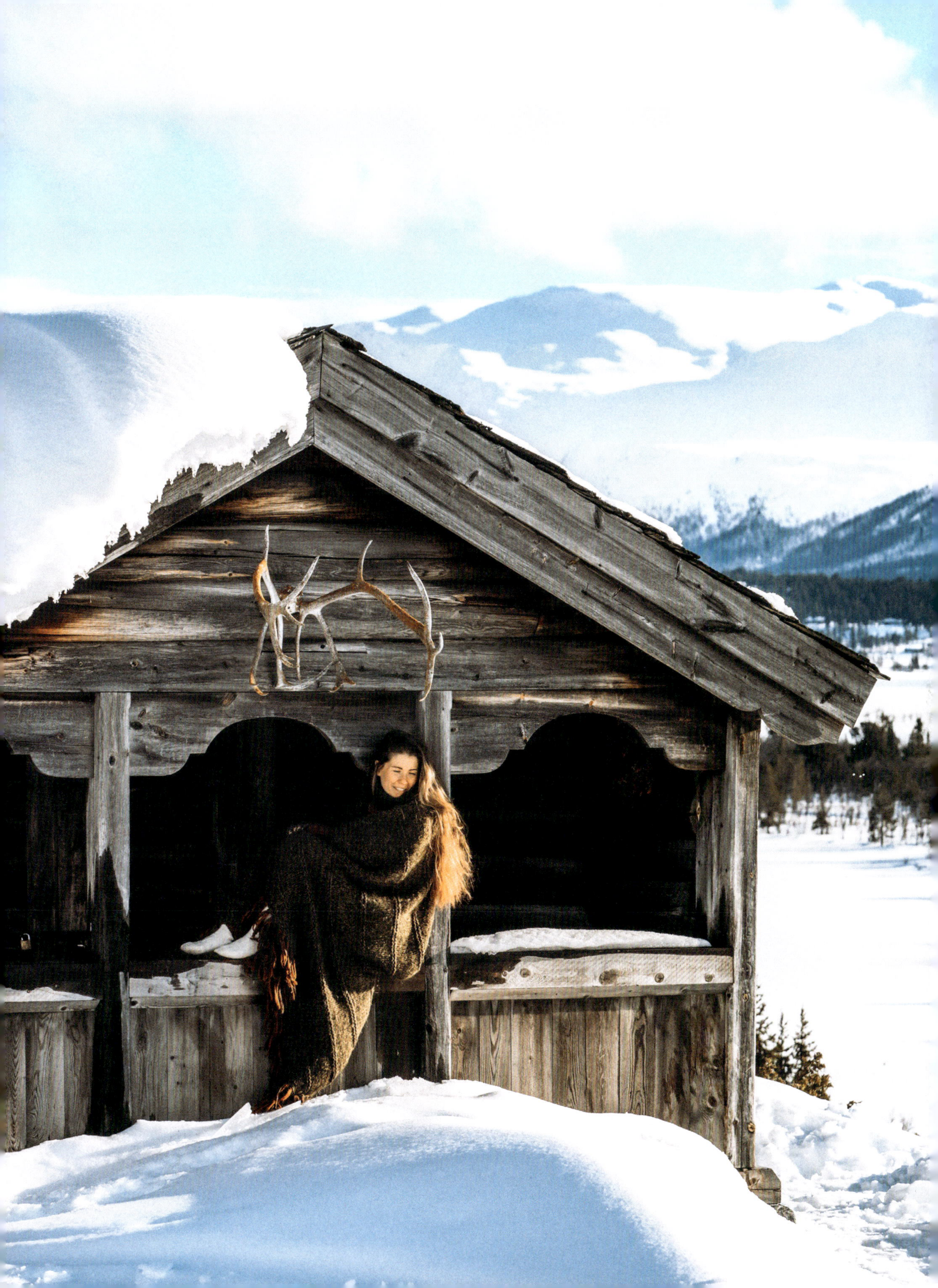

ÅSGREINA Plaid

Maße
Größe M (L)
Länge: ca. 160 (210) cm
Breite: ca. 117 (157) cm

Maschenprobe
9 M mit Nadel Nr. 10 = 10 cm

Garn
Rauma Vams
Das Plaid wird doppelfädig mit zwei unterschiedlichen Farbnuancen gestrickt.

Garnmenge
Grundfarbe 1: 700 (1000) g
Grundfarbe 2: 700 (1000) g
Fransenfarbe 1: 50 (100) g
Fransenfarbe 2: 50 (100) g

Stricknadeln und Häkelnadel
Rundstricknadel Nr. 10, 100 cm lang
Häkelnadel für die Fransen

Das Plaid wird mit doppeltem Faden (Grundfarbe 1 und 2) in R gestrickt.

Teil 1
106 (142) M mit Nadel Nr. 10 in Grundfarbe 1 und 2 anschlagen und 3 R kraus rechts str, sodass 2 Krausrippen auf der Vorderseite zu sehen sind. Dann 6 cm im 2/2-Rippenmuster (2 M links, 2 M rechts im Wechsel) str; die letzte R Rippenmuster muss auf der Vorderseite gestrickt werden. Nun noch 3 R kraus rechts str (= 2 Krausrippen auf der Vorderseite).

Teil 2 (Hauptteil)
Von hier an für den Kraus-rechts-Rand am R-Anfang und am R-Ende jeweils 6 M kraus rechts str. 12 cm glatt rechts in R str und mit einer R rechten M abschließen. Danach 3 R kraus rechts str, sodass sodass 2 Krausrippen auf der Vorderseite zu sehen sind. 12 cm glatt rechts plus 2 Krausrippen wiederholen, bis das Plaid ca. 150 (200) cm lang ist. Mit 3 R kraus rechts (= 2 Krausrippen auf der Vorderseite) Teil 2 abschließen.

Teil 3
6 cm im 2/2-Rippenmuster (2 M links, 2 M rechts im Wechsel) str; die letzte R Rippenmuster muss auf der Vorderseite gestrickt werden. Nun noch 3 R kraus rechts str (= 2 Krausrippen auf der Vorderseite). Alle M abk.

Fransen
Die Fransen in Fransenfarbe 1 und 2 zurechtschneiden und einknüpfen (siehe Seite 168). Alle Fäden vernähen. Das Plaid ausspülen, in Form ziehen und liegend trocknen lassen.

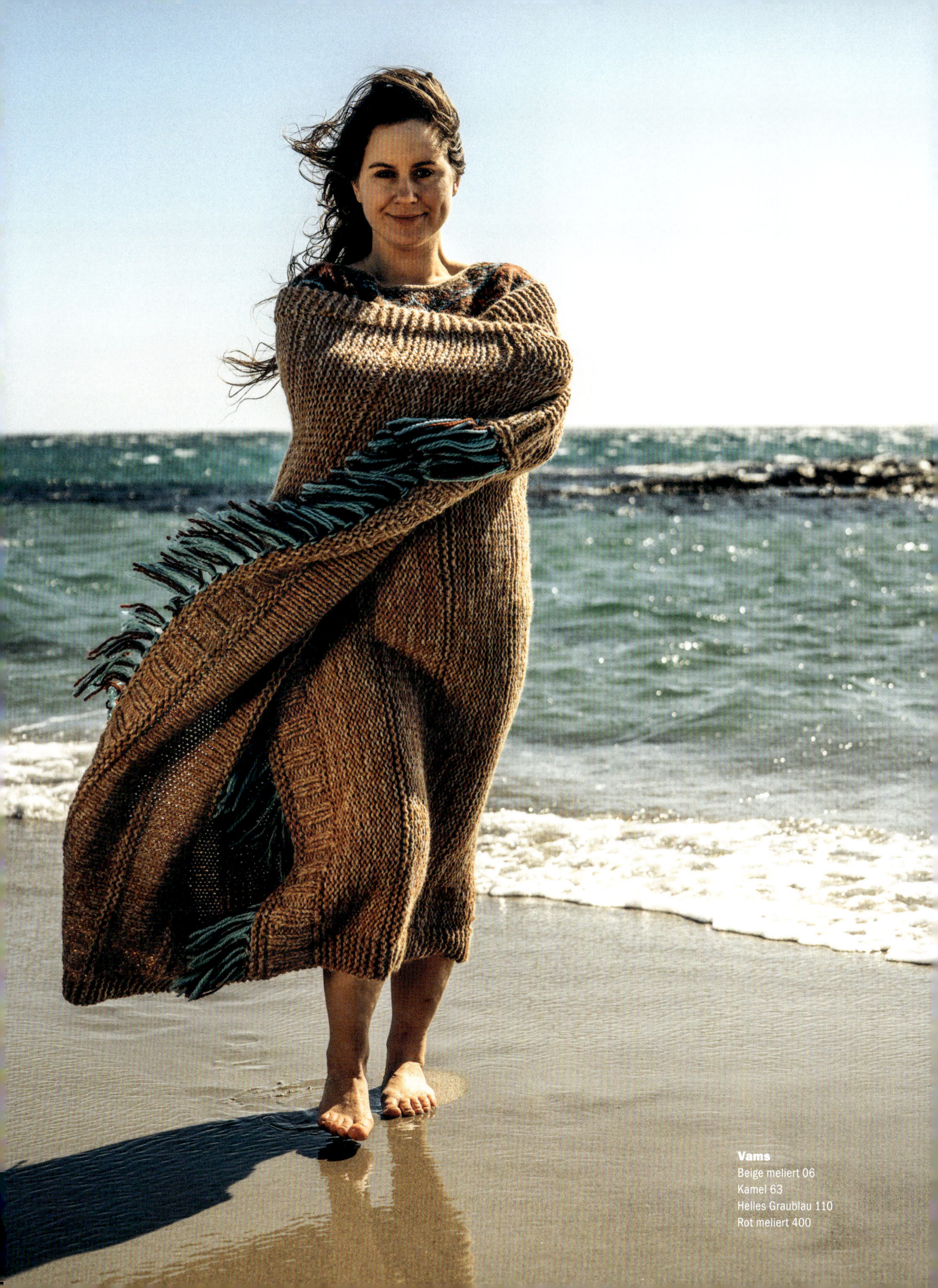

Vams
Beige meliert 06
Kamel 63
Helles Graublau 110
Rot meliert 400

Topflappen

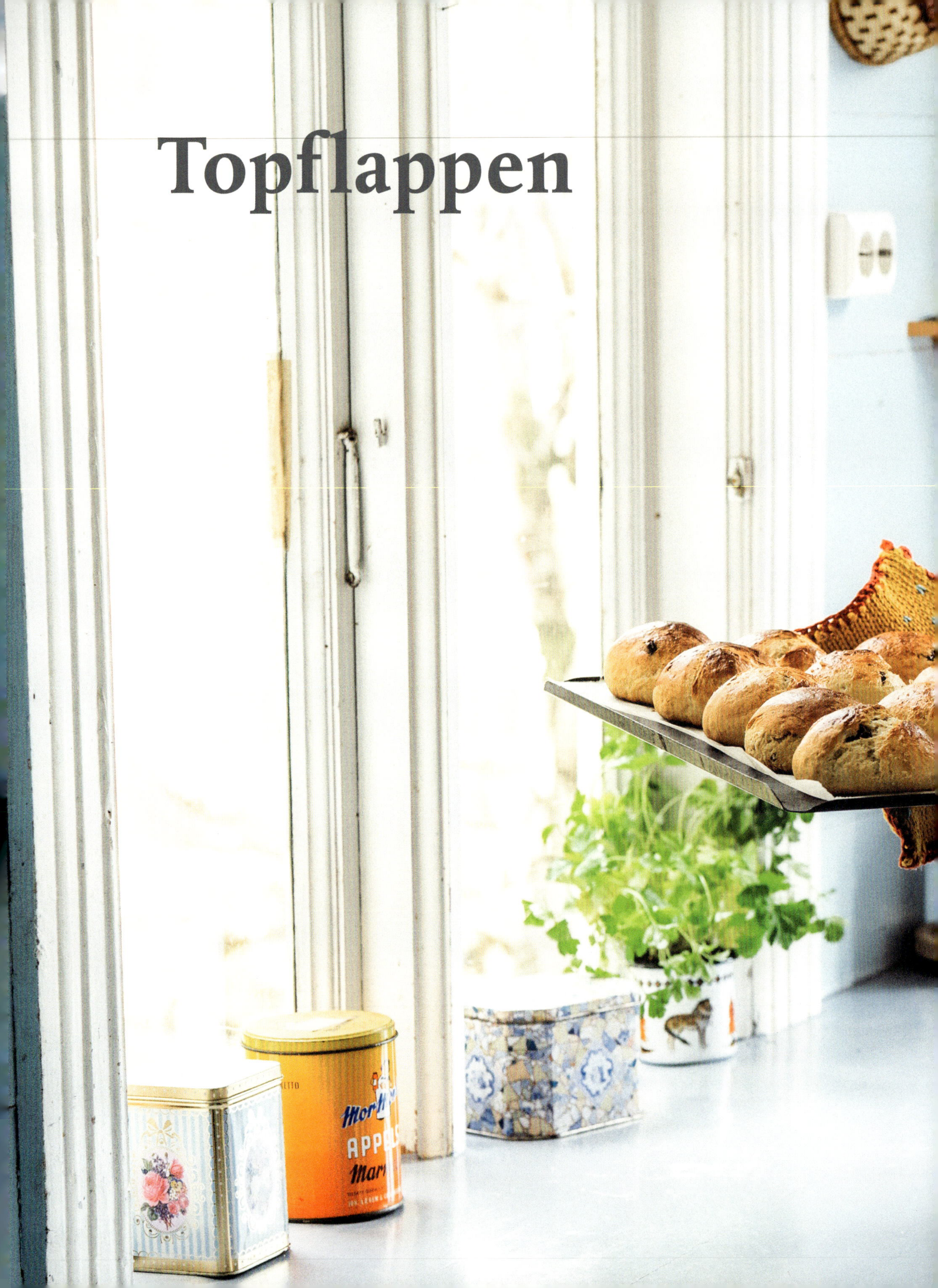

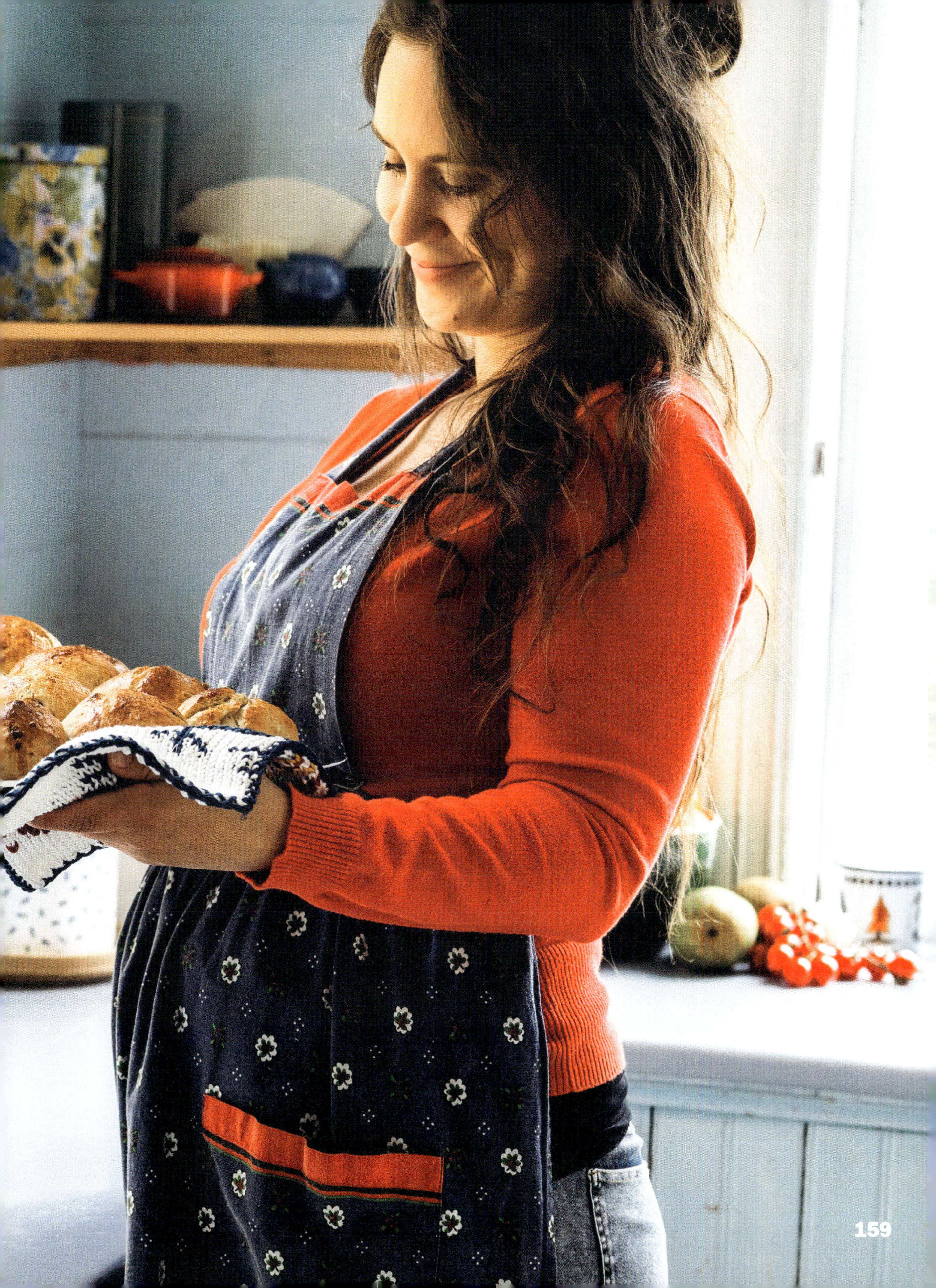

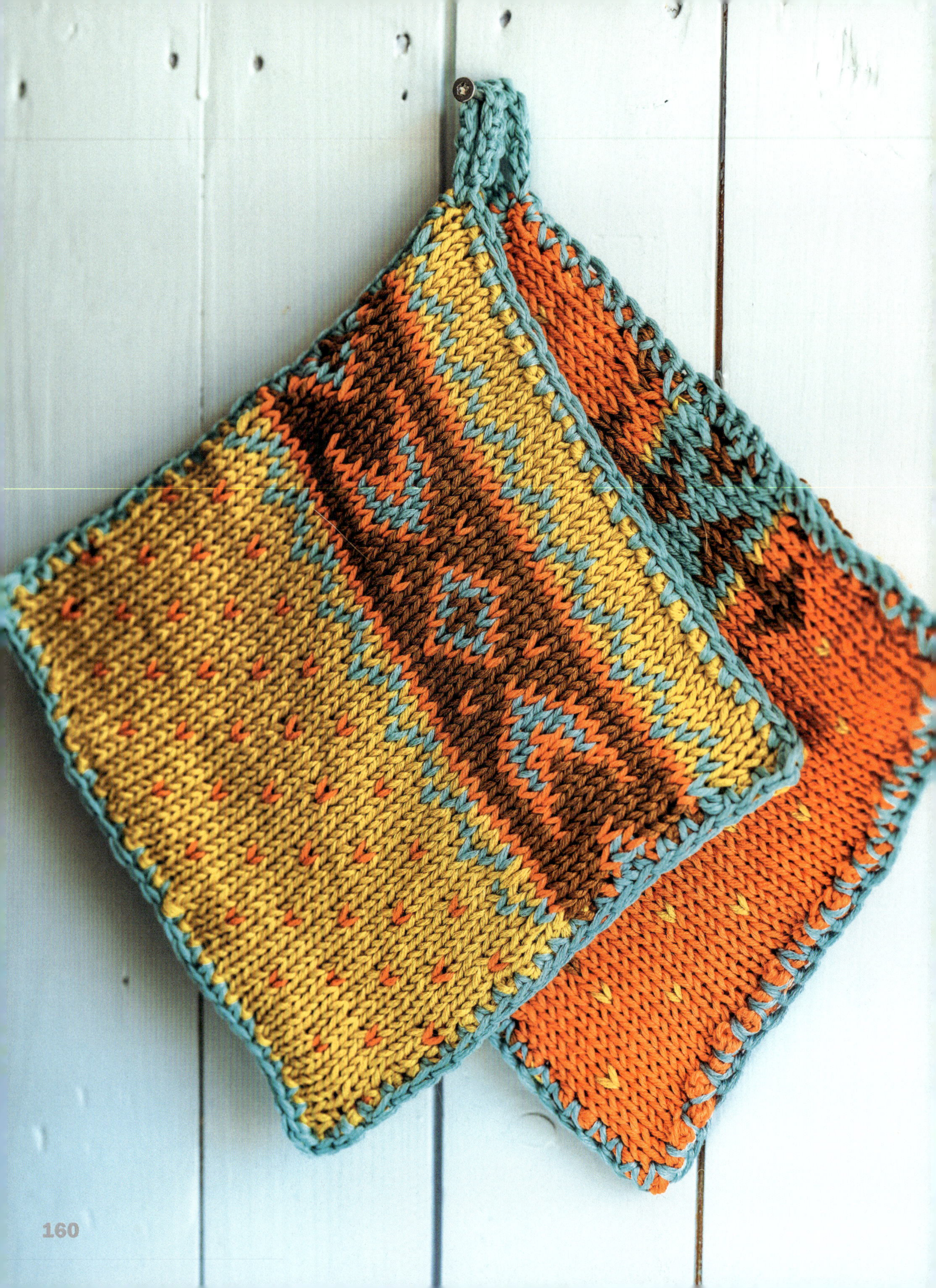

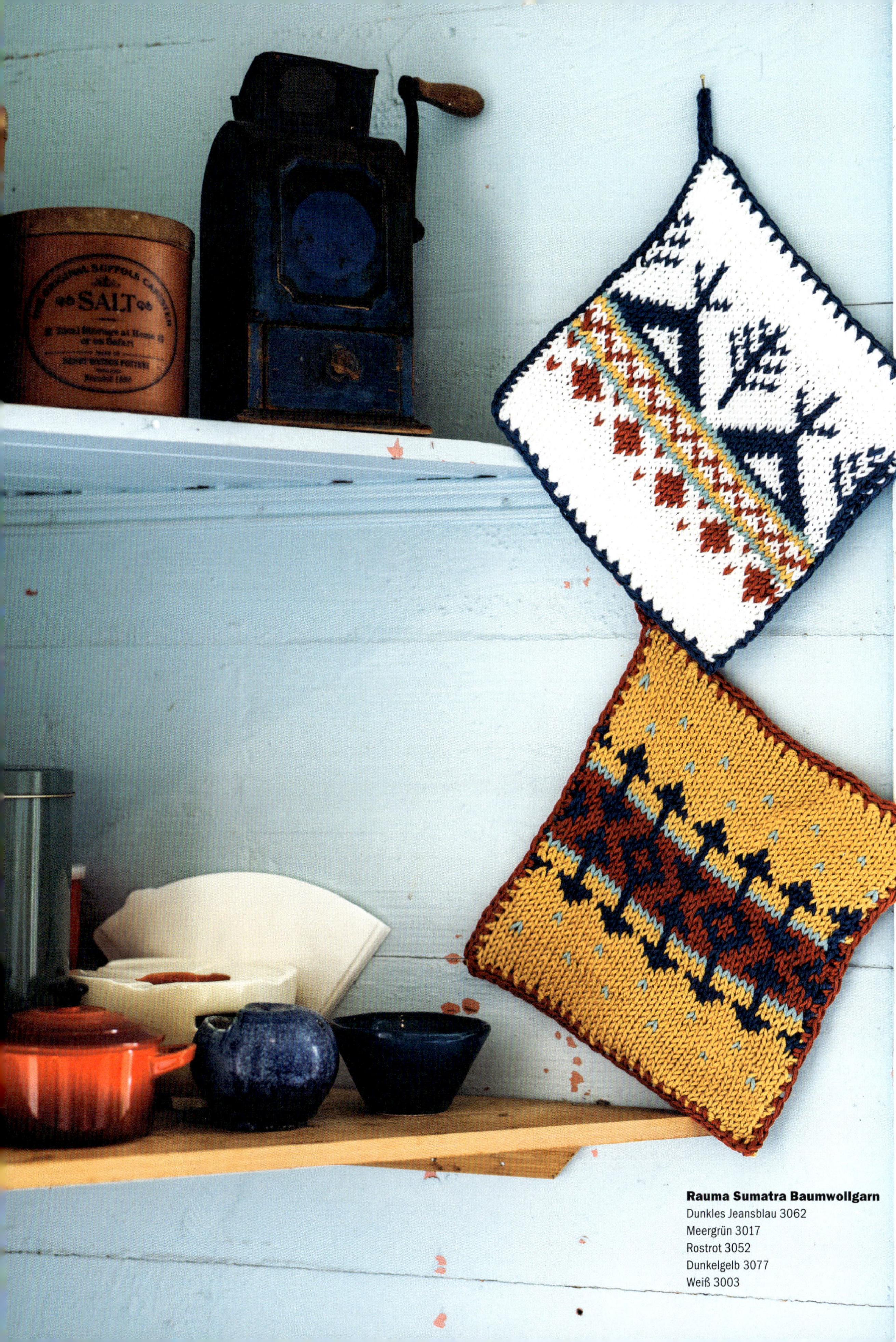

Rauma Sumatra Baumwollgarn
Dunkles Jeansblau 3062
Meergrün 3017
Rostrot 3052
Dunkelgelb 3077
Weiß 3003

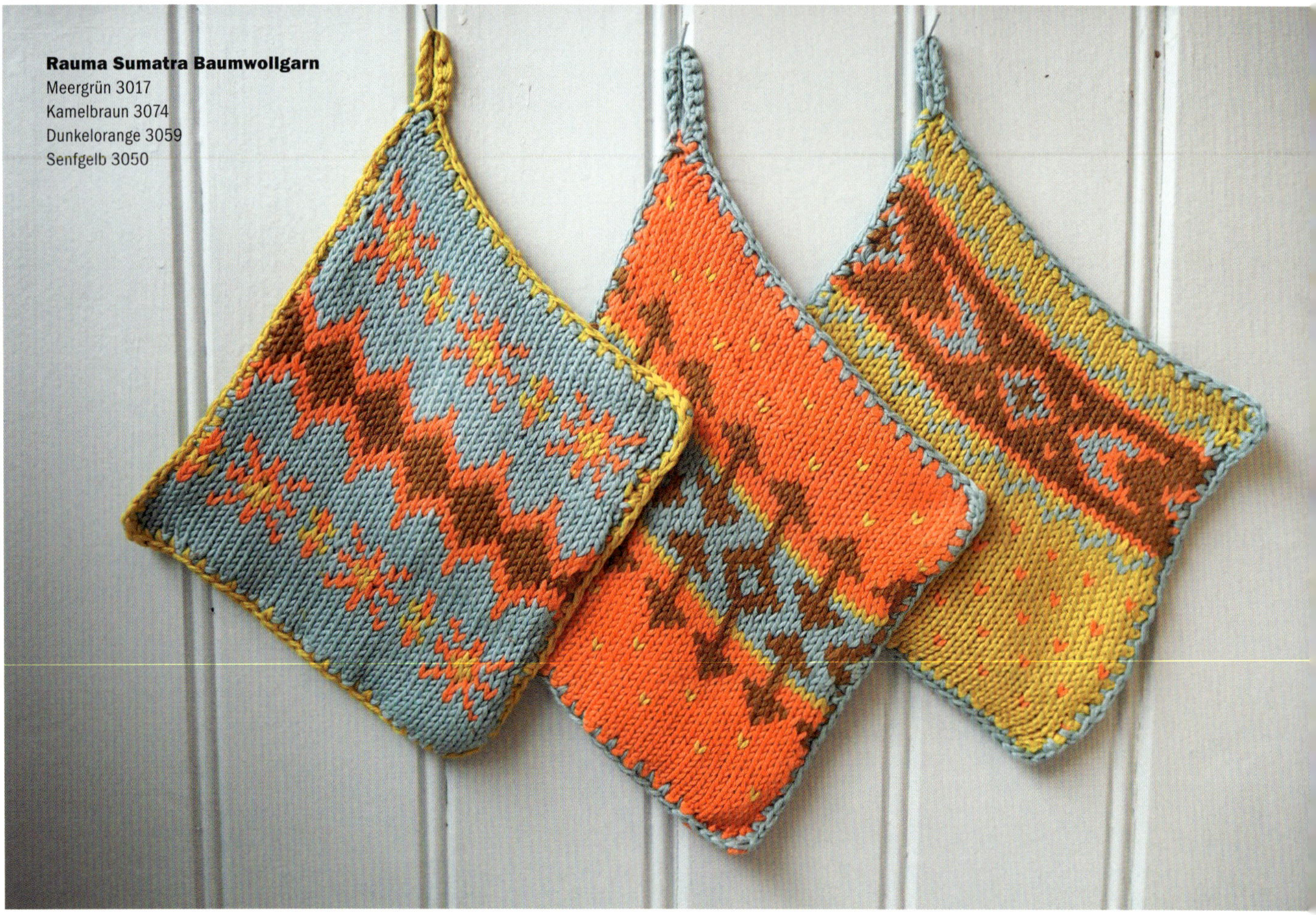
Rauma Sumatra Baumwollgarn
Meergrün 3017
Kamelbraun 3074
Dunkelorange 3059
Senfgelb 3050

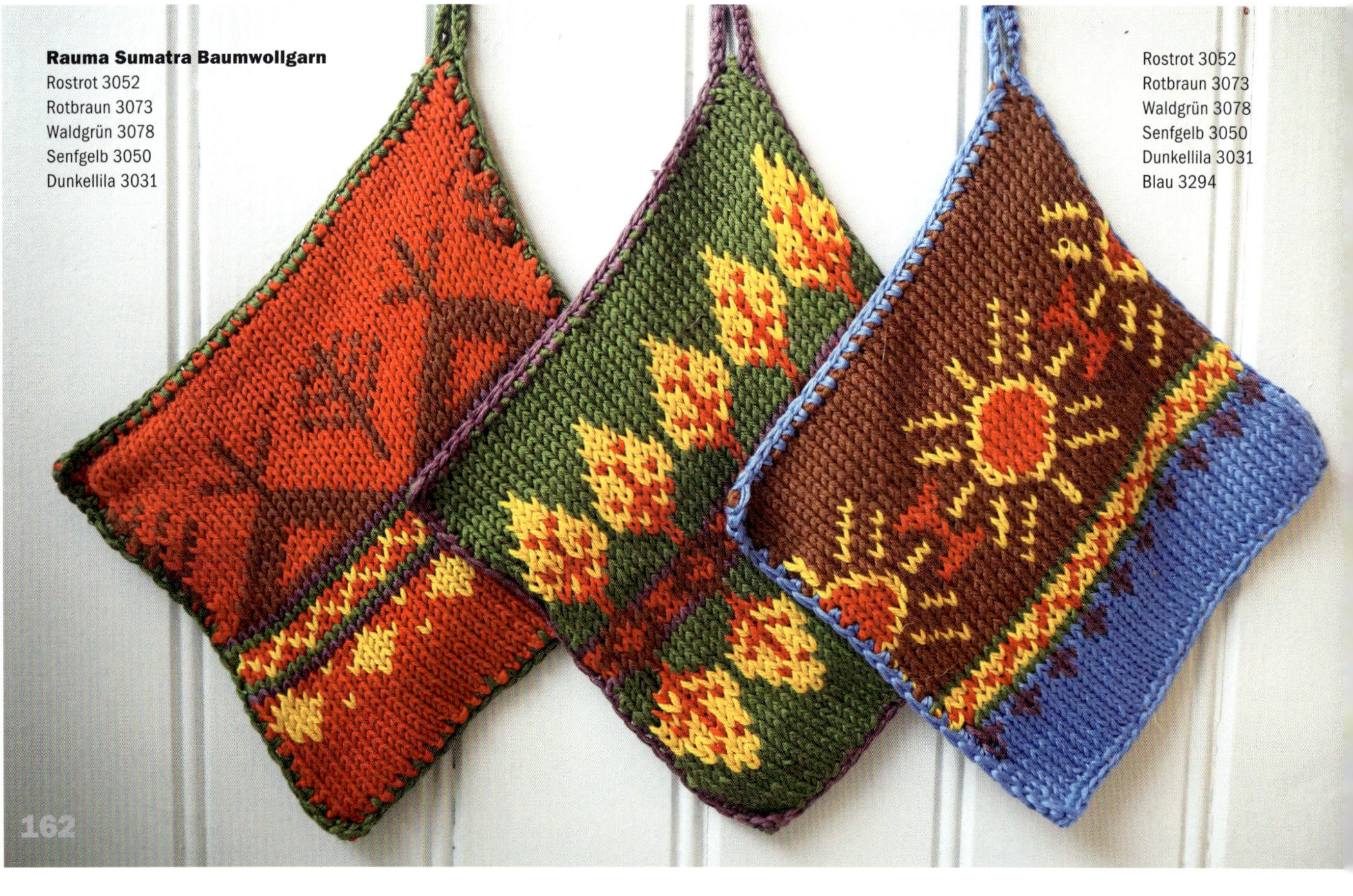
Rauma Sumatra Baumwollgarn
Rostrot 3052
Rotbraun 3073
Waldgrün 3078
Senfgelb 3050
Dunkellila 3031
Rostrot 3052
Rotbraun 3073
Waldgrün 3078
Senfgelb 3050
Dunkellila 3031
Blau 3294

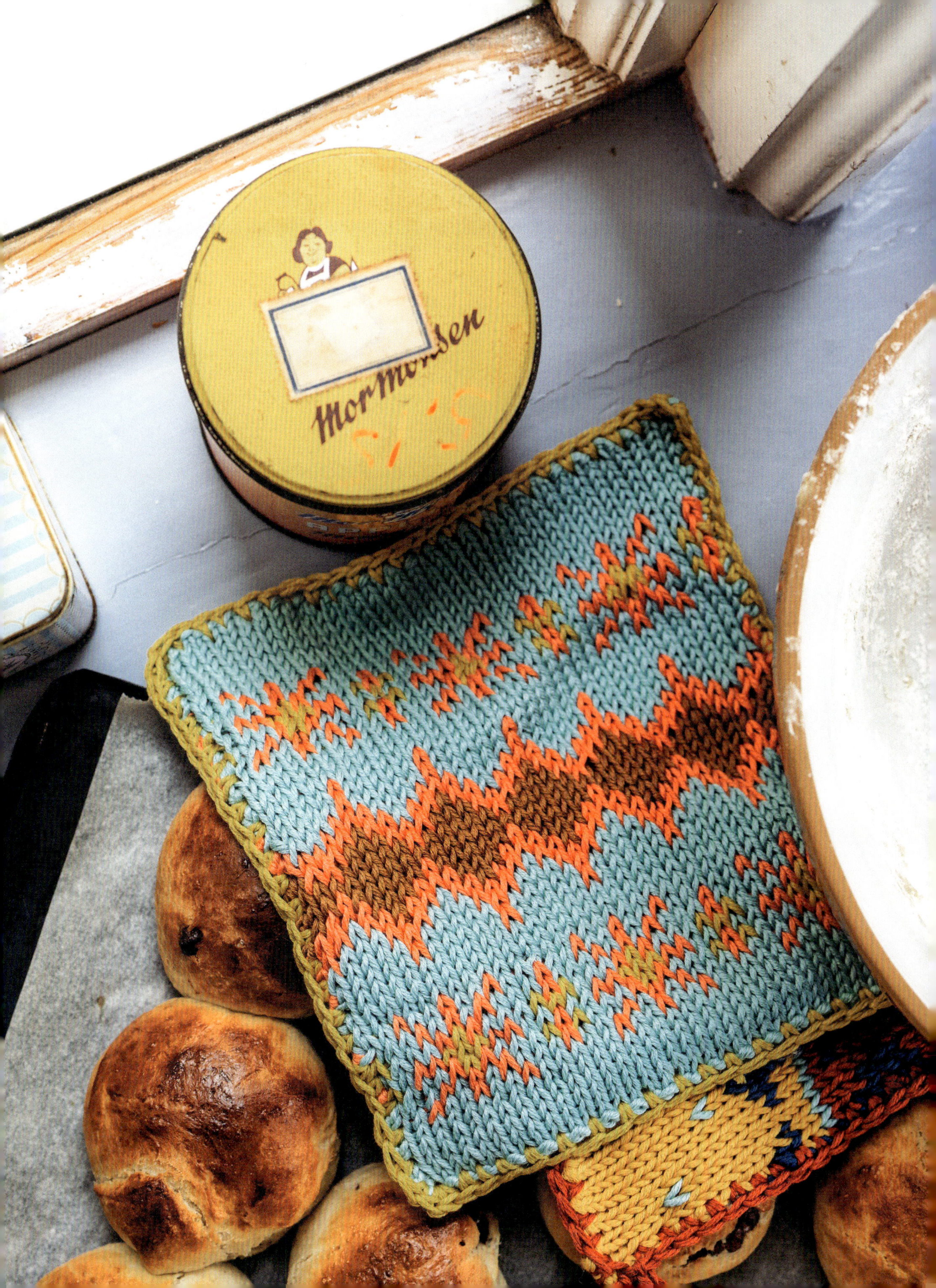
Mor Monsen

HERBST Topflappen

Maße

Höhe: 21 cm mit Häkelrand
Breite: 23 cm mit Häkelrand

Maschenprobe

18 M mit Nadel Nr. 4,5 = 10 cm

Garn

Sumatra Baumwollgarn
(Lauflänge 85 m/50 g) von Rauma

Garnmenge

Grundfarbe: 50 g
Musterfarbe 1: 50 g
Musterfarbe 2: 50 g
Musterfarbe 3: 50 g
Musterfarbe 4: 50 g

Garnmenge für Topflappen Nr. 3

Grundfarbe: 50 g
Musterfarbe 1: 50 g
Musterfarbe 2: 50 g
Musterfarbe 3: 50 g
Musterfarbe 4: 50 g
Musterfarbe 5: 50 g

Stricknadeln und Häkelnadel

Rundstricknadel Nr. 4,5, 40 cm lang
Häkelnadel Nr. 4,5 (für den Rand)

Die Topflappen sind doppellagig und werden in Rd gestrickt. 80 M mit Nadel Nr. 4,5 anschlagen. Am Rd-Anfang und nach 40 M jeweils einen M-Markierer setzen. Gemäß Zählmuster str, dann alle M abk. Alle Fäden vernähen.

Häkelrand: Die M-Markierer kennzeichnen die Maschenkolumne, in die für den Häkelrand eingestochen werden soll. Oben und unten durch beide Lagen des Topflappens einstechen und rundherum mit Häkelnadel Nr. 4,5 einen Häkelrand mit festen M häkeln.

Aufhänger: 9 Luft-M häkeln und am Häkelrand mit einer Kett-M fixieren.

Wer keinen Häkelrand wünscht, kann die offenen Kanten auch zusammennähen und als Aufhänger einen kleinen Lederriemen anbringen; dieser muss zum Waschen abgenommen werden.

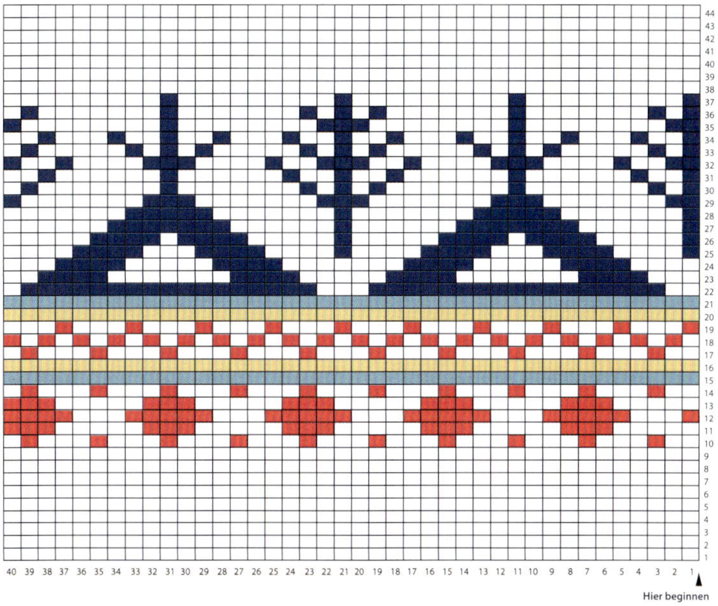

Topflappen Nr. 1

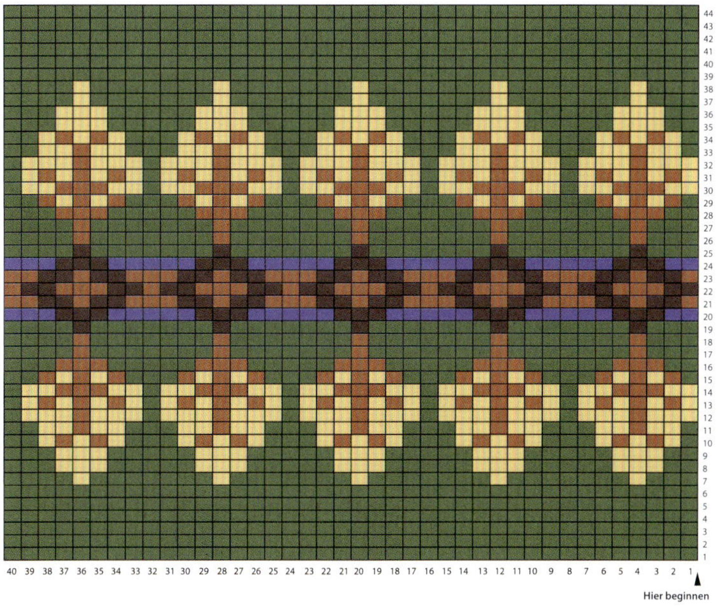

Topflappen Nr. 2

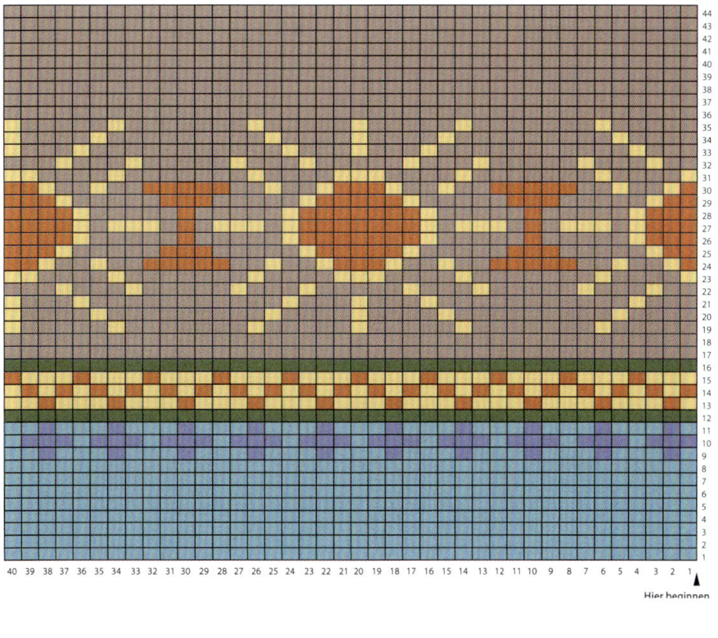

Topflappen Nr. 3

SOMMER Topflappen

Maße

Höhe: 21 cm mit Häkelrand
Breite: 21 cm mit Häkelrand

Maschenprobe

18 M mit Nadel Nr. 4,5 = 10 cm

Garn

Sumatra Baumwollgarn
(Lauflänge 85 m/50 g) von Rauma

Garnmenge

Grundfarbe: 50 g
Musterfarbe 1: 50 g
Musterfarbe 2: 50 g
Musterfarbe 3: 50 g

Stricknadeln und Häkelnadel

Rundstricknadel Nr. 4,5, 40 cm lang
Häkelnadel Nr. 4,5 (für den Rand)

Die Topflappen sind doppellagig und werden in Rd gestrickt. 72 M mit Nadel Nr. 4,5 anschlagen. Am Rd-Anfang und nach 36 M jeweils einen M-Markierer setzen. Gemäß Zählmuster str, dann alle M abk. Alle Fäden vernähen.

Häkelrand: Die M-Markierer kennzeichnen die Maschenkolumne, in die für den Häkelrand eingestochen werden soll. Oben und unten durch beide Lagen des Topflappens einstechen und rundherum mit Häkelnadel Nr. 4,5 einen Häkelrand mit festen M häkeln.

Aufhänger: 9 Luft-M häkeln und am Häkelrand mit einer Kett-M fixieren.

Wer keinen Häkelrand wünscht, kann die offenen Kanten auch zusammennähen und als Aufhänger einen kleinen Lederriemen anbringen; dieser muss zum Waschen abgenommen werden.

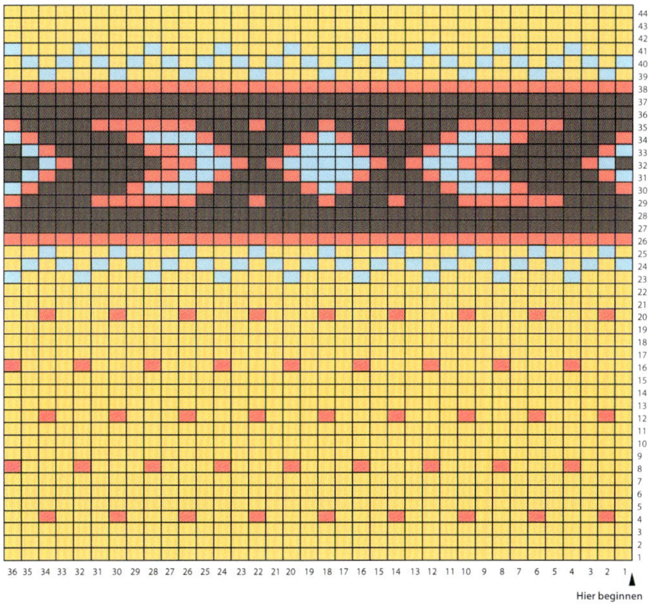

Topflappen Nr. 1

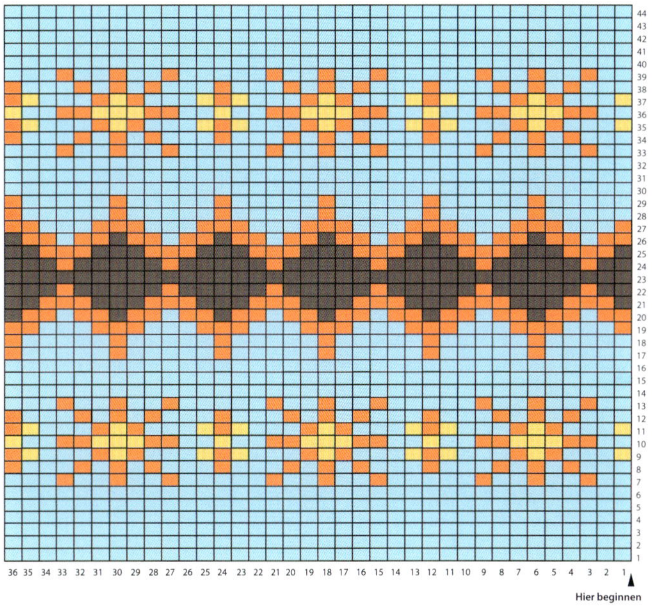

Topflappen Nr. 2

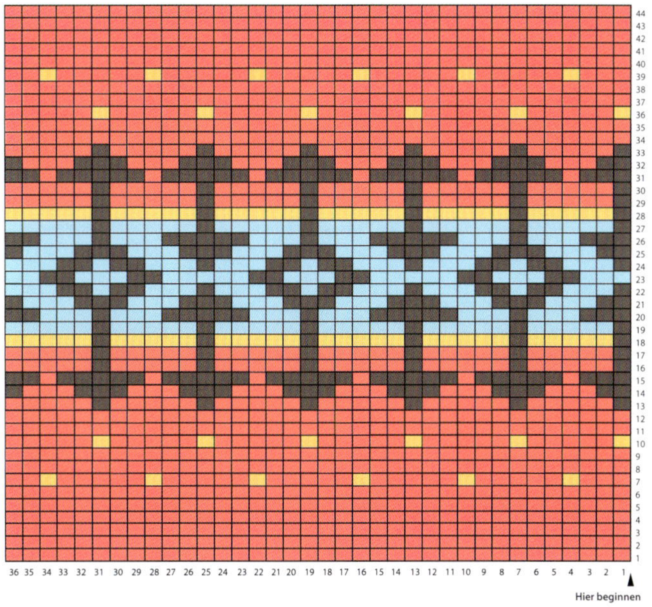

Topflappen Nr. 3

Aufhängung

Hierfür eignet sich ein Stock, ein gerader Ast, ein Besenstiel oder eine auf die gewünschte Länge zugeschnittene Holzleiste.

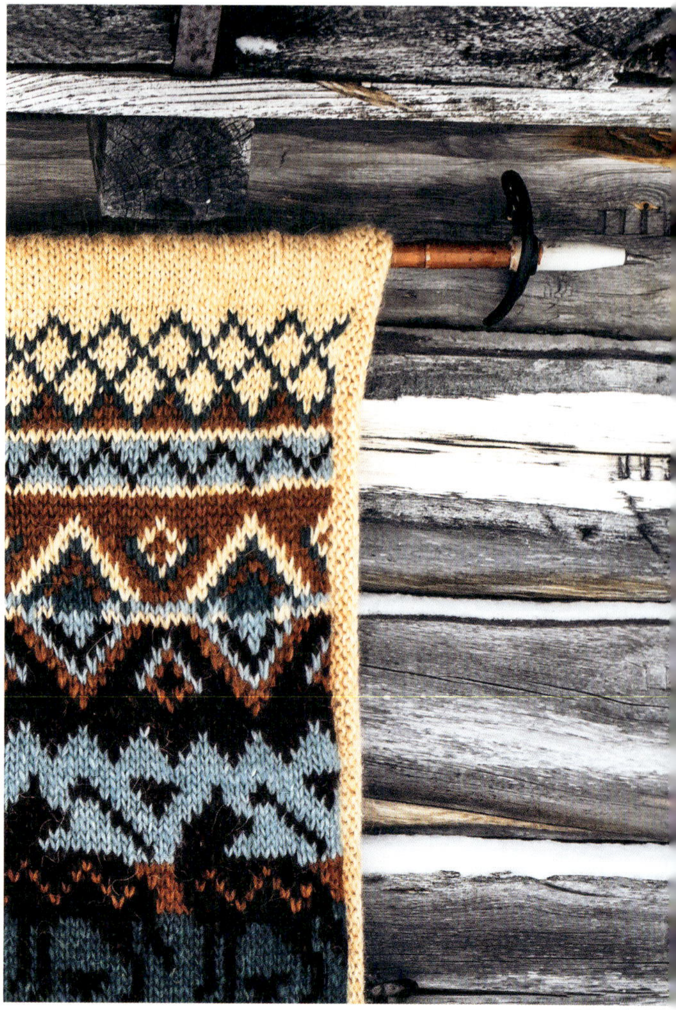

Fransen

Für die Fransen 28 cm lange Fäden zuschneiden (für große Plaids auch länger). Jeweils zwei Fäden doppelt legen, sodass jede fertige Franse vierfädig ist. Mit einer Häkelnadel in den Rand der Arbeit einstechen und die doppelt gelegten Fäden so weit durchziehen, dass eine große Schlaufe entsteht. Die Fadenenden durch die Schlaufe holen und dann festziehen. In jede 2. Rand-M eine Franse knüpfen. Nach Belieben alle Fransen auf die gleiche Länge schneiden.

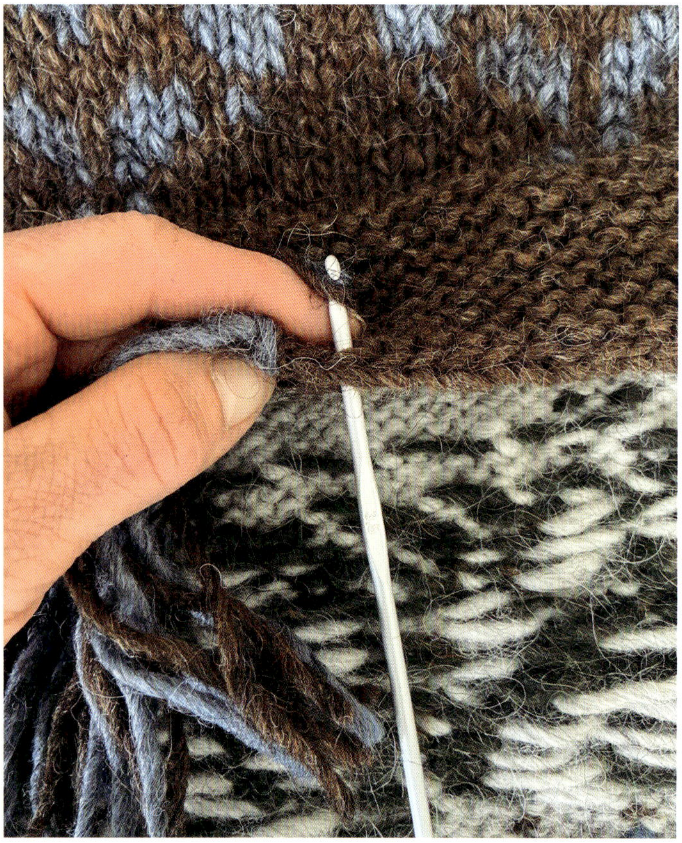

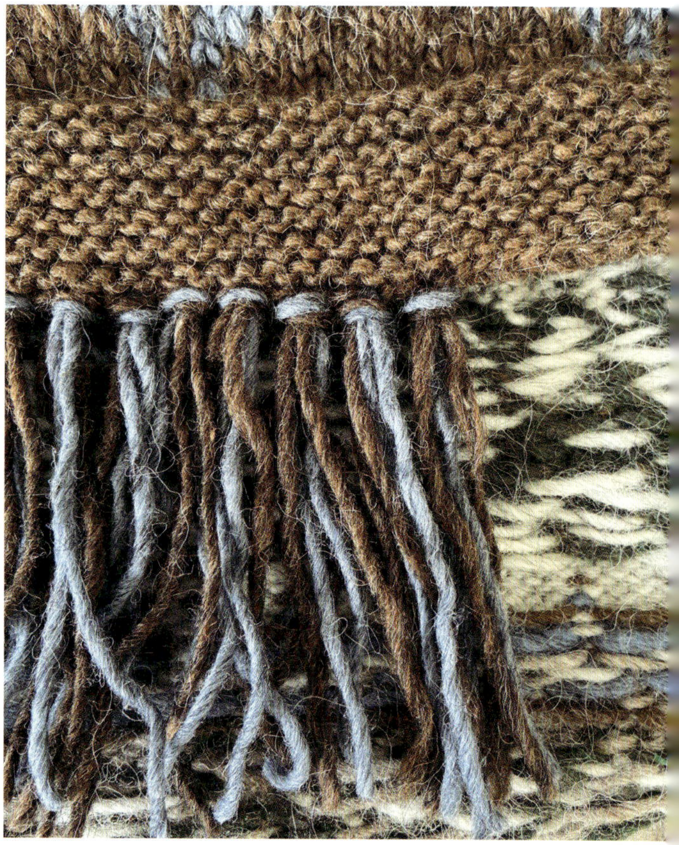

Fertigstellung Plaids und Wandbehänge

Es gibt zwei Möglichkeiten: Zuerst das Strickstück zwischen den Steek-M mit Nähten sichern und aufschneiden und dann M für den Rand auffassen. Alternativ zuerst die beiden Ränder arbeiten, dann die Steek-M aufschneiden. Ich bevorzuge die zweite Möglichkeit, dann ist das Strickstück fester und lässt sich leichter handhaben.

Aus der rechten Kante des Strickstücks wie folgt M auffassen (Foto 1): Aus 2 aufeinanderfolgenden M je 1 M herausstr, 1 M überspringen. Dies fortlaufend wiederholen. Sind alle M herausgestrickt, einen Faden in Kontrastfarbe durch die M ziehen. So ist es später einfacher, M für die Belege herauszustr, die die Schnittkante verdecken. Nun den Rand wie in der jeweiligen Anleitung angegeben str. Auf der anderen Seite wiederholen.

Mit der Nähmaschine in einer großen Stichlänge zwei doppelte Nähte in die Steek-M nähen. Zwischen den Nähten aufschneiden (Foto 2). Nun aus den M, in denen der Kontrastfaden liegt, M für den Beleg herausstr (Foto 3) und anschließend den Hilfsfaden entfernen. Dann 4 R glatt rechts str. Alle M abk und den Beleg über die Schnittkante legen und mit lockeren Stichen festnähen. Auf der anderen Seite ebenso arbeiten.

Alternativ ein breites Zierband über die Schnittkanten nähen.

Kissen im M-Stich schließen

Die Kante mit den noch auf der Nadel liegenden M im M-Stich schließen, diese Naht ist dann so gut wie unsichtbar (Foto 4). Zum M-Stich gibt es viele leicht verständliche Anleitungen im Internet.

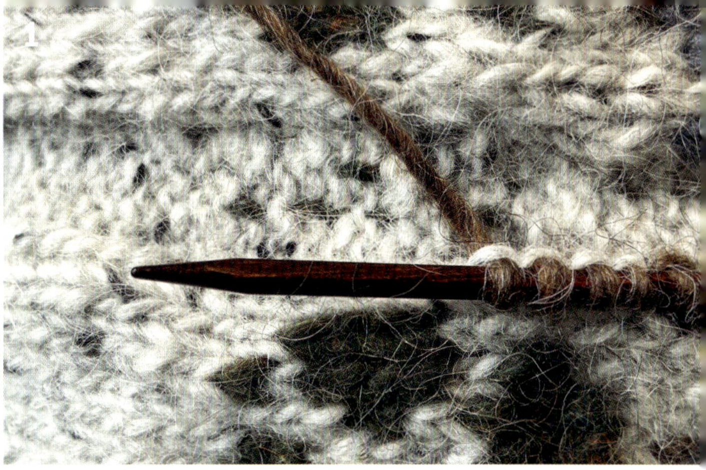

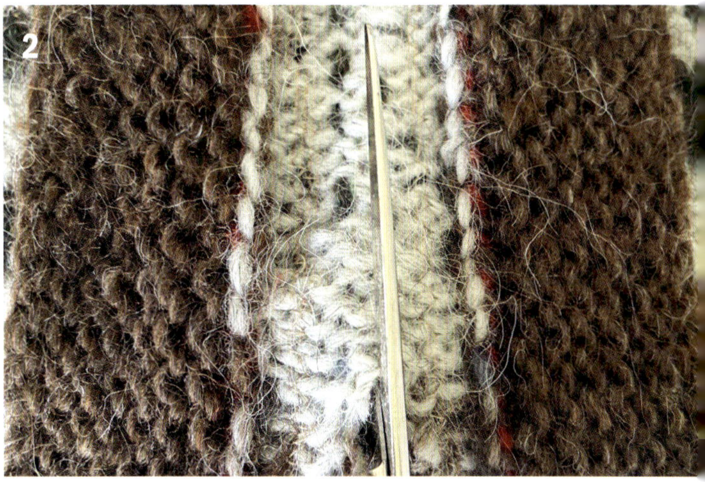

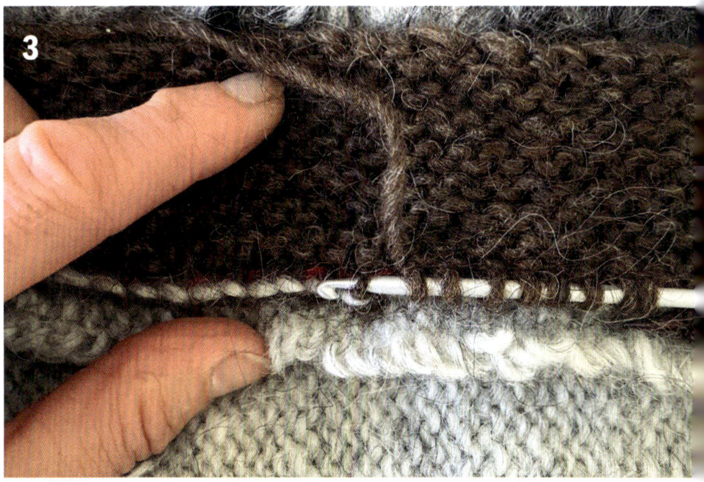

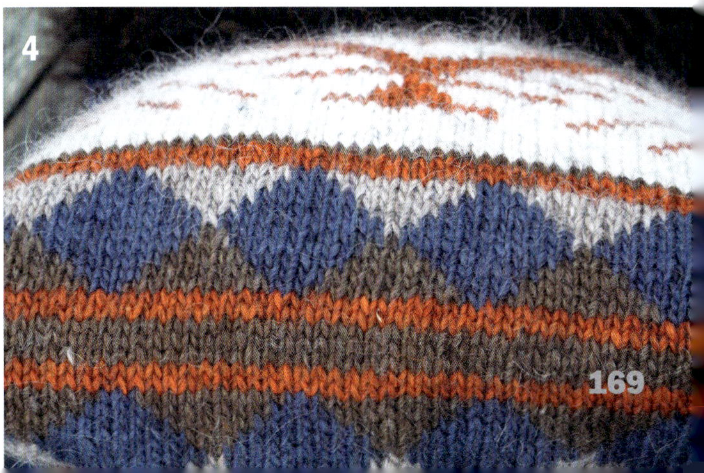

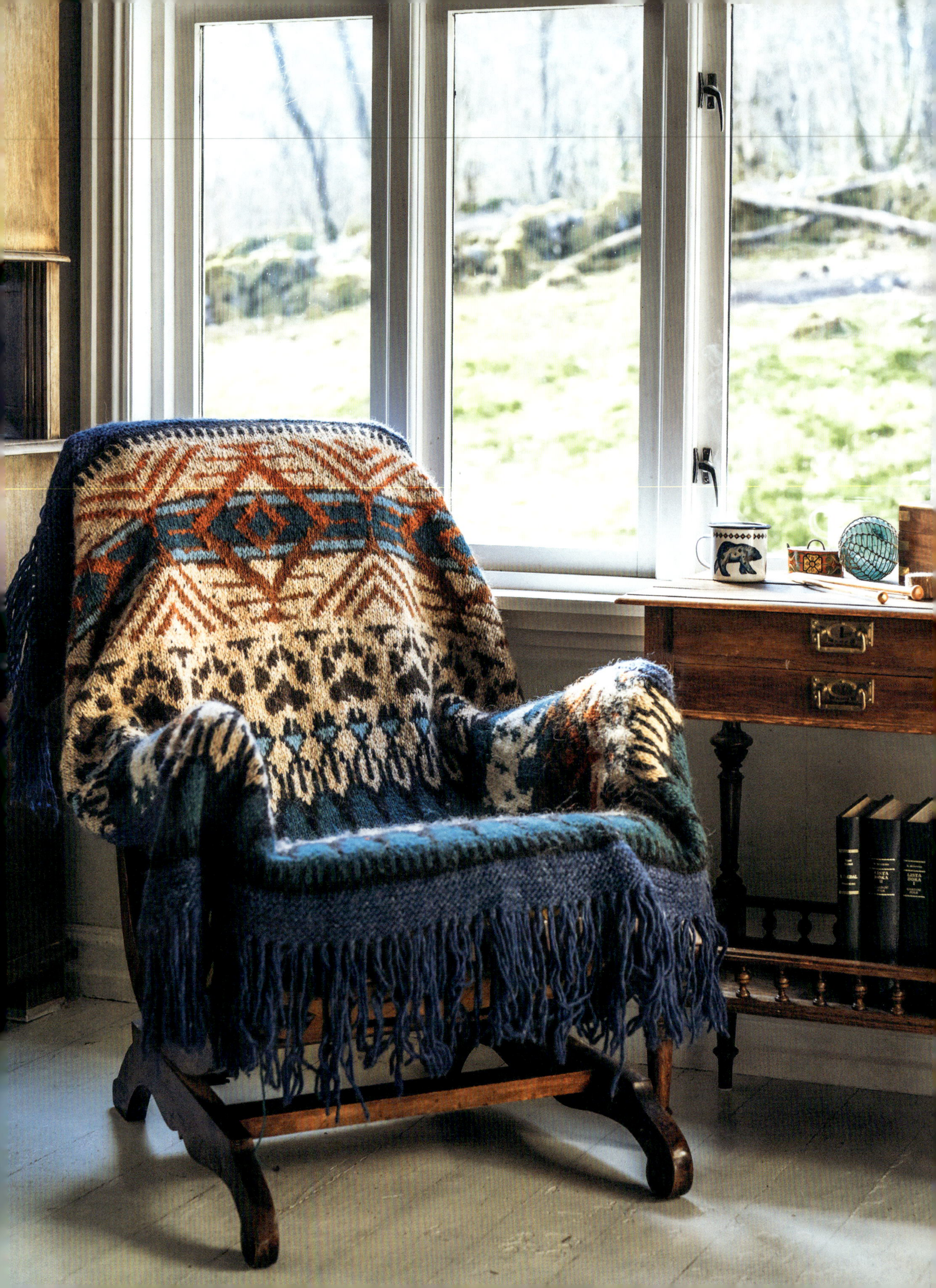

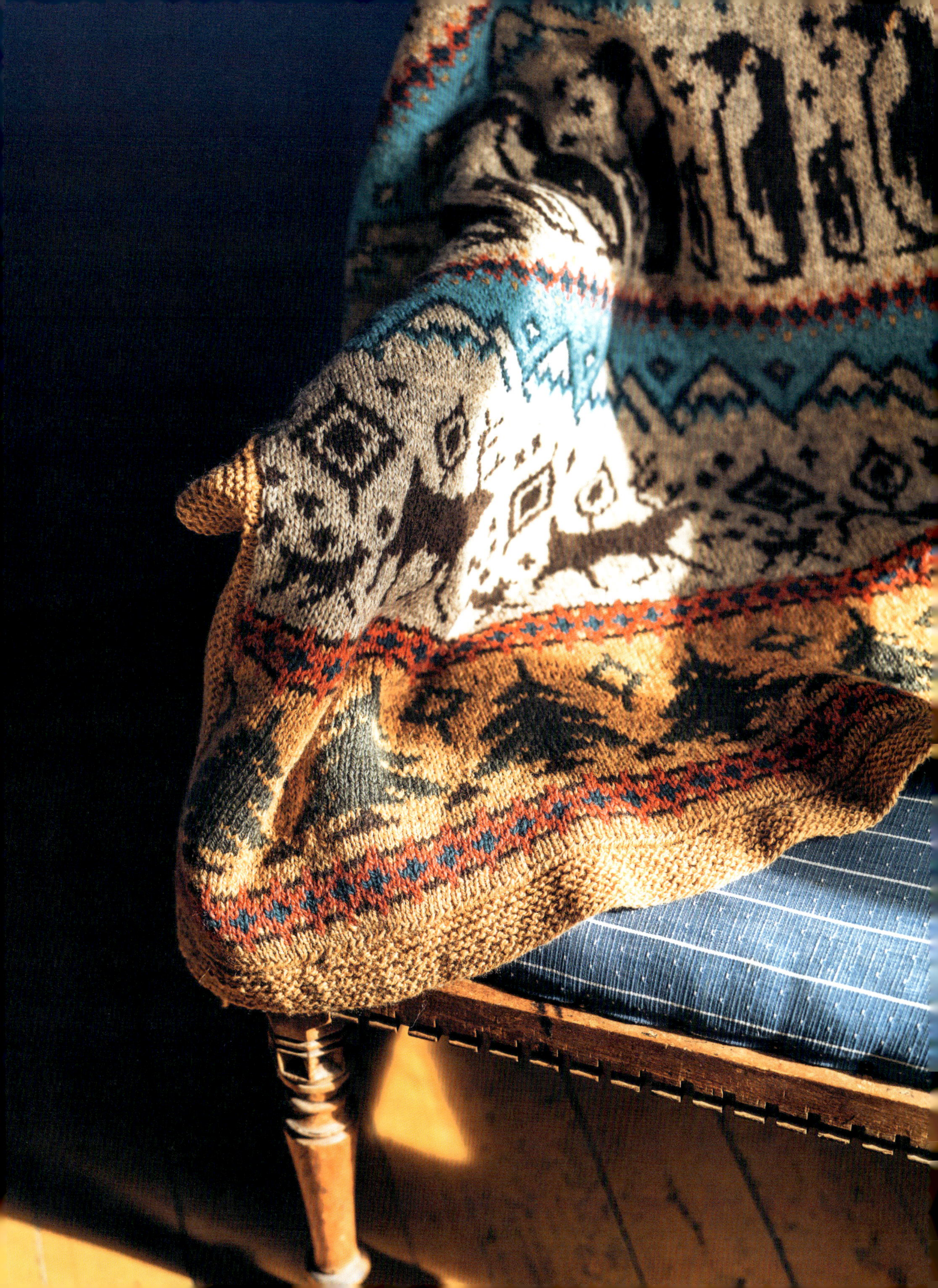

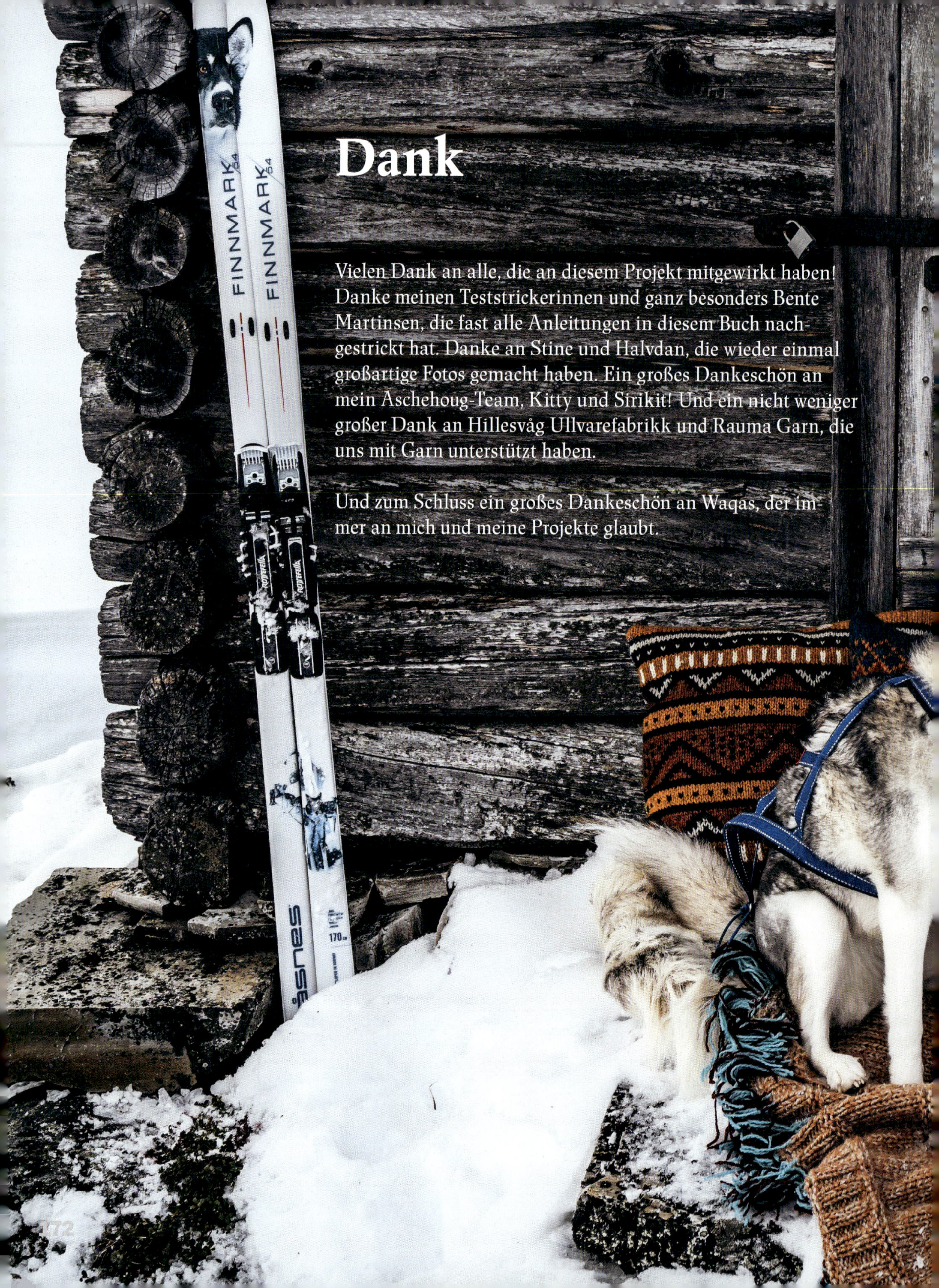

Dank

Vielen Dank an alle, die an diesem Projekt mitgewirkt haben! Danke meinen Teststrickerinnen und ganz besonders Bente Martinsen, die fast alle Anleitungen in diesem Buch nachgestrickt hat. Danke an Stine und Halvdan, die wieder einmal großartige Fotos gemacht haben. Ein großes Dankeschön an mein Aschehoug-Team, Kitty und Sirikit! Und ein nicht weniger großer Dank an Hillesvåg Ullvarefabrikk und Rauma Garn, die uns mit Garn unterstützt haben.

Und zum Schluss ein großes Dankeschön an Waqas, der immer an mich und meine Projekte glaubt.

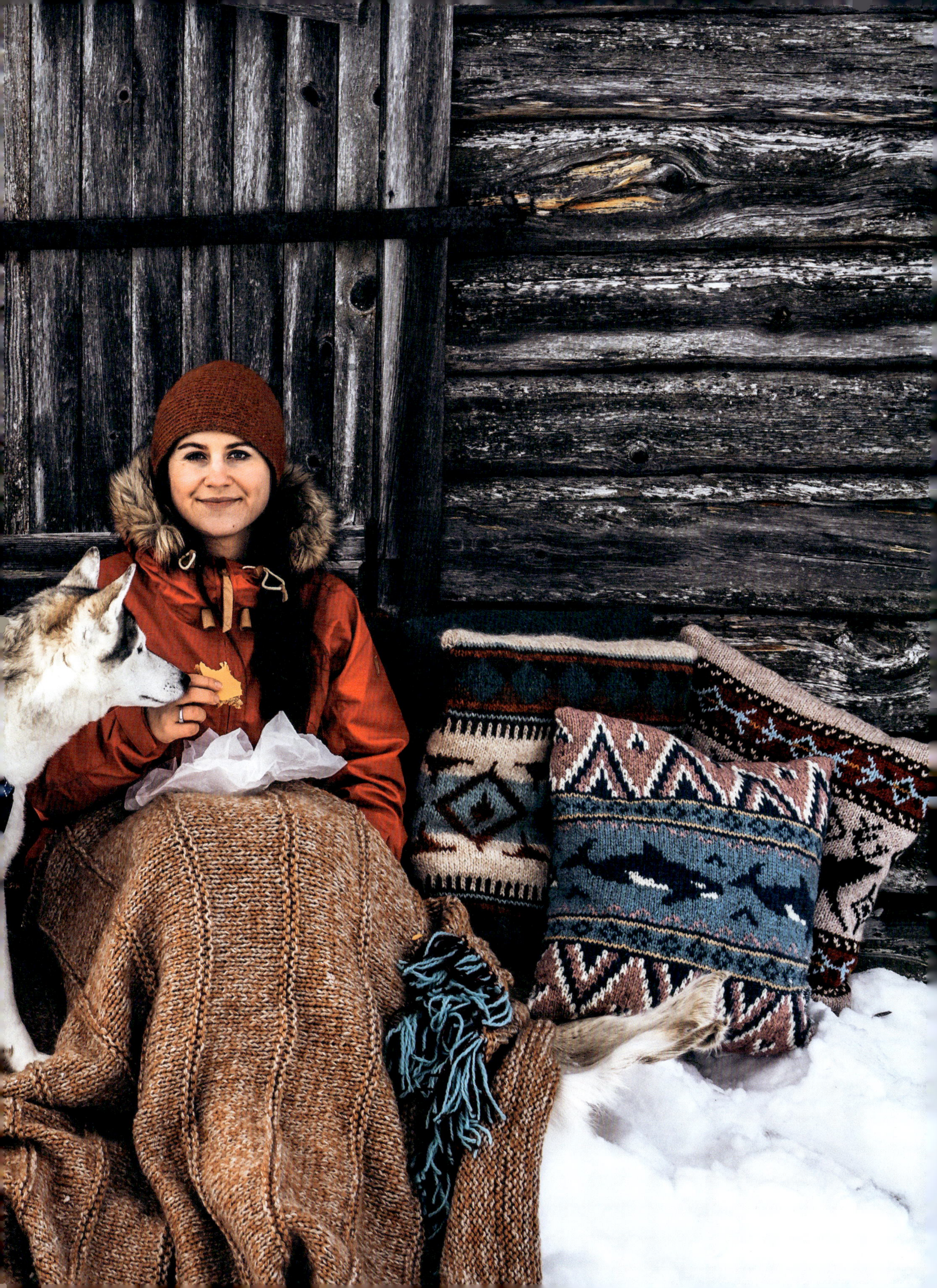

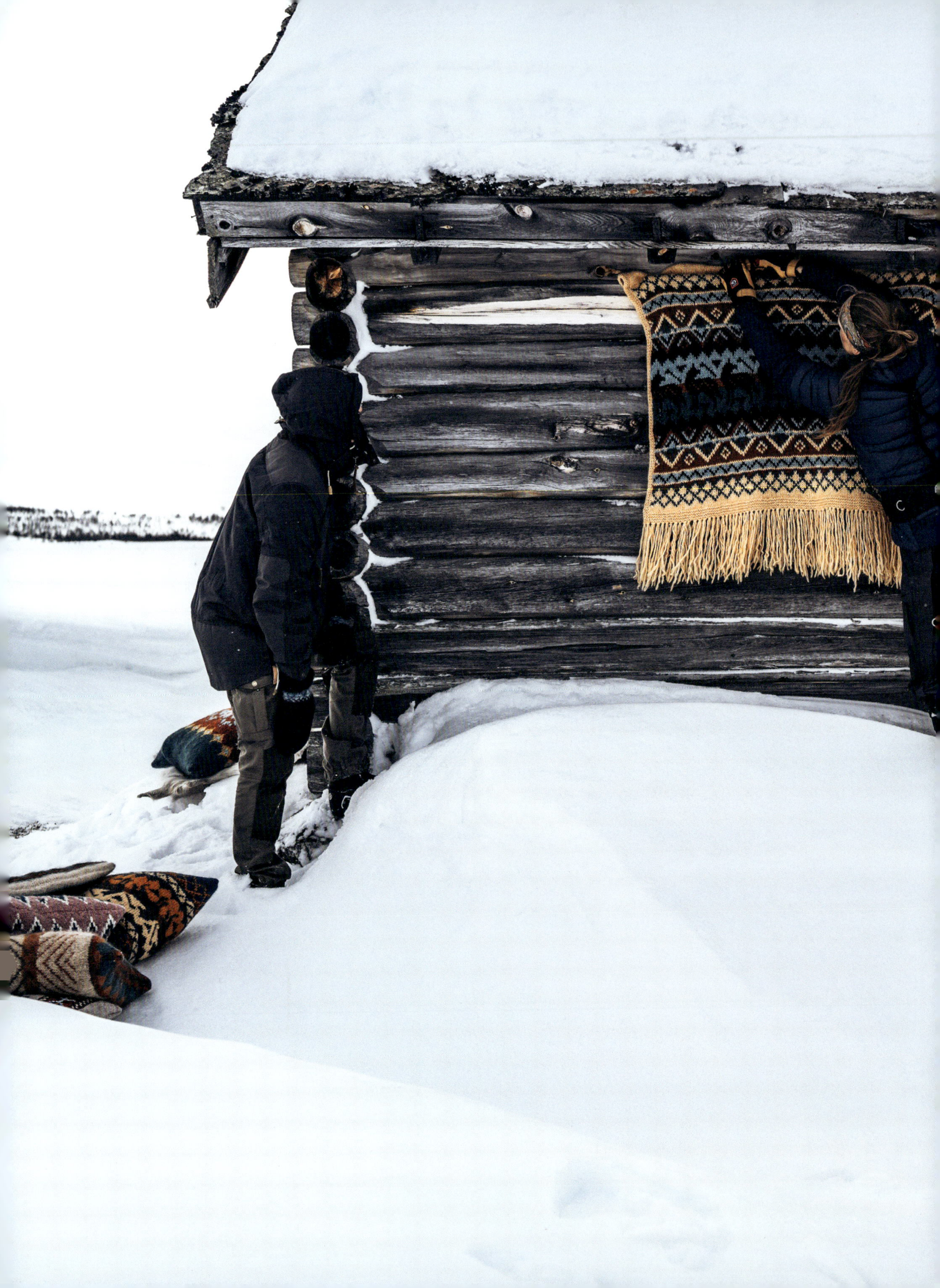

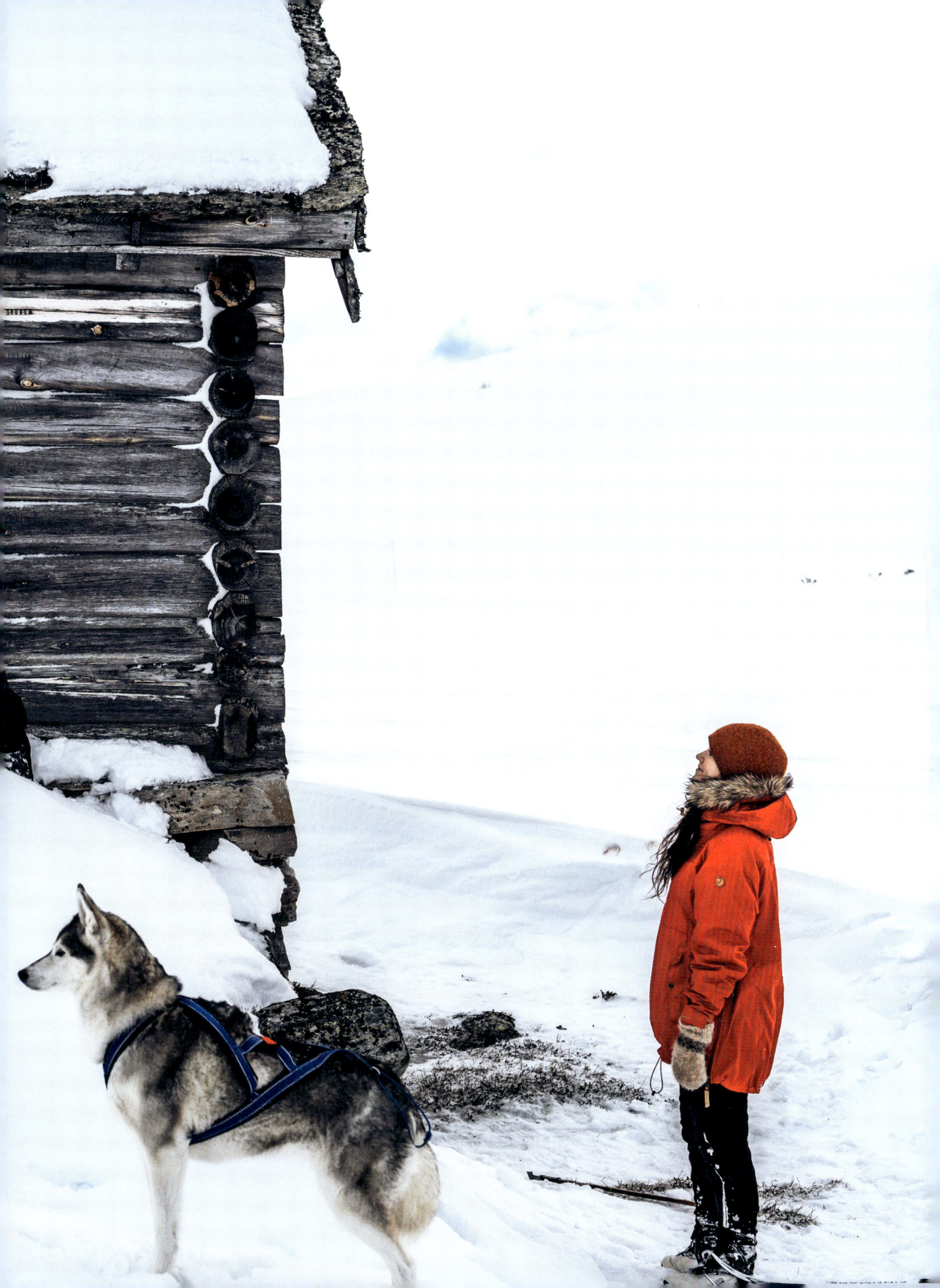